随机应变

宋忠平时评人论防务

宋忠平 著

中国友谊出版公司

图书在版编目（CIP）数据

随机应变 ：宋忠平时评人论防务 / 宋忠平著 . -- 北京 ：中国友谊出版公司，2017.12
ISBN 978-7-5057-4163-8

Ⅰ . ①随… Ⅱ . ①宋… Ⅲ . ①国家安全－世界－文集②军事－文集 Ⅳ . ① D815.5-53 ② E-53

中国版本图书馆 CIP 数据核字 (2017) 第 213880 号

书名 随机应变：宋忠平时评人论防务
著者 宋忠平
出版 中国友谊出版公司
发行 中国友谊出版公司
经销 新华书店
印刷 北京中科印刷有限公司
规格 787×1092 毫米 16 开
17.5 印张 251 千字
版次 2018 年 3 月第 1 版
印次 2018 年 3 月第 1 次印刷
书号 ISBN 978-7-5057-4163-8
定价 45.00 元
地址 北京市朝阳区西坝河南里 17 号楼
邮编 100028
电话 （010）64668676

序

宋忠平教授是近年蜚声军事评论界的青年才俊。他弱冠从军，投身军旅，曾就读于原第二炮兵工程学院，获导航、制导与控制专业硕士，毕业后任教于第二炮兵工程学院自动控制专业教研室。著有《导弹控制系统概述》《导弹综合测试原理》《日本日本》《南海南海》等十余部专著。转业到地方工作后，兼任中央电视台及全国多家媒体特邀军事评论员和时事观察员。为电视媒体、网络媒体、平面媒体撰写了大量专题评论。由于他有多年军旅生涯的历练，在其评论的文章中大多带有浓浓的“军味”。包括他坚决维护国家领土主权与安全的家国情怀与强烈的使命感，审时度势全面观察与分析问题的专业视角，平实直率的表达方式与语言风格，这些都给人留下深刻的印象。

最近，作者将他近年的评论文章结集出版，取名《随机应变》，概括了他思考问题的出发点和着力点。这也是富有启迪的。时间与空间是世界上一切事物存在的两大维度。时间用以描述事物之间的先后顺序，空间用以描述物体的位形。时间和空间的物理性质主要通过它们与物体运动的各种联系而表现出来。所谓“随机应变”，就是正确把握事物的“机”，即时间维度。《庄子·至乐》强调：“万物皆出于机，皆入于机。”在国际军事与国际政治博弈领域，时间因素的把握对于博弈的结果和双方成败尤其具有决定性的意义。而要把握时间要素，因机变化，就应当善于睹其机兆（机之先兆），识其机由（机之原由），辨其机道（事物变化的轨迹），究其机理（事物变化的道理），察其机微（事物的微小变化），抓住机先（事机萌动未发之时），形成正确的机见、机略、机钤（谋略，韬略），同时充分发挥机勇（勇气），抢占先机，捕捉战机，化解危机，从而实现预想的结果。

当然，“机”不是静止的、凝固的，一成不变的，而是运动的、变化的，乃至瞬息万变的。因此特别要注意处理好“机”与“变”的动态联系，因机而变，随机应变。“机”与“危”也不是决然分开的、对立的，而是互相依存、互相转化的。善于识机、辨机，及时应变，就能化险为夷，化危为机。否则，面对机遇而不识，也可能错失良机，机失而危。准确把握机与危的辩证关系，是十分重要的。

本书收录了宋忠平先生的时评文章七十余篇。涉及环球态势、国家安全、重要军情、周边热点和装备科技等方面。内容丰富，覆盖面广。这些评论文章可以说是作者在复杂多变的国际军事领域识机、辨机，进行辩证思考的具体尝试。例如，《谈谈奥巴马“核遗产”的真实谎言》《贴近实战锤炼“打胜仗”能力》《我们这个时代需要英雄》《“伪仲裁”变不了南海的天》《守住中国核心利益须决胜“中国海”》，等等，也许有些读者不一定完全同意其中的某些具体观点，但不能否认，作者透过现象看本质，从挑战中看到机遇，因机而变、随机应变的辩证唯物主义思维是十分可贵的。可谓释韬举略，乃军中谋士也！

在本书即将付梓之际，宋忠平先生邀我为本书写几句话。我未及深思，匆匆草此，以表祝贺。

是为序。

中国军事战略专家、少将　彭光谦

2017年9月2日于北京

目录
Contents

序 彭光谦

一、环球态势

Contents

二、国家安全

目录

三、解码军情

Contents

四、周边热点

目录

五、装备科技

后记

一

环　球　态　势

H U A N　Q I U　T A I　S H I

美国“亚太再平衡战略”旨在“一石多鸟”

就在中国2014年“两会”期间，日本政府再次批评中国军费预算增长。对此中国外交部发言人再次强调，中国坚持走和平发展道路，奉行防御性的国防政策，中国的发展战略、国防预算是公开透明的。中国很大，国际形势很复杂。在这样的情况下，中国的国防开支随着中国经济的发展有适度增加，完全是合情合理的，没什么可值得大惊小怪的。中国人民解放军不是只端着红缨枪的童子军。国外有些人总是希望中国是长不大的童子军。如果是那样的话，谁来维护国家安全？！怎么维护世界和平？如果是那样的话，中国就安宁了？地区就稳定了？天下就太平了？

同样的道理，美国提出了“重返亚太战略”，即“亚太再平衡战略”，其战略目标之一就是剑指中国，遏制中国崛起。如果中国就是一个端着红缨枪的童子军，那么美国遏制中国的国家战略将会不战而胜。

李克强总理在《2014年政府工作报告》中指出，在新的一年，要全面加强军队革命化、现代化、正规化建设，不断提高军队信息化条件下威慑和实战能力。统筹推进各方向各领域军事斗争准备，加强和改进思想政治建设，加快全面建设现代后勤步伐，加强国防科研和高新技术武器装备发展。

中国新时期国防建设的关键就在于要适应中国国力发展和经济建设的双重需要，适应中国周边日益紧张的地区形势，适应应对美国“亚太再平衡战略”战略的需要。

美国“亚太再平衡战略”期待维持“一超独霸”

一个国家做任何事情都需要有理由和手段，美国之所以不遗余力地贯彻执行“亚太再平衡战略”就是为了实现自己的国家战略目标。“亚太再平衡战略”对于美国而言，是双重身份，它既是美国的战略目标，也是美国的战略手段之一。说它是战略目标，是因为美国“亚太再平衡战略”就是为了谋求美国“一超独霸”的世界格局，谁也不能挑战美国“独霸天下”的核心利益。无论美国哪个党派，哪个人当选总统，都会始终如一地贯彻这个最高原则。说它是战略手段，是因为美国恰恰是希望利用“再平衡”的手段，将亚太政治、经济、军事等主导权牢牢控制在自己手中，谁在亚太的综合权重大一些，谁需要弱一点，都需要美国来平衡利弊并全盘考虑。美国希望亚太这些国家都是自己手中的几个棋子而不是下棋的棋手，完全在自己的掌控中，自己想把某个棋子摆在某个位置，棋子说了不算，只能任美国摆布。只有做到如此精确控制，美国才能让自己始终成为“控制”的老大，而其他国家则成为“可控”的对象，一盘棋也好，一件事也罢，做到了可控和掌控，美国就可以伸缩自如，玩转全球。换句话讲，美国这个“世界警察”还没有当够，还希望用自己的实力加智慧继续赢得对这个世界的控制，谁是世界第二，谁就是美国的战略对手和潜在敌人，也就是“亚太再平衡战略”需要弱化的重点盯控对象。

美国“亚太再平衡战略”期待搅乱亚太和平稳定态势

“亚太本无事，美国自扰之。”一个和平、稳定、繁荣的亚太不符合美国的实际利益！美国是一个希望被“需要”的国家，这就需要自己作为昔日冷战盟主的美国想方设法搅乱亚太稳定的格局。于是，“中国威胁论”在美国甚嚣尘上，因为将中国树立为“威胁和对手”，就已经表明了中国是亚太的“不稳定因素”和“风险源”，也是亚太所谓“乱局”的始作俑者，毕竟“中国崛起”和“中国梦”已经被美国妖魔化和丑化。要想遏制中国的“野心”，就需要美国来“主持所谓的正义”。因此，不难理解美国“亚太再平衡战略”实在是需要一个充分的借口，这个借口就是“中国因素”。环顾中国周边，美国欣喜地发现崛起的中国与其存在太多的历史矛盾和现实分歧，包括美国早就预设好的“中日钓鱼岛问题”，中国与南海当事国的南海岛礁争端，中国大陆与台湾地区的分治问题，中国与印度的边境问题，以及包括达赖和热比娅在内的几股分裂势力对中国的不良企图，这些都被美国“看在眼里，喜上眉梢”，毕竟用这些中国的核心利益问题来挑战中国的国家安全是最恰当不过的手段。同时，用这些问题和矛盾制造中国与周边这些国家和地区的纷争恰恰是美国想做的事情。只要这些问题和矛盾一个一个爆发或一起爆发之后，亚太地区自然就混乱不堪了，美国则可以浑水摸鱼并坐收渔翁之利，而自己分毫不损。这就是美国的“如意算盘”，也是其“重返亚太”后的重点战略布局。

美国“亚太再平衡战略”需要有合适的代理人

美国现在学聪明了，也算是昔日冷战的学费没有白交。如今，美国倡导的“亚太再平衡战略”是希望有更多的着力点，而不必事必躬亲。尽管美国自身的经济总量和综合国力比冷战期间更强、更雄厚，但其在世界的占比则因为其他国家的崛起而减少，这也就是为什么美国希望有更多恰当的代理人来帮助自己“打理亚太事务”，让自己能少花点钱，少出点力，最后达到所谓的“四两拨千斤”的效果。

但选择这样一个代理人并不太容易，需要几个条件：一是经济实力要雄厚，能买得起美国的昂贵武器装备；二是军事实力可培养，能与中国军队一较高低而不需要太多的外援支持；三是与中国一定要有解不开的矛盾，这样才能死心塌地跟着美国的指挥棒转圈。但从目前情况来看，在亚太地区符合这样标准的国家实在是少得可怜。在美国人眼里，这样的国家太少了，只有日本可以说是完全符合“美国标准”，将遏制和围堵中国的重任交给日本对美国来讲还是比较放心的。再看看其他国家，韩国更多关注于朝鲜半岛问题，指望不上它来对付中国，加之朝鲜半岛的地缘政治优势已经不存在，韩国作为遏制中国的“前哨站”意义已经不大了。至于中国台湾地区也让美国无法指望，两岸经贸关系持续走好，两岸领导人也希望互动不断，这些好的“向心力”让美国看在眼里急在心里，毕竟维持两岸的“不武不统不独”更符合美国实际利益，不失时机破坏两岸和平进程更符合美国思维，但让台湾地区甘当美国的“马前卒”也是台湾地区人民不希望看到的事情。菲律宾的阿基诺尽管很积极，希望能成为美国的最佳代理人，但美国开出的三个条件，菲律宾就满足其中的一个，无论是经济实力还是军事实力都让美国不敢奢望，这样一个国家就连购买美国二手军舰都要美国给点援助才买得起，还能指望菲律宾为美国独当一面吗！或许菲律宾唯一能吸引美国的优势就是拥有为数众多的军事基地，如苏比克海军基地、克拉克空军基地以及巴拉望群岛军事基地等，但一旦美军入驻这些军事基地，就要肩负对菲律宾国家安全的保护责任，甚至要直面在南海的中国军队，这都是美国十分不情愿看到的结果。在美国心目中，菲律宾就是扶不起的阿斗，不堪重任，并很可能是美国的“麻烦制造者”。包括马来西亚、新加坡、文莱、印度尼西亚这些南海当事国也都难入美国“法眼”，除非这些国家能在东盟形成“铁板一块”的政治和军事同盟。或许还有一个国家让美国另眼看待，那就是越南。如果用美国的三条标准来衡量，或许这个国家基本合格，可做代理人，经济实力较强，军事实力不弱，与中国矛盾很深，并且已经占据中国大量岛礁，野心也最大。这样一个国家能为美国所用的话，可与日本形成南北夹击之势，让中国期待的“东出、南下”海洋战略被它们牵制。但越南是否甘心做美国的“小弟”，还需要美国多加努力。近期，美国总统奥巴马批准了美国与越南的《民用核合作协议》，允许美国公司进入越南的民用核能市场。奥巴马表示，他已认定执行这项协议将会促进“共同防御和安全”，而不会构成“过度危险”。不可否认，美国此举就是为了拉拢越南，期待越南能“投桃报李”并与美国“眉目传情”，情愿向美国开放军事基地并一道对付中国。

为了找这些代理人，美国可谓是用心良苦，但除了日本、菲律宾最积极之外，其他国家都比较谨慎，为此美国也在考虑将这些代理人分类，如日本就是一级代理人，菲律宾是二级代理，越南是三级代理，等等，只要能做足功夫，如奥巴马多到东南亚这些国家转转，多给点政治、经济、军事上的支持，或许能使美国的代理人越来越多。

美国“亚太再平衡战略”希望打一场“新冷战”

“冷战”就是昔日东西方阵营之间在政治、经济、军事、文化等各个领域之间的大博弈。冷战的结果是苏联解体了，华约解散了，北约也失去了存在的价值，美国成为唯一超级大国，并享受着“一超独霸”的良好感觉。按照客观发展形势来讲，冷战结束后，美国所领导的西方阵营也就失去了存在价值，如北约以及美国在亚太地区的诸多军事同盟。但遗憾的是，美国不仅没有顺应潮流发展解散这些军事同盟，恰恰相反是希望扩大这些“冷战的产物”。在美国的主导下，北约开始不断东扩，蚕食昔日苏联的盟友和伙伴，俨然已经从地区性军事组织转向成为世界性军事组织。同样，本来不该继续维持的美日军事同盟、美菲军事同盟、美澳军事同盟、美韩军事同盟、美新军事同盟、美泰军事同盟等等，都在逐渐加强相互之间的合作力度和广度，美国甚至希望这些双边军事同盟能转向多边军事同盟，并向北约东扩靠拢，最终形成美国主导的世界最大范围的军事组织。

之所以美国要这么做，其目的就是为了发动一场“新冷战”，这个“新冷战”会以美国的战略对手为假想敌，如中国、俄罗斯、伊朗、朝鲜等。但不同于昔日的冷战模式，在“新冷战”模式中，美国希望盟国们发挥更大的作用，以减少对美国经济和军事的严重依赖，美国不再想让自己“靠前部署”，而是自己作为“后盾”为盟国做保证。要武器、要情报、要培训、要道义支持，美国都会倾力赋予，但该买的要盟友自己花钱，美国不会再无偿援助这些武器了。最终很可能就是盟国们拿着美制武器在为美国的利益卖命，而美国则总以盟国维护共同利益为驱使让这些国家出钱出力并与对手对抗。其结果就不言而喻，几败俱伤是肯定的，尤其是美国的战略对手受损，盟国受损，美国则可实现其利益最大化的现实目标。换句话讲，美国倡导的“新冷战”就是自己不介入，或少介入，但会积极怂恿其他国家打一场消耗战，让自己挣得盆满钵满。

美国“亚太再平衡战略”谋求以“新军备竞赛”拖垮战略对手

在美国倡导的“新冷战”中有一个十分显著的特点就是“新军备竞赛”模式。军备竞赛主要有两种模式，一是研制最新式的武器装备，比拼国防科技能力，比拼基础科研能力，比拼经济实力；二是部署现实的武器装备，你有什么武器，我会部署更多、更好的武器装备。第二类军备竞赛更要烧钱，毕竟部署几百架战机和几十艘战舰要耗费天文数字的国防预算，控制不好将会严重影响经济发展。

美国则是“两条腿”走路，制造两类军备竞赛与中国展开竞争。高新技术装备，如定向能武器、高超音速飞行器、超级航母、科幻战舰、天基系统等，美国都在不遗余力地研发和少量部署，以此希望形成对中国军事力量的“绝对优势”，也就是要领先对手一到两代水平。就算一旦真的需要自己出手，也具有绝对的必胜把握！另一类则是美国重点打造的被动竞赛，通过在中国周边散布“中国威胁论”、“朝鲜威胁论”，让这些国家紧张并有“危机意识”，有钱的国家自然就纷纷慷慨解囊去买美国的武器装备，如日本和韩国纷纷购买美国的“F-35”隐身战机并引进美国先进的“宙斯盾”战舰；印度则不失时机地在美国、俄罗斯和欧洲大国间游走，选择更为恰当的武器，既买了美国的“C-17”，也买了俄罗斯的“伊尔-76”，还要买法国的“阵风”战机和日本的“US-2”水陆飞机；越南也借此“良机”期待与美国、日本开展军事合作，引进这些西方国家的先进武器，并继续不断从俄罗斯买进大量的“苏-30”战机、“堡垒”反舰导弹、“基洛级”潜艇以及“猎豹”护卫舰等。就连菲律宾也在多方采购“物美价廉”的武器装备，期待能用武力来维持在南海的话语权。不难看出，亚太国家在美国的喧嚣下越来越显得浮躁不安，感觉中国的威胁就在眼前。如此一来最终受益的只会是美国，通过出口大量天价武器让自己挣得盆满钵满。更为重要的是，让这些国家实际部署的现实武器装备事实上形成了对中国的巨大军事压力。一旦中国被迫采用对应的军事部署和大量军事装备采购，就会严重影响中国经济的平稳快速发展，毕竟需要将更多的经费投入国防预算，这本身对中国绝非好事。一旦这样的军备竞赛如火如荼，并要与周边很多国家展开“一对多”形式的军备竞赛，那么对中国的经济发展则是灾难性的，就算是随动，也将会陷入旷日持久的陷阱之中。可见，美国用心叵测，这也是其“亚太再平衡战略”的“阳谋”之一，不得不防。

美国“亚太再平衡战略”谋求牺牲他国成全美国国家安全

美国“亚太再平衡战略”的出发点就是要维护美国一家的核心利益，最多就是兼顾盟友和朋友的国家利益，但无论何时何地，美国利益始终是第一位的。美国另一个最大“阳谋”就是建立所谓的全球反导体系这个真实的谎言。表面上看，由于一些国家弹道导弹技术十分先进，某些国家弹道导弹技术被扩散，美国等盟国国家安全受到严重威胁，因此打造全球反导体系就显得势在必行。

在美国的积极动员和不断蛊惑下，亚太和欧洲各自建立了一套完善的反导体系，其中亚太的反导体系以美国为主，但盟友需要积极配合；欧洲的反导体系以北约为主，盟友要各负其责，集体埋单。建立的所谓全球反导体系主要实现两类防御体系建设，一是针对中短程战役战术弹道导弹的拦截，这类导弹可携带常规弹头或大规模杀伤性武器；二是针对远程及洲际弹道导弹的拦截，这类导弹以携带大规模杀伤性武器弹头为主。

前者的拦截相对来说比较简单，以末段反导拦截系统拦截为主，就在大气层内拦截这些弹道导弹，如美国的“爱国者-2/3”导弹、欧洲的“紫菀-30”导弹、以色列的“箭-2”导弹等，毕竟这类中短程弹道导弹飞行时间短，几分钟就能攻击目标，需要在其攻击末段做好拦截准备工作。

后者则比较复杂，由于远程弹道导弹弹道远，弹道高，飞行时间长达三四十分钟，因此拦截这类导弹必须多管齐下，比如在中段和末段都需要做好拦截工作，才能确保没有漏网之鱼，如美国的“标准-3”、“陆基中段拦截弹”以及欧洲的“紫苑-60”等。但客观来讲，能够在亚洲和欧洲使用洲际弹道导弹攻击的目标只可能是两洋之外的美国，因此，拦截洲际弹道导弹的需求多是美国一家之需。但美国还是希望将自己的国家安全建立在其他盟国第一层拦截的基础上，自己继续进行多层拦截，最终让落入美国本土的导弹成为零，包括将先进的X波段预警雷达置于包括日本在内的海外就是为了维护美国自身安全。相反，如果这些美国盟国遭到中短程弹道导弹的攻击，美国则劝说他们多买美国的“爱国者”导弹和“标准”导弹自己学着拦截，美国则希望置身事外，毕竟拦截导弹需要花钱，美国这笔账算得明白，其结果就是保全了美国一家，而牺牲了其他的朋友。这种损人利己的事情也就是美国这个政客加商人能做得出来，但假以时日，其朋友离心离德也就早晚的事情了。

美国“亚太再平衡战略”是21世纪美国最大的国家战略

毫无疑问的是，美国希望在21世纪维持自己的唯一超级大国地位，一山不容二虎，一江不纳二龙，“亚太再平衡战略”就是为了将潜在的“虎”和潜在的“龙”消灭于萌芽之中，让自己能继续维持“一超独霸”的世界格局。换句话讲，美国最不希望听到的就是“21世纪是中国的世纪”，美国希望自己再当老大一百年不动摇。为了这个既定的国家战略，无论谁当美国领导人都会将潜在对手作为遏制对象。美国的这个国家战略就如同中国制定的“三步走”国家发展战略一样，中国则希望自己在21世纪中叶成为中等发达国家。

当然作为美国来讲，由于未来的世界经济发动机和发展活力都在亚太地区，这里的新兴国家也太多，因此美国只能通过“重返亚太”战略让自己能成为领导亚太的核心力量，只要控制了亚太，再加之已经掌控了的欧洲，就会让美国“一统天下”。“亚太再平衡战略”作为国家战略，美国还制定了政治、经济、军事、文化一系列“攻势理论及战略”，包括美国制定的“空海一体战”军事理论，就是希望通过强大的海空军实力对亚太进行强力控制，打压一切潜在军事对手。

中国成语有言“有备无患”，既然美国已经制订了全面遏制战略，那么作为世界和平力量的中国就需要拟定具有前瞻的国家发展战略。也只有做到了这一点才能从容发展、快速发展。中国不需要跟着他国的步调走，更不需要被其他国家牵着鼻子走，有自己的主见，有自己的想法，首先是做大做强自己，做任何事情才能有底气，尽管这个世界也讲道理，但讲道理的背后还是要比拼拳头的硬度而非舌头的长度。

（2014.3）

中国参加环太军演绝非“打酱油”

美国主导的环太军演从1971年走到今天已经四十多年了，美国之前把这类军演作为衡量是否是盟友的标杆，也就只有美国的盟友才有资格参与环太军演。苏联解体之后，环太军演失去了昔日强劲的假想敌，也就将年度军演修改为两年一次的大型海上军演，并曾将昔日的老对手俄罗斯也纳入环太军演的范畴之内，但参与程度也就是“打酱油”的水平。毕竟美国对俄罗斯总是心存忌惮，俄罗斯脱胎于苏联，实力尚存，让美国深感不安，因此，美国与俄罗斯的合作总是留着一手，既有限接触，又防范有加。如今，俄罗斯海军与2014年的环太军演擦肩而过，或许是因为乌克兰危机让美国十分恼火而将其拒之门外。但就在2013年安纳伯格庄园的两国元首会谈中，美国总统奥巴马向中国国家主席习近平发出了参加2014年环太军演的邀请函，中国海军舰艇编队如今即将到达美国夏威夷演习海域恰恰是赴约之行。从表面上看，中国海军是去“打酱油”，形式大于内容，但从实质上看，中国海军是有备而去，除了展示先进的战舰性能和良好的军政素质之外，也是准备强化与多国海军在非传统安全领域的军事合作。换句话讲，美国之所以邀请中国参加这个军演，就是因为美国在这个领域完全离不开中国的大力支持和广泛参与。

中国参与环太军演展示透明和自信。这次环太军演，中国海军派出了四艘主力战舰及保障型舰艇，这些都是中国海军现役的精锐力量。“海口号”导弹驱逐舰是中国海军的第一代“宙斯盾”战舰，号称“中华神盾”，具备很强的区域防空、反潜和反舰综合作战性能，与美国海军较新型的“阿利·伯克级”相比也毫不逊色，如今这个052C型号的后继型号052D也已经服役，充分表明“中华神盾”再上台阶。“岳阳号”导弹护卫舰是中国海军第一代具备区域防空能力的大型护卫舰，如今该054A型护卫舰已经量产并批量服役，成为中国海军的主力战舰之一。“和平方舟号”医院船则是中国最先进的医疗辅助舰只，完全将一座陆地三甲医院搬到了海上，成为人道主义救援和防灾减灾的重要平台。此外，为保障这三艘战舰能顺利完成此次环太军演，中国海军最大、最先进的“千岛湖”综合补给舰也成为编队的一员。可以说这次参演的中国海军舰艇编队都是十分先进的战舰，这既显示了中国希望以透明的姿态向国际社会展示海军军事能力，也显示了中国对自身战舰综合性能的自信。既来之则安之，就算在联合军演中有不少不怀好意的国家惦记着偷窥中国海军先进舰艇性能，中国海军充分准备并制定了多套应急预案来化解对手的诸多不良企图。之所以中国第一次参加环太军演就派出如此“精锐”，主要有两点考虑：一是期待消除所谓的中国军事不透明带来的“中国威胁论”，让美国等西方国家看到中国的诚意，毕竟这些战舰都是“00后”，都服役没几年，性能都在保密范畴之内，也是西方期待窥视的重点目标；二是作为中国新型战舰不能“待字闺中”，需要大大方方到世界各大洋转转，看看中国新型战舰的适航性和综合能力究竟如何，还存在什么问题，通过不断试验来积累经验，并进一步优化改进这一类战舰。毕竟在平时发现问题可以及时修正，战时就没有那样的机会，好好利用每次远海训练就是对新装备的最好检验。

中国参与环太军演体现大国责任。作为一个太平洋沿岸负责任的大国，中国很有必要强化与环太平洋国家的合作共赢，毕竟21世纪的太平洋可以说是世界经济发展的核心发动机，因此维护亚太地区的和平与稳定既关系到中国的切身利益，也关系到世界经济发展的大趋势，没有一个和平稳定的亚太地区大环境，世界经济的发展或将停滞。因此，中国在积极谋求自身发展的同时，也有义务和责任为亚太地区的安全发展发挥自身的实力和潜力。如今中国的大发展十分依赖于太平洋这片广袤的海域，无论在经济、政治、军事等各个领域都是如此，毕竟现在的世界各国经济发展都渐变成为海洋发展模式，维护海洋安全就是维护一个国家政治、经济、军事等综合安全的重要保障。尽管环太军演事实上还带着浓郁的冷战思维和色彩，但其本身如能善加利用也可成为维护亚太海洋安全的重要安全保障。至少中国海军的参与会让冷战色彩多了层和平的内涵，少了点对抗的成分。虽然中国无意也无力撼动美国在亚太地区的优势地位，但作为大国的中国还是肩负着维护亚太安全的重任。在2014年的亚信峰会中，中国提出了“亚洲安全观”的重要理念，亚洲安全需要亚洲国家共同维护，相信亚洲国家有足够智慧解决彼此的分歧和矛盾，不烦劳域外国家在这里煽风点火、挑拨离间并惹是生非。中国提出这样的观点恰恰能看出来中国爱好和平，反对战争，包括环太军演在内的各类国际安全合作中，忠实地履行职责，尽力消除不安定因素，坚定地维护地区和平。

美国环太军演离不开中国的支持。现如今星球越来越小了，邻里之间总是需要合作的。美国为维护“一超独霸”的世界霸权地位，很有必要遏制现实和潜在的对手，争取做到防患于未然，因此对中国这个崛起的大国只好奉行“接触性的遏制”。遏制是因为中国崛起是美国不可接受的，尤其是潜在威胁到美国霸主地位让其寝食难安，因此遏制中国是美国的主旋律也不会改变。但美国对这样一个强大的对手是需要接触和善加利用的。接触的目的是了解和掌握这个国家的真实实力，善加利用是指虽然在包括反潜、反舰、防空、两栖登陆等传统安全领域无法与中国开展任何类型的合作，但是在非传统安全领域还是可以与中国全方位合作，诸如反恐、反海盗、防灾减灾、人道主义救援等等，这些都是美国迫切需要中国投入更多责任和金钱来参与的合作领域。换句话讲，只要中国这个经济大国承担更多的责任，美国就能更多地“减负”，就能把钱花在刀刃上，包括在传统安全领域做更多的事情。如在亚丁湾护航，美国海军就希望中国海军能派遣更多的战舰参与，让美国海军第五舰队的战舰能大幅度减少这类耗资不菲的护航任务。换句话讲，美国接触中国是有求于中国，总是当“世界警察”的美国有点筋疲力尽了，美国希望至少是地区大国们轮流坐庄，别总让美国一家负担，眼下的地主真的没有“余粮”了，还欠了不少佃户家的租子。

美国环太军演依旧剑指中国。尽管中国海军第一次参加了环太军演，但这不意味着中国成了“环太军演俱乐部”的主角，只能说是中国从昔日的看客变成了今日的参与者。相反，这类演习从某种程度上就是针对中国这个假想敌的，显然中国已经超越了俄罗斯成为美国的头号现实威胁，时时刻刻不忘“中国威胁论”是美国和日本等国的主旋律。美国盛情邀请中国参加就是希望了解中国、掌控中国，尤其是对中国先进军事装备力图摸清特点并找到弱点。包括日本军方也高调欢迎中国海军参加本次军演，但这些都是“黄鼠狼给鸡拜年——没安好心”！既然美国和日本已经摆好“鸿门宴”，中国欣然赴约，那就需要做好一切应变措施的准备。由于这次军演就在美国“家门口”，当然美国便可以大大方方地窥视中国先进战舰，就连日本也是用心良苦，派来了两架具备电子侦测能力的“P-3C”海上巡逻机，期待在军演过程中与中国海军“不期而遇”。其实这些都不可怕，对于中国海军还是件好事，由于到陌生海域锻炼就是很难得的经历，包括其他很多国家海军也都有不少宝贵经验值得中国海军学习和借鉴。同时这次“暗藏杀机”的联合演习中虽然有瞄准中国的成分在内，但对于中国海军也是一个对抗性的实兵训练。你盯着我，我也可以盯着你；你侦测我，我也可以观察你。这些都是相互的，是一场真正没有硝烟的海上暗战，就看谁能力更强。如果能及时发现对手的技术和战术上的漏洞，对于中国海军或许也是一个巨大的意外收获。

客观讲，中国参加这次环太军演并非要和美国争夺西太平洋的主导权，中国也没有与美国在大洋深处对抗的实力。因此，要看淡这次军演，它就是中国海军赴约参加的一次由美国主导的国际联合海上军演，不存在什么里程碑式的重大意义，但还是具有一定的现实意义。无论如何，中国海军需要重视这场军演，拿出最佳的战舰性能和最好的军政素质让国际社会看看中国海军的飞快发展与特有的能力。

（2014.5）

奥巴马之“马歇尔计划”能否救赎盟友

美国总统奥巴马在访问东欧国家波兰时正式宣布，自己将努力说服国会多批准10亿美元的对欧援助计划，以增加美国在欧洲的军事存在。奥巴马此“承诺”一出确实让中东欧部分国家感到兴奋和欣慰，毕竟目前这些弱小国家似乎都面临乌克兰危机后的俄罗斯威胁，也都在翘首以盼美国老大在经济上的慷慨援助和在军事上的果断出手。如果与20世纪成功实施的“马歇尔计划”相比，奥巴马承诺的新版“马歇尔计划”似乎又能让这些盟国或准盟国看到了来自美国的救助和救赎。但客观来讲，奥巴马不是马歇尔，职位不同，经历不同，今天的欧洲也不同于昔日的欧洲，俄罗斯也不像苏联那么强大，加之美国自己兜里的钱也不宽裕，还要靠借债过日子。可以说一切都物是人非，世易时移了。

实质上，奥巴马希望救赎的是美国利益，而非这些朋友利益，因为美国如今是唯一超级大国，维持“一超独霸”战略是美国新一百年来的追求，这一点在奥巴马的西点军校讲话中毫不掩饰地告诉了全世界。但要想维持这样一个不好当的“老大地位”，不仅仅要在欧洲实施绝对控制，也要在亚太完成战略布局，实现“亚太再平衡”，让“两洋”战略牢牢控制在自己手里。与美国承诺对亚太地区的援助相比，奥巴马准备追加在欧洲的10亿美元可以说是小巫见大巫，或杯水车薪。2014年，美国决定将亚太地区盟国的军事援助增加30%，将对这些国家的军事培训援助增加45%，同时要将在该地区年度联合军事演习的次数猛增到130次，将年度访问亚太地区港口和基地的次数猛增到700次。这些都是创美军纪录的，无论是联合军演，基地驻泊访问，还是装备和培训等军事援助，都需要更多军事预算。这也凸显了美国对亚太地区的重视程度。相比之下，美国对欧洲的援助多停留在政治和外交层面，无论是军事调动、联合军演，还是军队互访的层级、规模和水平，都与亚太有较大差距。就算奥巴马承诺的10亿美元军事援助也多会以“美军自用”为主，为这些国家提供“有限”的安全保障为辅。

乌克兰危机，尤其是克里米亚被俄罗斯收入囊中后，美国不得不反思自己的欧洲战略是否被忽视，过于重视亚太地区，似乎让俄罗斯钻了“空子”。与其说是美国的疏忽给了俄罗斯“机会”，倒不如说是美国怂恿支持的“北约东扩”酿成今天苦果，这也就促使奥巴马重新考虑全球战略布局。但要改变目前的“重返亚洲战略”及“亚太再平衡战略”回到欧洲去“救火”肯定不符合美国利益。尽管在西点军校的演讲中，奥巴马只字未提“亚太再平衡战略”，那是因为在奥巴马心里已经有了“欧洲再平衡战略”与“亚太再平衡战略”同步实施的想法。但这两个战略又有着较大差别，“欧洲再平衡”不能全靠美国，需要在政治和经济上以欧盟为主，在军事上以北约为主，美国愿意让其他国家发挥更大作用，尤其是德国、法国和英国这“三驾马车”需要更多出钱、出力、出兵，美国则可以全力配合并发挥欧洲地区的领导作用。“亚太再平衡”则要全靠美国来支撑，毕竟与欧洲相比，这里可以说是一盘散沙，没有如欧盟和北约这样“看似靠得住”组织能为自己所用，尽管有不少双边军事同盟，尤其是美日、美韩、美澳等铁杆盟友军事同盟，但双边不代表多边，形不成合力，加之存在如韩国和日本等国家之间不和所带来的“内耗”，让美国十分头疼，毕竟美国希望能打造多边的政治、经济、军事组织，这样自己才能当好亚太地区的这个老大。此外，与欧洲相比，尽管俄罗斯来势汹汹，普京也是强势不断，但毕竟经济实力不济导致俄罗斯军事实力有限，唯一能震慑他国的就是俄罗斯“三位一体”的战略核力量。而在亚太地区的中国崛起更是让美国看到了“威胁”，毕竟中国“不差钱”，让美国觉得这个对手才是最可怕的，至少目前比俄罗斯的现实和未来威胁更大。因此，美国需要全力以赴在亚太布局，让中国崛起成为自己可控的发展态势。至于在欧洲的军事布局，美国一定会有所为，这个有所为表现在两方面。一是美国会主导北约28个成员国在对待俄罗斯的问题上团结一致，不能再心猿意马，尽管欧洲经济不太好，但也要加大各个国家军事投入，充实对抗俄罗斯的军事实力。二是美国自己会在波兰、罗马尼亚、土耳其等“俄罗斯前沿国家”按照既定计划推进部署欧洲反导系统，并在包括波罗的海三国、中东欧其他国家增派空军力量，加大联合演习力度，这个政治和军事姿态，美国一定会做好的。而美国最关注的其实就是在欧洲地区部署反导体系，这个关乎美国的国家核心利益。第一步是在地中海部署具备中段反导拦截能力的“宙斯盾”战舰，第二步就是要在波兰、罗马尼亚等国部署更为前沿的陆基中段反导系统，也就是美军“标准-3”型导弹的陆基版本。目前，美军已经完成了陆基“标准-3”导弹的首次成功试验，这可以说是为俄罗斯在欧洲量身定制的产品。针对这些反导武器的部署，美军不仅会积极和努力，也会一掷千金，不惜代价，因此，就算奥巴马承诺到位的追加10亿美元军援也主要会在反导武器系统中占据主要位置。此外，奥巴马也给自己留了活话，毕竟要到国会争取，如果争取不到的话，就别怪奥巴马无能为力了。

由此可见，如果美国在欧洲想获取军事基地并非难事，至少会比在中亚地区简单得多，不少中东欧国家都期待美国大兵的近距离保护。但正因为如此，美国才会慎重考虑在欧洲的军事投入，如果能让北约其他国家承担更大的义务才是美国之需。可见，救赎盟国和准盟国不是美国的最终目标，而让美国远离是非之地，确保美国本土的绝对安全才是美国真正的选择。奥巴马提不出“马歇尔计划”，“马歇尔计划”也救赎不了这些国家。换句话讲，美国如果不再插手欧洲和亚洲事务，让欧洲和亚洲人民自己解决自身问题，或许才是救赎世界的最佳选择，因为美国的利己私心和全球霸权思维才是这些地区陷入窘境的始作俑者。

（2014.7）

如何看待美军在伊拉克战争的成败

问：伊拉克战争让美国更多涉足中东事务，但美国也因此耗费了巨大的人力物力财力资源，伊战老兵问题逐渐成为社会问题；国内反战情绪升温；从两年前开始，中东反美浪潮高涨，并引发了“班加西事件”。十年后，我们从伊战的后续影响来看，美国入侵伊拉克是得还是失？

答：美国入侵伊拉克肯定是利大于弊，美国自然是最大的赢家，我不敢苟同中国是最大赢家的说法。时隔十年，我们再看看中东现实情况，恰恰是美国不断染指中东，尤其是染指伊拉克，才让这个地区出现了美国所希望的政治走向。

一是美国已经彻底分裂了阿盟，这是美国的最大收获。以前阿盟在解决中东问题上还算是“一盘棋”，但现实的阿盟已经成为亲美与反美两个团体，一个是以沙特、科威特等为主的中东亲美国家，他们支持美国在中东解决关于也门、叙利亚、伊朗等敏感问题，在很多问题上与美国能保持高度一致。美国在政治上支持这些国家，在军事上积极开拓美国的海外军事基地，并卖给他们大批先进武器装备，希望这些国家能在未来的中东格局较量中有较大的话语权权重。一个是以叙利亚、伊朗等为首的反美国家，这些国家希望能在中东问题上起到主导作用，尤其是将美国的影响和势力赶出中东，但如今看来这些国家不仅遭到了西方国家的反对，也被自己原来的盟友围堵。此外，埃及的分裂和利比亚前政权的倒台，让中东更是少了主心骨，原来的伊拉克作为中东最强大的霸权势力被美国彻底铲除，更是符合美国的自身利益，也间接符合中东其他国家的利益。

二是伊拉克如今的混乱状态在某种程度上符合美国利益。尽管美国已经撤出了在伊拉克的军队，但保留返回伊拉克美军军营的权利以备不时之需，包括一旦对伊朗“动武”，也不排除美军重新启动伊拉克军事基地作为保障。只要伊拉克内部不团结，昔日强大的萨达姆时代的伊拉克就不复存在，这对美国肯定是好事，至于控制了伊拉克的部分石油资源则是美军“正常”的战利品。

三是撤出伊拉克更多是出于安全和国防预算的双重考虑。前者，没有必要用自己美国大兵的生命维护伊拉克国家内部稳定，自己少参与，则可以节省大笔战争经费，美国今年的国防预算已经少了近600亿美元的拨款，这里面就有撤军的作用。此外，当政者要想武装伊拉克，未来还需要向美国购买大批武器装备，哪怕是二手的，也是一个巨大的市场。关键就在于控制伊拉克，这是美国的核心。目前来看，已经基本做到。

四是将其他国家的政治影响和军事存在挤出中东，如中国和俄罗斯，重新划分势力范围。至少在伊拉克问题上，美国已经初见成效了，这也是事实。因此，无论是海湾战争，还是伊拉克战争，美国都没少捞好处。

问：如何从战略高度评价美国发动伊拉克战争？

答：美国发动伊拉克战争是海湾战争的继续和延续，彻底推翻萨达姆政权，完全控制伊拉克，并肢解原有的中东政治格局才是美国的核心意图。从目前来看，美国已经完成了前两步，第三步已经完成了部分内容，包括推翻卡扎菲政权等，目前存在的最大问题就是叙利亚和伊朗问题。现在美国的战略重点之一也放在了这个地区，这也是美国国务卿克里首访就到欧洲和中东的主要动因。尽管2012年是“美国重返亚太元年”，但彻底处理好中东问题才能让美国腾出手来全力以赴处理亚太问题，毕竟有中东的拖累让美国还是有所顾忌的。当然，伊拉克问题的解决从某种程度上讲，已经让俄罗斯的影响力大大减少了。一旦叙利亚和伊朗问题被美国彻底解决了，并按照美国的希望进行规划，这将是中东格局的重新洗牌，也不利于其他国家参与中东事务。如果能站在这个高度看待伊拉克战争的话，就应该很清楚伊拉克问题只是美国中东战略步骤的第一步。

问：从战略上，把美国最近几年直接介入的三场战争（阿富汗、伊拉克以及利比亚）做一比较。

答：如果按照时间顺序来看，美国首先因为本·拉登问题发动了反恐战争，这场耗时十年多的战争尽管至今也是有些骑虎难下，但基本的战略目标已经实现。如果能将阿富汗反恐的任务完全交给其政府军来办，这样一来，阿富汗会成为另一个伊拉克，美军可以悉数撤走军队，但依旧是只要需要的时候就能重返这些基地，毕竟阿富汗地处伊朗的东部，有很好的地缘政治地位，从这里发起对伊朗的部分军事行动也会对美国有利。伊朗经常性在伊朗和阿富汗边境“看到”美军的无人机，并俘获了其中的RQ-170，恰恰说明美军十分重视阿富汗等军事基地对伊朗的实际军事作用。

接下来，美国解决了伊拉克问题，让这个昔日的地区霸主俯首称臣，至少不会再对美国构成实质威胁了。

至于卡扎菲问题，美国完全是借助于其“国内混乱”，最终实现了乱中取胜，而且形成了“利比亚模式”，就是制造内部反对派，自己提供各类援助推翻原来的政权，美国等外国势力只需要做“临门一脚”的工作，包括操纵联合国等国际社会和北约等军事组织强力干涉这些国家内部事务，最终推翻原来的反美政权。而利比亚在原中东国家中还是具有很大话语权的，推翻这个国家对于美国进一步直接控制中东，瓦解阿盟，具有十分深远的战略意义。

尽管美国为此花费了巨大的军事投入，将近十年的每年1000多亿美元的战争经费，有些已经有人埋单，但更多的收益还是需要美国通过“控制中东”获取最大的实际利益，包括能源、资源和武器市场等。这一点美国不会做赔本的买卖。

（2014.8）

“亚太再平衡战略”，一个不容忽视的命题

2014年是中国农历的甲午年，记得120年前的甲午年，面对日新月异的日本海军，昔日强大的北洋水师遭到了彻底失败。虽然有不少现代人为这场甲午战争的胜败得失表达自己的观点，有说是“清政府腐败无能导致北洋水师焉有不败”，有说是“北洋水师消极被动军事战略招致必然的失败”，还有说是“北洋水师故步自封导致差距巨大招致惨败”。无论主客观原因有多少，其结果就是中国昔日的海军彻底败给了年轻的日本海军。但不管是什么原因，还是要客观认可这个国人很不情愿接受的结果。总结甲午惨败血的教训不是目标，毕竟历史已经成为烙印刻进了血色的年轮，真正要检讨和反思的是着眼于未来，倘若再来一次“甲午海战”，我们是否有足够的实力克服之前的全部弊端，做到不战则已，战则必胜。无论对手是谁，对手有多强大，只要严重触碰到中国核心利益底线，严重损害中国国家安全红线，我们只有说“不”。中国不好战，但中国不惧战，为国家利益和民族尊严而战，中国责无旁贷，毕竟在美国“亚太再平衡战略”下，中国所处的国际和周边环境太不容乐观了。

“亚太再平衡战略”到今天已经五个年头了，美国依旧在操盘全球布局，尤其是亚太的战略部署，如今已经逐步做到了强化在亚太的军事力量调整，更多先进武器装备已经成为亚太地区的“座上客”；同时，美国强化了在亚太地区的盟国战略布局，将昔日冷战早就该解散的军事同盟产物不仅复活而且强化，如今奥巴马已经和菲律宾签署了新的协议，即将在苏比克湾和克拉克空军基地等地区长期但“非永久”地部署美国海空军和

陆战队三师等军事力量，强化美军对中国南海和所谓“第一岛链”的军事管控。此外，美军也觊觎越南的金兰湾、岘港等绝佳军事基地良久，目标就是有朝一日进驻这些控制亚太地区的核心要地，将中国南下之崛起战略扼杀于摇篮之中。有美国专家认为，只要牢牢控制住马六甲海峡，中国将不战而败，因为离开马六甲，中国或将没有战争可持续的能力。不管这些话是否危言耸听，但美军希望控制在亚太地区的全部核心黄金海道则是千真万确的，一旦这些海道处于不可控状态，中国所处的国际环境将是危险的，这也是美国“亚太再平衡战略”的重点布局要害之一。

与美国“亚太再平衡战略”同步起舞最卖力的国家有两个，一是日本，二是菲律宾，但这两个国家也都是各怀鬼胎，心思各不相同。菲律宾是小心思、小眼光，就想“引狼入室”，保住自己非法侵占中国南海的诸多领土，仅此，无他！日本是大心思、大战略，特想“借刀杀人”、“暗度陈仓”，希望借助“美国之刀”扼杀中国崛起，希望借助“美国战略”成就日本“国家正常化”、“军队正常化”的狼子野心。如果说美国的“亚太再平衡战略”是美国的国家战略，那么暗藏在这一战略之中的就是日本的“南下遏制中国战略”，并美其名曰为“自由与繁荣之弧”，但这里的“弧”并非半圆，而是日本政客心中一整个的“圆”，这里的“弧”更准确的说法就是狐狸的“狐”，这是日本计谋的不可告人之处。

换句话讲，美国这一战略是多种盟国战略的综合和集成，是美国集合这些国家能够实现美国意志的交集。自己不需要付出太多的心思和美元，就能让这些国家心甘情愿唯自己马首是瞻，彰显了美国战略的高明与阴险，美国口头说放弃冷战思维，实际上奉行“新冷战”战略的考量。也就是说，既然美国这个战略包含太多的盟国战略和盟国心思，不妨就让这些被圈套进来的小战略、小心思在中国崛起战略对冲下荡然无存，这也就是中国能成功突围美国战略的契机。毕竟中美两个大国斗则两败，合则两利，谁也不希望看到中美爆发直接的军事冲突，如果能“不战而屈美国之兵”，让美国深刻认识到太平洋很宽阔，中美可以和平共处，或对中国是上上之策选。

（2014.8）

谁在充当美国“亚太再平衡战略”的棋子

美国总统奥巴马2009年上台后最得意之作就是其所谓的“重返亚洲”战略，也就是要搞“亚太再平衡战略”。通过这个“宏大但用心叵测”的国家战略，利用盟友和准盟友来实现控制并遏制对手和潜在对手的战略目标。当然毫无疑问的是美国在亚太地区的现实对手是朝鲜、伊朗等国，潜在对手是中国和俄罗斯两个大国，尤其是乌克兰危机后，美国提高调门对抗俄罗斯的意味更浓，但奥巴马也不忘记提醒自己和盟国，中国才是最大的潜在威胁。由此可见，国际形势尽管冷战已经结束，但美国打造的基于“巧实力”的“新冷战”模式正在酝酿并初步形成。当然所谓的“巧”就是美国多说，盟国多做，美国不再用蛮力。

那么美国在亚太有哪些重要战略和战略盟友？这些盟友究竟能为美国做点什么“力所能及”的工作呢？

围绕美国的“亚太再平衡战略”，美国的目标就是把自认为的对手国家的权重“平衡”下去，扶持做大自己的盟国或准盟国的实力，让他们死心塌地唯美国马首是瞻。为配合美国的“亚太再平衡战略”，美国一方面提出了“空海一体战”的军事理论。如今已经上升到了军事战略层面，期待利用自身不对称的海空军和天军的综合优势来遏制对手的军事能力，包括希望将中国军事力量完全困杀并围堵在美国所谓的“第一岛链”之内。另一方面也提出了“近海控制战略”。这个战略与“空海一体战”有相似之处，就是要把包括中国在内的对手国家完全封锁在其近海海域，但使用的军事力量可以更灵活多样。再有，美国陆军也不甘示弱地提出了“太平洋路径”战略，就是希望让美国陆军在对抗中国等国家的战略中不掉队并有所为。从这些战略本身不难看出，美国不谋求单打独斗而是寄希望于盟国的鼎力帮助，毕竟军事战略需要高额军费支撑，尽管美国财力和军事力量已经足够雄厚，但面对日益崛起或复苏的中国和俄罗斯，美国还是感觉力不从心，重拾美国冷战那一套惯用的伎俩也就顺理成章。此外，美国的“巧实力”设计还有一招妙手，就是制造军备竞赛，让中国周边国家与中国开展旷日持久并耗资巨大的军备竞赛，目标就是拖垮或延迟中国崛起的战略步骤，而美国则可以兜售军火大肆发财，笑看亚太的混乱和对自身的依赖。

《讲武堂》上讲国防

为对付中国崛起战略，美国也是煞费苦心，考虑到中国崛起战略是以海洋突破为主，“两洋战略”为战略要素，美国就围绕这些要素来对抗中国。

针对东海及西太平洋一带，美国听任日本做大，不惜放任其军国主义野心膨胀，就是希望日本这个盟国能在围堵中国太平洋战略上发挥重大作用。美国也知道日本的做大将是自己未来的梦魇，但此时此刻的日本似乎还威胁不到美国的本土利益，加之日本与中国在领土、领海存在固有争端，尤其是在国家发展战略上存在重大不可调和的“利益对冲”，这就让美国可以善加利用，日本可以和中国争利益，美国可以纵容，加之日本这个“冤大头”有钱，高价购买美国大批军火也符合美国利益。

韩国尽管是美国盟国之一，但只能算是半个棋子，虽然有三万美国驻军在朝鲜半岛长期驻扎，但韩国关注的是“三八线”的另一端的朝鲜而不是中国和俄罗斯，更不希望卷入大国博弈的旋涡难以自拔。但如果在韩国默许下，美国部署了“萨德”反导系统以及韩国购买了“标准-3”型反导武器，那韩国就会自觉靠拢了美国对抗的阵营，这对韩国绝非好事。

介于东海和南海交界的菲律宾则是美国十分倚重的盟国，毕竟这里意义非凡，北看东海咽喉海道，南看南海中国核心利益圈，守住这个战略要地，美国围堵战略就大有希望，不在乎菲律宾军事力量有多弱，美军能入驻就是既定目标。

毗邻马六甲和巽他海峡的新加坡也是美国的重要盟友，这里的樟宜海军基地对美国来讲就是一支“锁喉枪”，毕竟中国想到印度洋，必须得到这里的“山大王”同意。新加坡虽小，但作用不小，美国早就觊觎这块战略宝地了。不仅要控制东海、南海，美国还希望控制西太平洋和印度洋，让日本配合控制西太平洋还算有点靠谱，但南海其他美国的盟国在印度洋都无法帮助美国控制这里。除了自身第五舰队加强军事存在，美国也通过大量军售先进武器装备给澳大利亚，让它来实现对印度洋的实际控制，实际上也就是加强美国所谓的“第二岛链”的实际控制。

至于美国其他盟国如泰国、马来西亚等国，美国更多希望他们能严重依赖美国提供的军火，并提供更多军事基地，邀请美军时不时来一场联合军事演练，以此来强化美军的军事存在价值。

除了盟国，美国在“亚太再平衡战略”中没忘记那些小伙伴，或者称之为“准盟国”，一起来实现对包括中国崛起战略的围堵。理由很简单——“中国威胁论”，中国和这些国家有多种利益冲突。以此作为召集这些国家的旗帜，如印度已经与美国、日本加强军事合作，越南更是美国和日本的“座上宾”，毕竟越南是对抗中国的绝佳选择，军事实力强，与中国矛盾深，加之越南的金兰湾和岘港都是美国和日本等梦寐以求的天然军事基地。加强与这些国家的军事合作自然也就是美国孜孜以求的努力目标。

群狼环顾，狼烟渐起，中国周边形势不容小视，但突围中国海关键还是靠自己，做大做强自身综合国力和军事实力才能让中国崛起成为现实。

（2015.1）

俄罗斯重兵集结北极，欲夺取地球制高点

在冷战期间，北极就是美苏争霸的一个“热点”，但彼时的“热”主要还是军事热，毕竟将战略导弹核潜艇置于厚厚的冰层下面无疑增加了反潜难度，这本身对美苏两个军事集团彼此就是一个重大军事威胁。加之在北冰洋区域，一旦发射潜射弹道导弹，就可以快速打击对方国家，比起其他大洋区域的预警时间则大大缩短。因此，美苏两国在冷战期间十分重视对北极军事战略价值的争夺。

随着地球温室效应导致北极冰层融化加剧，北极更加成为今后国际社会，尤其是沿岸国家极力争夺的“热点”区域之一。除了重大军事价值之外，又增加了几个不可忽视的利益争夺点。一是“领土”之争。不少国家都已经把大片北极大陆架划到自己“家里面”。其中，俄罗斯早在2001年开始，就一直期望获得北极大陆架包括罗蒙诺索夫海岭和门捷列夫海岭在内的富有油气地段，然而俄罗斯曾因申请信息不足被拒。经过精心准备，俄罗斯计划在2015年第一季度再次向联合国提交扩大北极大陆架申请。同样，其他北极国家也纷纷开展“圈海运动”，目标就是夺取北极更多大陆架的管理权。二就是资源之争。由于北极地区蕴藏着丰富资源，潜藏着巨大的经济和战略价值。美国地质调查局2008年发布报告称，在全世界尚未发现的矿藏量中，20%的石油和30%的天然气埋藏在北极圈。俄罗斯自然资源和生态部部长特鲁特涅夫估计，仅在俄罗斯所属北冰洋大陆架就蕴藏着大约1000亿吨的油气资源。除化石燃料外，北极地区还有富饶的渔业和森林资源以及矿产资源，仅煤炭储量就高达1万亿吨，占全球煤炭储

量1/4。此外，毫无疑问，在世界淡水资源日益匮乏的今天，北极丰富的淡水资源无疑蕴含着巨大的商业和经济价值。一旦按照《联合国海洋法公约》划定大陆架和专属经济区等排他性海域，将会让这些资源尽数收入囊中，这对一个国家经济的发展无疑意义重大。三是航道之争。一旦北极冰层大量融化，常年冰冻期减少，将在北极地区催生出来两条北极航道“捷径”，将会让商船到达欧洲和美洲的航程大幅度减少。正是由于北极航道具有潜在的经济和地缘战略价值，北极国家通过各种手段强化对这一航道的管辖和控制权，加拿大和俄罗斯主张北极航道是两国内水，并出台了国内立法来明确他们对两大航道的管辖权。但俄罗斯、加拿大对北极航道的控制引发欧美等国强烈不满。美国将两大航道定位于国际航道并宣称，过境通行制度适用于北极航道，美国保留在北极地区自由航行与飞行的权利。如今，美国这类主张得到了多数非北极国家支持。在各国围绕北极争夺日益失控的情况下，加拿大、丹麦、芬兰、冰岛、挪威、俄罗斯、瑞典、美国八国1996年成立了北极理事会这一国际组织，探讨各国在北极的行为准则，但这一组织从某种程度上具有强烈的排他性内涵，让非北极国家在北极地区无法享受沿岸国家的实际利益。

正是出于军事、政治和经济三重利益考虑，北极理事会不少国家已经开始加大在北极问题上的话语权和实际动作。2009年，美国颁布《国家安全和国土安全总统令》，宣布美国在北极有着广泛而重要的国家利益，并强化其在北极的军事力量，不仅将其反导系统部署在靠近北极的阿拉斯加，而且强化了其在北冰洋沿岸地区的海岸警卫队。美国军舰和核动力潜艇经常出没巴伦支海以及北极地区进行侦察活动。加拿大在维护北极权益方面同样显示了强硬姿态，制订了一整套计划来应对各国对北极的争夺，并组建北极舰队和军事基地。丹麦则组建北极联合指挥部，并在格陵兰岛设立军事基地，组建北极快速反应部队。2009年，丹麦、挪威和瑞典三国国防部长召开会议时提议，组建由三国海军空军组成的联合快速反应部队，以监视和威慑各国在北极地区的活动。

考虑到其他北极国家的咄咄逼人态势，以及维护自身在北极的核心利益，俄罗斯这些年一直加大在北极的军事存在。为保证在北极地区的兵力投送和掌握制空权，俄罗斯在1991年后关闭的北极地区多个空军基地被重新启用，与此同时，北极地区的空中巡逻与训练也成为俄空军年度训练的重点内容。目前，俄空军远程航空兵拥有63架“图-95MS”、18架“图-160”战略轰炸机以及80架“图-22M3”中程轰炸机，大部分都可在北极地区执行军事行动。强化北方舰队实力，提升北极地区军事存在。2013年1月，“北风之神”级潜艇加入北方舰队，搭载“圆锤”分导式多弹头潜射弹道导弹，2020年前该级计划建造8艘，半数将配属给北方舰队。此外，2008年，俄罗斯海军恢复北极巡航，北方舰队“彼得大帝号”重型核动力巡洋舰在内的水面舰艇编队多次巡航北极。包括俄海军“库兹涅佐夫海军元帅号”航母也隶属于北方舰队，其搭载的“苏-33”舰载机计划更换为“米格-29K”，从而增加搭载数量。依靠该舰和岸基空中力量，俄军有能力获得北极海域的制空权和制海权。除了海空军力量外，俄罗斯在北极地区的陆上作战部队主要是陆军两个摩步旅和北方舰队一个陆战旅，并计划2016年前，新增一个摩步旅。由此可见，俄罗斯军事动作频频，就是为了绝对控制住北极利益区。之前苏联和俄罗斯将北冰洋作为自己的“后花园”，如今太多国家“染指”这个“后院”，让俄罗斯心急如焚，只能硬着头皮拿出更多军费强化其在北极的军事存在。此举无疑更是加大了北极暗战的激烈程度。

但客观来讲，北极资源是全人类共同的财富，需要全人类共享这里的丰硕资源。但由于没有专门关于北极法律地位和规则的国际条约，面对北极潜藏的丰富资源以及北极巨大的商业和战略价值，北极国家纷纷采取行动“跑马圈地”，唯恐在这场利益争夺战中败北。这无疑会让北极爆发军事冲突的风险在加大。尤其是北极理事会八国也好，北极五国也罢，他们都不希望其他非北极国家分享这里的资源，多采取排他性的闭门磋商来讨论有关北极的重大问题，其他国家最多就是观察员身份，以此限制其他国家进入这一地区共享利益。从目前来看，北极军事化就是北极理事会成员国的军事化，尤其是美俄两家的常态军事化导致该地区的不稳定因素增加。因此，要想维护北极的非军事化，保护好全人类共同的北极利益，这些国家必须减少在北极的军事存在和军事对峙态势。但就目前而言，北极局势日益白热化，北极非军事化的前景任重而道远。

（2015.10）

谈谈奥巴马“核遗产”的真实谎言

奥巴马八年总统任期即将届满，中国人有一个传统习惯，那就是要给一个政治人物任内的政治举措来个“盖棺定论”，盘点一下其任内的“得与失”。这里要谈的就是针对奥巴马的“核政策遗产”究竟有多少值得我们给予肯定，还有多少是谎言和大话的成分。

奥巴马的“核政策遗产”还得从2009年获得“诺贝尔和平奖”说起。2009年4月5日，美国总统奥巴马在捷克首都布拉格市中心的哈德卡尼广场发表演讲。演讲中，奥巴马说“美国致力于寻求一个无核世界的和平与安全”，描绘了一个宏伟的“无核世界”蓝图。一时间，对奥巴马的赞扬声四起。诺贝尔奖评审委员会也来凑热闹，就在当年的10月9日宣布将2009年度诺贝尔和平奖授予美国总统奥巴马。似乎奥巴马已经是站在人类道德制高点上，好像是拯救人类的上帝，向人类送上了一个包装精美的大礼盒，而这个大礼盒上所贴的标签上写着：“和平与安全的无核世界”。但中国有句网络用语叫“理想很丰满，现实很骨感”，奥巴马上任伊始更多就是“畅想、畅想”罢了，毕竟很多事情没有想象中那么简单。对于这样一个草率颁奖，就连美国自己的《华盛顿邮报》也极为看不惯，将奥巴马获得诺贝尔和平奖的结果称之为“给一个还有三年才离开白宫的人物这么高的赞誉，简直是令人震惊”。美国著名的《时代》杂志也评论说，奥巴马的获奖令诺奖观察家们感到震惊，因为奥巴马在诺贝尔奖提名截止日期的不到两周前才执掌总统之职。许多观察家认为，现在授予奥巴马诺贝尔和平奖“为时过早”。2015年9月，诺贝尔和平奖委员会前秘书长亚格兰德表示，“当时委员会决定颁奖给美国总统奥巴马是为了鼓励他，但后来并没有达到预定期望”。或许这一评价已经很说明奥巴马的核政策成效了，也正是应了中国那句老话“雷声大雨点小”。

可能奥巴马最值得称道的是在其任内积极倡导“核安全峰会”。“核安全峰会”依旧缘于奥巴马2009年4月5日在捷克的布拉格的演讲。奥巴马在演讲时承诺将由美国主办一个“核安全峰会”。正是因为全球核保护存在着一定的不安全性，核材料与核技术有被滥用的危险，这些物资一旦落入恐怖主义分子之手，可能造成灾难性的后果。“全球核安全峰会”正是为应对这一威胁而召开的。2010年4月13日，首届“核安全峰会”在华盛顿举行。会议发表了公报和工作计划，承诺通过负责任的国家行动和持续有效的国际合作，以及强有力的安全措施，减少核恐怖主义威胁。包括中国在内的47个国家的领导人或代表以及联合国、国际原子能机构和欧盟等国际和地区组织负责人出席此次专门就核安全问题举行的多边峰会。在奥巴马的倡导下，“核安全峰会”每两年举办一次，至今已经举办了四届，并取得了一些成效。从2010年开始到现在，前三届核安全峰会已经取得了一定的成果，通过合作，帮助12个国家和24个核设施移除或放弃储存的高浓缩铀和钚，并建立专门机构对核走私网络实施打击。

但时至今日，世界核安全的现状仍然与2009年奥巴马提出的“无核世界”的梦想之间存在着巨大的鸿沟。近年来，全球核材料的失窃事件仍然在不断发生。据统计，2014年，全球共发生170起相关案件，核材料或放射性材料被报失踪、失窃或脱离政府管控，其中有70%的案件发生在美国、加拿大和法国。同样，六年来，“核安全峰会”也一直都未能达成一份具有约束力的文件，全球各国对于核材料的管理，对核安全的标准和规则都各不相同，国家间甚至没有义务相互告知彼此的规则内容。这些都是核安全峰会无法真正实现“控核”的遗憾之处。“核安全峰会”的象征意义远大于现实意义，这一会议本身带有奥巴马执政初期浓厚的“理想主义色彩”。更让人忧心忡忡的是第四届核安全峰会落下帷幕后，美国总统奥巴马也将很快结束总统任期，令国际社会担忧的是这一与奥巴马本人“捆绑”起来的“核安全峰会”的未来命运。奥巴马的继任者是否还会延续这个因为奥巴马“个人倡议”而诞生的峰会成了巨大的未知数。

奥巴马另一个核政治遗产或许就是签署并部分落实了“伊朗核协议”，看似解决了“伊朗核危机”，至少奥巴马自己是这么认为的。但伊朗的坚决“不弃核”态度也让这个协议在执行时步履维艰。伊朗核协议的通过对美国和伊朗两个国家都是有利的，但美国国会内部有不同的利益集团，代表犹太人利益的集团特别是以色列，还有一些军工集团的利益集团是坚决反对的。他们的基本底线是取消伊朗任何核活动，他们明明知道这样做不可能，因为违背了伊朗主权，伊朗签署《不扩散核武器条约》，作为主权国家它有权和平利用核能。美国现在出于自己利益的考虑，在伊核协议上一定要采取合作态度，双方各让一步。伊朗最高领导人哈梅内伊则认为，签署这个协议并不意味着伊朗将与美国及其盟国在其他问题上进行合作。以色列总理内塔尼亚胡表示，“以色列绝不会接受这一协议，将一如既往保护自己的安全”。伊朗的核协议本身就是个妥协的产物，美国和伊朗找到一个利益的交汇点，伊朗放弃“军事用核”，坚持“民用用核”，而美国给他开个“民用用核”的口子。但总体来讲，奥巴马拿到的只是一个阶段性的成果。为此，美国甘愿冒与以色列、沙特等盟国的冲突，与国内犹太人集团对抗的风险，这无疑就是一场赌博。但就奥巴马的核政策遗产来看，奥巴马会把伊朗核协议在任内坚持到底。但在朝鲜核问题上，奥巴马似乎运气并不那么好，如今的朝鲜距离有核国家越来越近了，这也让美国感到“压力山大”，但又无能为力，毕竟东北亚地区多了一个核武器国家，尤其是具有对美国亚太基地打击能力的朝鲜让奥巴马时刻认为是个威胁。但在任内解决“朝核”问题似乎又不太现实了，只好把这个“烫手的山芋”再交给继任者。

同样，奥巴马也是第一位造访日本广岛“核爆地”的美国总统，尽管奥巴马不会为美国在第二次世界大战“核平”广岛和长崎道歉，但他在“核爆慰灵碑”献花后耗时十来分钟的现场说辞中，使用了不少感性语汇来装点支撑其“追求无核理念”，诸如称“广岛上空升腾的蘑菇云，令我们感觉到人类的矛盾之处”、“应让广岛、长崎成为人类道义的觉醒”、“应有追求无核武世界的勇气”等。这些言辞本身就是奥巴马所谓“无核世界”的再次重申而已。其实，奥巴马此行更重要的一个目标就是要对等访问，邀请安倍晋三访问美国的珍珠港，期待让安倍详尽了解那场对美国带来巨大伤害并直接导致美国参战的“偷袭”。

但这一切或许就是奥巴马的个人理想而已，多少也是掩人耳目的政治说辞罢了。格鲁吉亚战争、克里米亚危机、乌克兰危机、叙利亚危机以及没完没了的反恐战争等等，让美俄之间早就达成的《新削减战略武器条约》迟迟不能兑现。

据瑞典斯德哥尔摩国际和平研究所2016年研究成果显示，今年全球核弹头库存量下降，较2015年减少455枚，但下降步伐减慢。同时“没有一个拥核国家准备在可预见的未来放弃核武库”，9个核武器国家仍在对其核武库进行现代化改造。全球目前共拥有15395枚核弹头，其中4120枚正处于部署状态。其中，俄罗斯以拥有7290枚核弹头排在首位。美国以7000枚位居第二，美俄两国总和就占到了全球总数的93%。根据2010年美俄两国新签署的《削减战略武器条约》规定，两国应该到2018年前将已部署的战略弹头的数量减少到1550枚。这些弹头的数量包括陆基的洲际弹道导弹、潜艇发射导弹和轰炸机上可携带的核弹头。但事实上，美国不断指责俄罗斯一直在逐步增加它的弹头总数。因此，不排除由于美俄关系进一步恶化，俄罗斯会宣布终止执行该条约。但无论如何，美俄两国所拥有的核弹头数量都会远远超过1550枚的底线。只要核弹头数量居高不下，削减不了，那么奥巴马的核政策就不会真正成功，至少奥巴马现在的制裁俄罗斯、打压俄罗斯的政策，已经在倒逼俄罗斯进一步强化其“三位一体战略核力量”以抗衡美国和北约带来的巨大威胁和挑战，尤其是美国积极部署的欧洲反导体系和亚太反导体系，让俄罗斯感觉到如鲠在喉，此时再谈核裁军和“无核世界”就显得十分苍白无力了。

此外，美国政府也没闲着，已经斥资3480亿美元，在2015年至2024年间升级核力量，包括如导弹、潜艇等运载工具。奥巴马政府甚至推出了

“万亿美元”雄心勃勃的核武库现代化计划，这与其曾做出的削减核弹头数量并降低核武器在美国国家安全战略中地位的承诺形成鲜明对比。同时，美国将继续强化海、陆、空三位一体的战略核力量。2010年，奥巴马曾经对美国的姿态做出了象征性的改变，其中包括承诺不对无核国家使用核武器，但保留了对中国和俄罗斯等有核国家采取“先发制人”核打击的基本原则。此外，也许就在近期，奥巴马或许会宣布新的核政策——即“不首先使用核武器”。尽管这一政策普遍受到质疑，尤其招致美国的重要盟国日本的强烈反对，认为美国此举将极大降低“核保护伞”对自己国家安全的承诺。

奥巴马的“核政策”主要还是出于自身核能力优势而言，之所以敢于尝试“不首先使用核武器”，一方面或许认为自己的常规军事力量“天下无敌”，包括对“一小时打遍全球工具”即将服役更是信心满满，另一方面确实也担心“核战争下没有赢家”。但“无核世界”不等于核武器完全“弃之不用”或“刀枪入库”，而是战略核武器可以不用，但战术核武器越来越接近于实用阶段，美军不断改进战术核武器，甚至连“F-35”这样的四代隐身战机都要求具有战术核打击能力，只能说明这些大规模杀伤性武器并没有远离战场，甚至比以往更加会被投放在战争中。因此，从这些情况不难看出来，奥巴马执政八年所倡导的“无核世界”并非无核，只是一种政治宣传而已，如果美俄两个核大国依旧剑拔弩张搞“核对峙”，带给这个世界的只能是另一场依旧是“以核为主”的“新冷战”，而奥巴马的所谓“核遗产”也只是一个真实的谎言，经不起考验，最终也无法带给全人类太多的福音。奥巴马的“和平奖”，其实并没有鼓励他成为“制造和平”的奥巴马。

（2016.7）

中美多合作少吵架有益亚太经济健康

中美之间摩擦不断，原因也是多方面的，之前多是因为意识形态之争，现在多是国家利益之争，意识形态不那么重要了。美国是全球经济一体化的倡导者和最大受益者，如果没有庞大的全球市场，也就谈不上美国经济的大繁荣，一个小小的苹果手机都让美国挣得盆满钵满，一个波音飞机除了空客之外，几乎是市场的半壁江山，并把俄罗斯、中国航空业完全挤在门外，但要知道空客是欧洲集体智慧和力量，美国的波音就是美国力量集成，这不一样的。此外，美国尽管对农产品需求量有限，却是粮食出口大国，包括产量高、抗病虫能力强的转基因食品也都是全球销售，包括倾销给中国。尽管今天的美国经济看似有些低谷，但绝不是负增长，美元的持续坚挺，让不少人看好特朗普作为商人的总统情怀和智商。

中美说白了都是全球经济一体化的受益者，而绝非中国一家，离开全球市场，美国产品无从销售，也正是包括中国在内的第三世界国家协助美国制造“美国制造”，才让美国产品更加低廉，更有市场竞争力，纯正的美国制造并不具备很强的竞争力，因为高昂的人工等成本！因此，美国之所以能够实现经济大发展，这与中国在经济上的紧密合作密不可分。

中美之间有矛盾，很正常，国家之间不可能没有矛盾，只是美国太贪心，让中国给美国打工，连打工钱都想克扣，又总是咬着人民币不放，认为中国在操纵汇率，还认为中国抢了美国人的饭碗，中国偷了美国人的技术。

这都是欲加之罪！中美经济发展具有太强的互补性，你中有我，我中有你，无法分割，甚至有人说中国是美国的胎盘，离开中国，美国也就无法发展。尽管比喻十分难以入耳，但中国美国之间的合作还是十分重要的，尤其是亚太自贸区的建立，离开中国和美国几乎是无法实现的目标。但美国是否愿意玩自贸区还不得而知，毕竟美国总认为自己是吃亏的一方。

但客观来讲，经济发展都是互利双赢的，谈不上谁亏谁赢，只要有利于自己那就是赢家！但总是吵吵闹闹的结果必然两败俱伤，无论是政治还是经济都是如此，担心中国的原因是美国缺乏自信，也是美国忧虑症、焦虑症的体现！

（2016.10）

奥巴马八年“错”在哪里了

奥巴马真的不想走，从他在芝加哥的告别演讲中就能看得出来，如果真能按照支持者所说的“再干四年”，相信奥巴马会欣然接受，但涉嫌违宪就违背了奥巴马倡导的“公平公正”的价值观。

奥巴马干了两届八年，时间不短了，任务也干满了，但多少还是留下了一连串的遗憾。

一是养大了ISIS。这个毫无疑问。不是奥巴马的纵容和对美国情报部门多次建议的无视，ISIS不可能在如此短时间内“做大做强”。为了对付叙利亚的阿萨德政权，一切与阿萨德为敌的都是自己的朋友，甚至包括ISIS，这就导致ISIS获取了足够的战略空间、资金和武器支持。同样，从2011年开始的叙利亚内战再次给了ISIS锻炼自己的实战机会，如果说ISIS在伊拉克境内还只是小打小闹不成气候，但经历了叙利亚内战的洗礼，ISIS长大了。2011年到2014年，四年时间，一个脱胎于“基地组织”分支的ISIS就变身成为超越“基地组织”，并极具野心、力图建国的极端恐怖组织。直到ISIS开始利用在叙利亚的红利回馈伊拉克并不断攻城略地，打得伊拉克政府军和库尔德人丢盔弃甲之时，奥巴马才认识到了养虎遗患的代价。这一点绝对是奥巴马执政中的最大的败笔，让反恐战争不仅没有停止，反而“越反越恐”。

二是“误导”了诺贝尔奖和世人。一上台就提出了“无核世界”的倡议，结果当年年底就获得了诺贝尔和平奖，目前来看这绝对是最大的讽刺。诺贝尔奖评审委员会选评不慎，以至于如今就有评委们唏嘘自己当年为什么就选中了还无所作为的奥巴马。这八年期间，核武器数量没有裁减多少，但质量在不断提高，甚至已经引起美俄的核军备竞赛。就是这样一个和平奖的得主，在快下台前提出来了1万亿美元改进美国核武器的庞大军事计划，再次狠狠扇了诺贝尔奖评审委员会的脸。正是奥巴马让核武器成为常规战争中选项之一，因为这类核武器已经被奥巴马政府开发出来了。

三是“纵容”朝鲜发展“核导”武器。解决朝鲜半岛核危机的钥匙在美国人手里，但奥巴马不愿意用，如果美国能与朝鲜签署和平协议，解决朝核问题将会简单得多，但奥巴马一意孤行要求先“弃核”，再谈签署和平协议，这就让朝鲜心中极度不安，于是只能加大核试验和导弹武器试验的力度。为什么奥巴马愿意屈尊去讨好伊朗签署核协议，并与古巴实现关系正常化，就在于奥巴马私心泛滥，只是希望利用朝鲜这个近邻“核问题”来牵制中国，并力图实现中国与周边国家的核军备竞赛，朝鲜就是一个由头和潘多拉魔盒的开启。一旦打开这个盒了，中国周边将会是核武器国家和地区林立，韩国、日本、中国台湾地区、越南、缅甸、印度、巴基斯坦、哈萨克斯坦、俄罗斯、朝鲜，可以数一数有多少个有核武器的国家和地区环绕着中国大陆，就算中国搞出来各类反导系统，也经不起如此全疆域布防吧，那样的话会拖垮中国经济，让中国崛起无望。但这就是奥巴马的小战略，朝鲜就是一个开端。但奥巴马对朝鲜拥核的能力做到了精准控制，不能过界，也就是不能危及美国的利益，这就是度，超过了度，美国就开始出手了，但极大损害了中国国家利益。

四是奥巴马这八年就是与中国为难的八年。看似要下台了，才想起来提醒特朗普美中关系很重要，自己却在南海问题上不断制约中国，牵制中国。这一点的实例太多了。

奥巴马才56岁，很年轻但也到站了，既然到站了也就该下台了。

（2016.12）

全球格局动荡或致地区危机不断

这两年的国际大事情很多，让国际社会有些应接不暇，俄罗斯与北约在波罗的海和黑海暗自较劲，俄罗斯深度插手叙利亚内战，中东反恐越反越恐，英国“如愿”脱欧了，蔡英文当选了台湾地区领导人，特朗普“意外”当选美国总统了，沙特等国悍然插手也门内战，欧洲决定组建独立防务力量，美国在韩国部署“萨德”导弹，朝鲜接二连三进行核试验，日本突破《和平宪法》种种限制，越南再掀南海风浪，菲律宾非法南海仲裁引狼入室，新加坡与台军合作违背“一中承诺”，等等，这两年的国际局势很不太平，甚至有些山雨欲来风满楼的味道。如果要说，目前的全球哪里最不太平，一个是中东，一个是东亚，欧洲则次之。

相对而言，欧洲现在所处的国际环境主要威胁来自于恐怖主义，尤其是来自于中东“伊斯兰国极端恐怖组织”，“基地组织”威胁也已经降到了次要位置。加之欧洲国家及北约已经插手在中东的各类反恐行动，必然招致恐怖组织的疯狂报复。由于在中东的反恐没有统一行动、统一标准，其结果就是“自我认定”和“多重标准”，也就让“伊斯兰国极端恐怖组织”得以喘息渐渐做大，并游走于叙利亚和伊拉克之间。尤其是“伊斯兰国极端恐怖组织”的多渠道“洗脑”行为让全球不得安宁，很多恐怖组织和“独狼”宣布效忠“伊斯兰国极端恐怖组织”本身就让这场反恐战争越来越难打。恐怖组织无孔不人，但又无法受到统一遏制和打击！尽管欧盟决定建立以反恐为主的独立防务力量，但受到美英两国钳制和掣肘后也很难有所作为，因此欧洲的反恐问题和难民问题依旧是一个导火索。

阅读与思考

前两次世界大战的策源地就在欧洲，俄罗斯《莫斯科共青团员报》网站就发表题为《第三次世界大战可能会从叙利亚开始》的文章称，大国更有深陷冲突的风险，现在五角大楼通过国务院加强自身对局势的影响力。俄罗斯有兵力，他们认为现在正是打败西方支持的力量的好时机。第三次世界大战可能会从叙利亚开始。

投资大鳄索罗斯也称，如果中国经济的健康状况不佳，可能会导致第三次世界大战的爆发。如果中国与美国的军事盟友，比如日本，发生军事冲突，那么可以毫不夸张地说，我们就处于第三次世界大战的临界点。

美国《华盛顿邮报》网站近期也发表文章《为下一场战争做准备》。文章称，近日在欧洲举行的二战结束周年纪念活动使我们意识到，自宣布胜利以来的70年里，美国在发动小规模战役的同时，也一直在为下一场大战做准备。美国参谋长联席会议主席登普西上将指出，当今形势是“我40年来经历的安全环境中最难以预料的”。登普西谈到了俄罗斯对欧洲的威胁、伊朗及其核计划、朝鲜问题、中国的崛起和非国家行为体，如“伊斯兰国”“基地组织”和与之结盟的恐怖组织。

此外，就连中国南海的黄岩岛也被某些媒体炒作为第三次世界大战的导火索，更何况阴云密布的朝鲜半岛了。

当然，近期最火的还属居住在英国的澳大利亚记者约翰·皮尔格拍摄的《即将到来的对华战争》纪录片。这部纪录片认为，由中美引发的第三次世界大战即将成为现实，因为美国当选总统特朗普正在动员一场大规模的毁灭性战争。

难道第三次世界大战真的即将到来了吗？世界格局真的要改变了吗？首先需要说明的一点是，中国不会输出战争，也不会主动挑战美国霸权。中国只想做维护国家安全、地区稳定和事关中国核心利益的事情。

不得不说的一点就是，中国崛起将成为21世纪最大的历史事件。但这个和平崛起的“中国梦”并不被美国、日本等西方国家认可和接受，就连中国提出的“一带一路”和“海洋战略”也都被这些强权国家斥为“威胁论”。但不管国际格局如何复杂多变，中国这些既定方针不会改变，这也就注定了美国等西方国家遏制中国崛起的策略不会变。美国当选总统特朗普尽管口口声声要“收缩战线”，实现“美国优先”，但这个想法仅仅是针对经济、金融而言，在特朗普看来，中国一直在大肆掠夺“美元”，造成了美国巨额赤字和大量失业。因此，制裁中国也就是特朗普当仁不让的头等大事，但这仅仅是针对经济和贸易上的对华战争。特朗普并没有觉得该到此为止，相反更是变本加厉，指责中国南海“扩张”，指责中国“放纵”朝鲜“拥核”，并挑战“一个中国”原则，让中美关系还没等到其上任就已经不和谐了。如果美国继续粗暴干涉中国核心利益，那么中美之间的和谐将会打破。加之日本也在不断惹是生非，到处挑拨离间，分裂分化中国，叫嚣“中国威胁论”，执意不承认侵略历史，并执意修改《和平宪法》，这都让中国在崛起道路上面临太多的人为羁绊。说白了，中国崛起不符合美国和日本核心利益，一个贫穷积弱的中国才是西方某些国家的“正常中国态”。

同样，特朗普在选战期间与普京“眉来眼去”，看似一旦上任就可以“暗送秋波”，甚至强化美俄之间的友谊，解除对俄罗斯长期经济制裁，化干戈为玉帛。但这些也都是错觉。不当家不知柴米贵！特朗普上任之后需要做出几个决定，一是叙利亚问题如何收场，二是“伊斯兰国极端恐怖组织”如何解决，三是在“乌东问题”和“克里米亚问题”上还要不要支持乌克兰，四是“欧洲反导系统”还要不要推进，五是对俄罗斯经济制裁是否全面解除，六是北约到底该为谁而战，以谁为敌！这些问题如何处理？无疑依旧是俄罗斯和美国之间难以逾越的“坎”。加之，普京面对强势的特朗普究竟是赔着笑脸示弱，还是带着冷面示强。俄罗斯之前示弱的时间也不短了，非但没有得到美国的认可，反而多番被嘲弄，普京也不是一个示弱的人。这就让美俄关系依旧充满了冷战的气息。

同样美国某些专家支招美国应该实现全球G3共管，也就是打破“雅尔塔体系”和“苏联解体体系”，让美、俄、中三国实现共管世界事务。这又是一场“捧杀”的阴谋！特朗普不会放弃全球治理，更不会放弃全球秩序的制定和维护，因为这些都是美国全球霸权的重要支撑。美国一方面口口声声要世界和平，但又在强化“核大棒”的威力，让自己的战略对手处于下风和劣势，这就是美国最希望看到的结果。但这种“逆多极化潮流”的美国思维只能让这个星球充满了危机，充满了战争硝烟的火药味。

（2016.12）

特朗普的“外交巧实力”暨中国应对

特朗普即将上任，可以说是牵动了全球的目光，也让国际社会焦虑地等待着尽快公布其施政纲领，就连瑞士的达沃斯年会都要把特朗普提出的“反经济全球化”作为焦点问题来批判，并形成了“经济全球化不能终止、贸易保护不得人心”的基本共识。作为全球第二大经济体，唯一能与美国有经济较量话语权的中国的态度，自然成为国际社会普遍关注的对象，因此，习近平这次瑞士达沃斯之行就带去了“中国正能量”和“中国信心”，无论美国特朗普政府怎么做，中国都会坚定不移地走经济全球化道路。这本身也是中国应对“经济保守主义”的特朗普政府的主要对策之一。

奥巴马之前就提倡外交巧实力和灵活外交，也就是用全球之力服务于美国，这恰恰说明美国是全球经济化的最大受益者。特朗普则有些不够仁义，自己吃肉，连汤都不想给其他国家喝，所以就不断指责很多国家占了美国便宜。指责中国和俄罗斯也倒罢了，就连日本、韩国和德国这样的盟国也都不放过。急得安倍为了TPP问题着急上火、操碎了心，新年伊始就跑了亚太四国访问，最终也是没什么具体成果。韩国也一样，面对朝鲜“威胁”急于抱美国的大腿，但很有可能面临“保护费涨价”的棘手问题；同时为了让美军能部署“萨德”系统，美国已经搞得韩国政治一团糟。针对特朗普就难民政策猛批默克尔的所作所为，并扬言要对德国豪华轿车宝马施加惩罚关税，默克尔总理本人倒是很沉得住气，只是通过政府发言人表示，没必要把特朗普说的每个字都拿到金天平上去称一称。德国副总理加布里尔则呼吁大家要自信，说德国是强国，一点也不弱于他国。

同时，德国经济部和财政部也都已经做好同美国发生贸易战的预案。特朗普针对默克尔的德国移民政策导致的后果，就强烈指责“将会导致大批国家脱欧”。特朗普自认为“对德国总理默克尔的信任可能不会持续很长时间”，并将默克尔视为与普京一样的潜在麻烦。不仅美国的其他盟友，就连勾连美国和欧洲的军事组织——北约，也不幸“躺枪”了。特朗普认为“北约是过时的”。因为它是很多很多年前组织成立的，此外，北约成员国并没有支付他们应该支付的费用，北约也没有对付恐怖主义。言外之意，北约这个组织“对美国无用”。

特朗普确实将会做到“America First”，什么都以美国利益最大化为优先目标，甚至可能放弃全球责任和义务，除非这一领域涉及美国的核心利益，否则就必须用等价交换来实现，不当“冤大头”。同时，特朗普承诺的“制造业回流”、美国国内就业大幅度增加的目标有可能会实现，但基本上是以牺牲全球除美国之外的其他国家利益为代价，甚至牺牲美国昔日的盟国和朋友的利益，全然把美国打造成为绝对的赢家，这实际上就完全背离了“多赢社会”的客观现实需求。

徜徉在书的海洋

至于和俄罗斯的关系究竟如何处理？特朗普的回答还是比较模糊，一方面强烈指责奥巴马政府就“黑客干预大选门”事件，不断借题发挥以此干扰特朗普新政府开展工作，再就是提出来短时间接触对俄罗斯的制裁不现实，需要时间等待。同时，特朗普也开出一个在普京看似“天方夜谭”的条件，俄罗斯先削减核武器再谈缓和美俄关系并取消制裁。

至于特朗普上台后和中国之间的关系就更是错综复杂了。货币政策上要指责中国“操纵汇率”，贸易问题上要大力制裁中国企业，增加高额保护性关税，并把更多在中国的投资和就业机会拉回美国，力图实现美国经济繁荣。可见，中美之间的贸易战难以避免，无非就是“战争”规模大小问题。同时，继续拿中国的核心利益问题与中国讨价还价，逼中国就范并做出重大让步。比如，在南海问题上，或将加大对中国的军事遏制力度，要求中国严格遵守美国制定的国际秩序。在朝鲜核问题上，指责中国不尽力，纵容朝鲜“拥核”，并很有可能借题发挥，进一步制造朝鲜半岛的混乱局面。在台湾问题上，不再坚持“一个中国”原则，公然挑衅“三个联合公报”法律效力，并潜在支持“台独”，支持台湾获取更多“国际空间”，支持对台湾更多军售，以此来严重挑衅并制约中国大陆和平发展轨迹。台海和平是两岸乐见的结果，但未必是美国乐见的局面，在“一个中国”原则上制造麻烦，并以此作为和中国大陆讨价还价的筹码或许就是特朗普政府最希望看到的结局。

如果归纳为几句话来概括特朗普的外交政策，或许就是完全以美国利益为最优先，其他盟国、伙伴、战略对手、潜在敌人都不能占美国的便宜，一旦这些国家和地区侵害了美国利益，特朗普政府就会拿起美国的“经济大棒”和“军事大棒”来“棒喝”那些“挑衅者”，不管他是谁，唯美国利益独尊！但盟国、伙伴国如果需要美国的协助则可以来个等价交换，谈个价格，只要有利于美国就可以做。毫无疑问的是，特朗普的做法是“短期内损人利己，长期内损人不利己”。如果和奥巴马的外交相比，美国是有取有舍，但特朗普希望的是只取不舍。

中国怎么办？遇到这样一个“浑不吝”的美国总统及其执政团队，中国必须沉着冷静，尽早制定各类应对预案，无论是经济战争的预案，法律领域的预案，还是实体战争的预案，一个都不能少。

第一是坚持经济发展为中心绝不动摇。中国亟须继续发展经济。一提到中国的“人均”确实少得可怜，提振经济也就至关重要。另外，中国经济目前面临很多问题，无论是经济发展模式转型和供给侧改革，还是一次能源消费模式迫切需要转型，实现绿色发展和创新发展，这都对中国经济提振大有好处。提升综合国力和科技竞争力，没有强有力的以科技创新为基础的综合国力为支撑，今后发展就会后劲不足。“中国制造2025”就是中国发展的战略目标，必须要坚定不移努力实现。有观点认为，中国GDP在2035年后将会超过美国和欧盟的总和，但中国更关心的是这个GDP是否科技，是否创新，是否绿色。

第二是坚持团结国际社会大多数绝不动摇。目前来看，特朗普上任后会和不少国家关系紧张，包括昔日的盟国和伙伴国，这对于中国来讲未必不是好事。习近平在达沃斯年会上已经表明，中国愿意做全球经济一体化的坚定捍卫者，这句话赢得了很多国家的普遍赞同。这或许也是我们之前常常说的“经济全球化统一战线”吧。

第三是坚决捍卫国家核心利益绝不动摇，强化“红线”意识。中国并不想去管理整个世界，治理整个地球，既没有这个能力，也没有这个野心，但中国本身有很多的国家核心利益，南海问题、钓鱼岛问题、中印边界问题、朝鲜核危机、台湾问题等等，这些都是中国政府的重大利益关切，没有丝毫妥协和谈判的余地。如果特朗普想在台湾问题上谈谈，倒是可以谈谈签署《第四个联合公报》，彻底废除美国单方面制定的《与台湾关系法》和通过的《六项保证》，坚决不插手中国台湾问题，不再向台湾军售和支持台湾搞任何形式的“台独”。这个可以谈，其他的问题免谈。所谓“红线”意识就是国家重大利益的“底线”意识，这些问题不能碰，更不能突破中国“红线”，否则军事实体和经济、金融、贸易、网络等领域的“战争”将不可避免。

第四是坚持在国际法领域占据主导权。之前中国在国际法问题上重视不够，中国对国际法的制定没有直接参与或参与不够，导致很多国际法都是在美国等西方国家一手操纵下拟定并执行的，其维护的利益核心就是美国等西方国家的利益。中国如今的话语权大多了，无论是在联合国、世界贸易组织、国际货币基金组织、世界银行、亚洲开发银行等，还是以中国为主建立的亚投行、“一带一路”基金、金砖国家银行等都在发挥更大的建设性作用。只有占据了国际法和国际秩序领域的制高点，才能与美国更多博弈并取得国际社会的广泛支持，因为这些领域也是另一个阵地。

第五是做好军事斗争准备。军事斗争是政治斗争的延伸，但必须时刻做好军事斗争准备。不排除特朗普政府在南海问题、台湾问题、钓鱼岛问题、朝核问题等向中国发难，不管如何，解放军必须全力备战，一旦擦枪走火，必须以雷霆之势显示维护国家核心利益的决心和勇气。战场上得不到的东西，也别指望在谈判桌上能获得。

特朗普上台了，中美关系的确充满了变数，但归根到底一句话，中美两国合则两利、斗则两伤。只有真正做到相互尊重、平等对待、互利双赢，才能维护健康稳定的中美关系发展大局。

（2016.12）

二

国　家　安　全

GUO JIA AN QUAN

中国核安全立场坚定而有力

每每提到核安全，最容易想到的就是中国政府宣布的“在任何时候不对无核国家和地区使用核武器”的郑重承诺。这种几十年一贯制的政治承诺，既是说明中国政府对使用核武器的谨慎、负责，也是中国军队对自身核武器能力的充分自信。这本身就是中国倡导“核安全”的重要体现。作为一个有核国家，中国致力于解决世界范围内的核问题，全面支持全球核安全峰会的召开。习近平主席应邀积极参加这一峰会就体现出了中国政府对该会议的高度重视和支持。

美国总统奥巴马于2009年4月5日在布拉格提出，美国政府将致力于建立一个无核世界，作为世界上的核大国和唯一在实战中使用过核武器的国家，美国在销毁核武器问题上负有道义责任。中国也希望实现世界无核化，也在为这一目标不懈努力。

作为负责任的核大国，中国在保障自身核武器绝对安全的基础上，不断加强民用核能的安全利用。首先，2013年年底，中国第一代核潜艇光荣退役，并完成核废料、核反应装置及相关设备的安全、彻底、稳妥处理，标志着中国核潜艇从研制生产、使用管理到退役处置形成全寿命保障能力，使中国成为世界上具备成功实施核潜艇安全退役的少数几个国家之一。同样，中国核武器研发、生产和储存数十年没有发生一起重大核安全事故，这也表明中国核武器技术成熟、可靠、安全性高，当然这也与中国军人专业水平高、责任心强、职业素养好有密不可分的关系。其次，中国政府十分重视民用核能的安全、快速发展。中国近些年来的核电站发展比较快，为确保这些敏感设备的安全运行，中国政府高度重视核安全能力建设，并加大核安全投入，完善核安全法规体系，积极努力制定《原子能法》，着力提高核安全管理水平。日本“福岛核危机”后，中国对全国核设施安全状况进行全面检查，提高核安全等级标准，确保不出现类似隐患。同时，中国政府十分重视对放射源和放射性废物安全管理和处置，完成了国家放射源数据库建设，确保所有核材料及时准确登记造册，从源头管理，做到了不遗失、不滥用。

此外，中国也在不断向西方发达国家学习先进的核安全管理经验。中国一贯支持国际原子能机构在核安全领域发挥重要作用，已经与该机构签署了多项核安全合作协议，在核安全法规标准、大型活动核安全、核安全能力建设和人员培训等领域开展了密切合作。目前，中国建成了海关辐射探测培训中心，不断提高防范核材料走私能力。在高浓铀研究堆改造、放射源安全、人员培训、核出口管制等方面，中国政府也与不少国家开展了卓有成效的合作。2013年10月29日，中国国家原子能机构与美国能源部签署协议，共同见证“中美核安保示范中心”开工建设。该中心是对中美两国《关于建立核安保示范中心合作的谅解备忘录》的有效推进与落实，该项目也是迄今为止两国政府在核领域直接投资的最大合作项目，主要承担核安保、核材料管制、核进出口管理领域的国际交流合作、教育培训、测试认证、技术展示研发，对提升中国核安保水平，推动核安保领域国际合作具有十分积极的作用。

但这个世界还不太平，核材料还存在失控的潜在危机，核恐怖依然是阴霾笼罩，全球核保护存在着一定的不安全性，核材料与核技术有被滥用的危险。有数据显示，世界现存大量可用于制造核武器的核材料，这些材料足以制造出超过十万枚核炸弹。然而在许多地区，核材料和核技术缺乏有效的保护，这些物资一旦落入恐怖主义分子之手，可能造成灾难性的后果。就算不制造出真正的“核弹”，恐怖分子利用放射性元素制造“脏弹”，这对这个世界而言也将是一场梦魇。中国在这方面很有必要管好自己的核材料，并督促其他有核国家要严格管控核材料，避免这些危险物资落入不法分子之手。虽然核恐怖时刻存在，但国际社会只要能做好联防联控，就能杜绝此类悲剧的发生。

朝鲜核问题也是一个值得中国关注的重点。朝鲜就在中国家门口，城门失火殃及池鱼，中国一直非常明确对待朝鲜“拥核”问题，实现“朝鲜半岛无核化”一直是包括“六方会谈机制”在内的中国外交斡旋努力的方向。朝鲜“拥核”完全不符合中国利益，也不符合朝鲜半岛各方利益诉求，包括朝鲜自身也不会因为拥核而感到安全。因此在接下来的很长一段时间内，如何让朝鲜最终“弃核”，让朝鲜半岛没有核武器的实际威胁将是中国努力的方向。但已经将“拥核”写入宪法的朝鲜在这个问题上还会不断强化其核能力，甚至积极发展导弹核武器，实现核武器实战化，这都是朝鲜半岛不安定、不安全的重要原因。毕竟对中国而言，周边太多国家事实上拥有核武器对中国绝非好事，只能让中国的核安全形势难以乐观。因此，中国政府在朝鲜核问题上的态度是认真的、公正的、迫切的。

伊朗核问题是另一个中国积极参与解决的核安全难题。从目前形势来看，前景看好，但也充满艰辛挑战和诸多不确定性。国际原子能机构总干事天野之弥近日表示，按照伊朗2013年11月与伊核问题相关六国达成的第一阶段协议，伊朗正在削减其敏感核储备并取得“积极进展”，但伊朗仍须做出更多努力以打消外界疑虑。按照第一阶段协议，伊朗自2014年1月20日起采取行动，暂停生产丰度为5%以上的浓缩铀，同时稀释和转化库存的丰度为20%的浓缩铀，而西方国家也需要取消部分对伊朗的经济制裁。从目前来看，伊朗核问题也存在一定的变数。一是各方对于如何处理伊朗铀浓缩设备还存在分歧，加之伊朗自身还可以恢复铀浓缩计划，这或许要取决于西方国家今后对伊朗的实际态度，包括取消对伊朗经济制裁的落实情况。二是伊朗国内也对这样的政治谈判心存芥蒂，尤其是对于政治谈判中涉及的伊朗弹道导弹透明及销毁要求，伊朗或是万难妥协，这些武器在伊朗眼里都是“杀手锏”武器。如果连弹道导弹都没有了，或许就会形成西方为刀俎、己方为鱼肉的局势。

日本核问题或也将是中国政府在核安全峰会上会提及的一个重要敏

感问题。日本长期拥有大量武器级钚和武器级浓缩铀，并长期霸占美国的331公斤武器级钚，其目的就是要将自己大量囤积核材料合法化和长期化。有数据统计，日本现在拥有的武器级核材料可制造四五千枚核弹，包括钚弹和铀弹。日本现在在国内拥有各类核研究机构600多家，可从事包括核武器在内的多种核能研究。其中日本拥有的乏燃料后处理技术、快中子反应堆技术都是世界领先，并可由此每年新增大量核材料储备，远远超过日本每年“核发电”所需的核材料。日本的超级计算机技术十分先进，可进行仿真模拟核爆炸，不需要实际核爆就可以实现制造核武器，并由于其工业基础和工艺能力很强，也很容易实现核弹的小型化和轻量化。加之日本固体运载火箭技术一流，尤其是2013年试验成功的“爱普斯龙”固体运载火箭，让日本实际上已经跨入了洲际弹道导弹技术的国家行列。日本这个“军国主义野心不死”的国家一旦核计划成真，将是对包括美国、中国在内的亚太乃至世界各国的巨大威胁。但也要善意地提醒日本，一个大地震都已经让日本无法承受，缺乏战略纵深的日本是无法与他国博弈核武器的，日本研制和使用核武器无疑是自杀行为。这个结论一点都不夸张。

2014年的全球核安全峰会正是为应对这一系列核安全威胁而召开的，各个国家需要集思广益，并凝聚国际社会共识，加强各国在核安全领域的积极合作和有效管控。实现全面和平利用核能，既是国际社会的共同诉求，也是中国不懈努力追求的目标。为实现这一目标，中国政府将一如既往推动全面禁止和彻底销毁核武器，恪守不首先使用核武器政策，致力于国际核不扩散努力，同时支持各国和平利用核能权利。实践证明，只有确保各个国家和地区核安全，才能确保核能的可持续发展，这也是中国政府矢志不渝努力的最终目标。

（2014.2）

从潜规则到明规则

——《海上意外相遇规则》签订背后

2014年4月22日，在中国海军承办的第14届西太平洋海军论坛年会上，来自西太平洋地区20多个国家的海军领导人出席了会议，并通过表决方式一致审议通过了《海上意外相遇规则》。这个规则最早是由澳大利亚、新西兰等国提出来，并在2000年举办的西太平洋海军论坛会议上首次提出，之后历经了14年的反复酝酿、磋商、修改，终于在今年的海军论坛年会上尘埃落定。

《海上意外相遇规则》明确指出，当各国海军舰艇或航空器在公海不期相遇时，应采取必要的安全措施和手段减少相互干扰和不确定性，并可方便进行通信。同时，该规则也对海军舰机在公海的法律地位、权利义务以及海上意外相遇时的海上安全程序、通信程序、信号简语、基本机动指南等做出了十分明确的规定。如果该规则能积极落实，将会有效管控海上危机，减少双方误判，避免在公海活动时发生相互干扰、碰撞等突发事件，也将会有力维护地区海上安全与稳定。但客观讲，《海上意外相遇规则》仅限于在公海海域执行，对于一个国家领海则不在其约束范围之内。此外，就目前而言，该规则主要还是一个建议性和自愿性的国际规则，不具有强制性和严格约束力。但有总比没有好，至少各个国家可以要求自己严格履行这项规定，避免发生不应有的海上碰撞和冲突。

实际上，针对海上船舶碰撞等安全问题，早就制定了相应的国际公约。1910年世界主要的海运国家就协商制定了《1910年布鲁塞尔海上避碰规则》。1948年对《1910年布鲁塞尔海上避碰规则》做出修正，通过了《1948年国际海上避碰规则》。1960年再次对1948年规则做了修改，通过了《1960年国际海上避碰规则》。而1972年在伦敦召开的会议，继续对《1960年国际海上避碰规则》进行修改，制定了《1972年国际海上避碰规则公约》。该规则对公海、毗连区和领海内一切水域中航行的所有船舶在安全航速、避免碰撞、在狭窄水道航行和分道通航等问题上制定了行动准则。此外，在船舶之间追越、对遇、交叉、让路和直航时也规定了相应的责任。中国于1980年1月7日加入了该公约。

按理来讲，《1972年国际海上避碰规则公约》已经明确规定了海上相遇等若干避免碰撞等实际问题，并进行了多次修改。但该公约制定于冷战期间，由于美苏两大政治集团出于各自政治、军事利益，各自国家和盟友军舰、飞机经常在海上上演“猫捉老鼠”的危险游戏，让这个公约的约束力大打折扣。冷战结束后，美国等西方大国心态还一直停留在冷战层面，尤其是对包括中国在内的国家施行坚定不移的“抵近侦察”战略，常态化派遣舰机到中国等国家的“家门口”海域巡弋并伺机获取各类情报信息，必然导致这些国家派遣舰机监视并驱离这些国家“不怀好意”的舰机，这就让海上碰撞和冲突事件愈演愈烈，也让这些国际公约的执行效力大大降低，尤其是对各国军用舰机的管控更是鞭长莫及。

2001年的“中美南海撞机事件”就是美国顽固对中国施行“抵近侦察”战略带来的恶果，包括“EP-3C”在内的美军侦察机不断逼近中国南海敏感海域搜集情报，必然招致中国军机的近距离拦截。此外，在中国南海和东海一直都活跃着美国的水声测量船，这些测量船的主要任务是获取海洋水文数据，为今后的潜艇作战提供战场环境信息服务。2009年3月，美国海军观测船“无瑕号”与中国五艘船只在中国南海的经济专属区对峙。同年5月，中国两艘渔船在黄海与美国海军另一艘海洋观测船“胜利号”对峙。6月，美国海军宙斯盾战舰“约翰·麦凯恩号”在中国南海航行时，其拖曳声呐阵列与中国常规潜艇碰撞，导致其声呐系统损毁。2013

年，美国海军“考本斯号”巡洋舰在中国南海执行针对中国航母“辽宁舰”抵近侦察任务，在得到中国海军一艘071型船坞登陆舰发出“停止前进”的警告信号后，依然拒绝转向并继续航行，险些造成两艘舰艇的重大相撞事件。

从这些事件不难看出，在公海上发生舰机碰撞的可能性增大，并很有可能由此引发进一步的军事冲突，而化解这些突发事件的主要手段还是依靠各国舰机的相互克制和忍让。但在中国周边海域，由于美国、日本等这些国家顽固坚持对中国近海海域的实时监控和抵近侦察措施，让海上碰撞突发事件发生的概率加大了，如日本海上自卫队的“P-3C”反潜巡逻机常态化到中国东海海域巡弋本身就是对海上安全规则的巨大挑衅。这次制定通过的《海上意外相遇规则》，期待从海上安全程序、通信程序、信号简语、基本机动指南等细节问题上，对海上相遇可能遇到的碰撞问题实施规避和化解，如果这些国家都能严格执行这些详细的规定，或许能很好地减少海上误判和发生碰撞的概率，让海上安全得到最大的保障。

但国际规则的制定一定要各签约国都严格执行才能发挥其效力，而不能把这样的国际规则作为约束他国而放任自己的重要依据，更不能在规则的执行上奉行“双重标准”。也就是说，凡是认可并通过《海上意外相遇规则》的国家都要严格执行这些规则，同时要放弃之前的冷战思维，减少直到取消对其他国家近海的各类侦测活动。可以毫不夸张地讲，这类海上碰撞事件的发生根源在很大程度上是因为这类“抵近侦察”战略严重危及这些国家的海疆核心利益，不得不断然出手阻止对方的海上侦测活动。也只有彻底消除这些危及他国海洋利益的危险行动，才能让这项耗时14年才制定并通过的《海上意外相遇规则》得到充分落实，让昔日的“潜规则”成为今天的“明规则”，成为世界各国海军必须明确遵守的国际规则，并让世界各个海域成为真正意义上的安全之海、和平之海。

（2014.5）

盘点中日战争的千年胜败得失

2014年是甲午之年，回想起120年前那场甲午惨败，不免唏嘘不已，感慨万千。说到甲午海战，就算到今天也还是众说纷纭，莫衷一是，有历史专家认为是朝廷腐败所致，有知名学者认为是李鸿章怯战畏战所致，还有军方人士认为北洋水师没错，非士不用命，关键是幕后的博弈。但有一点还是有共识的，那就是清朝末年国力衰弱，创新力全无，纵再有英勇之将士也无力在疆场回天。

同样，今年是“七七卢沟桥事变”77周年，这场在中国本土实际上打了14年多的抗日战争，尽管中国历经万般劫难最终赢得战争胜利，但也付出了极为惨痛的代价。这也是中日近现代战争中中国第一次战胜日本侵略者。但时至今日的日本安倍晋三政府，罔顾历史事实，否认侵略，否认大屠杀，否认慰安妇，这一切都试图漂白日本的肮脏历史。但清者自清，浊者自浊，法理不容篡改，历史不容抹杀。

当然对于国人来讲，比较熟悉的莫过于近现代的抗日战争，除此之外，中日两国千年之间较量不断，从唐朝兴盛之时就已经开始了博弈，其中比较大的战争就有五次。虽然中国和日本历经多个朝代和多个政权，但中国与日本的恩怨情仇至今都没有平息过。

第一次中日战争——唐日战争（白江口战役）

公元659年，朝鲜半岛上的百济进攻新罗，新罗向唐朝求援，唐高宗派兵13万东征百济，新罗以5万精兵策应，唐、新罗两方联军迅速击溃了百济，并俘获百济国王义慈。义慈次子福信收集残部企图复国，并在660年向日本求助，日本时任齐明女皇答应援助请求，并于661年前往九州，欲亲自指挥与唐、新罗联军作战，但出师未捷而病故，出征计划不得不搁浅。662年，日本再次组织大量战备物资援助百济，同年，率领170艘船只抵达百济。663年，日本又派卢原君率援军万余渡海赶赴白江口。同时，唐、新罗联军决定进攻百济丰璋王所在的周留城，由唐将刘仁愿等和新罗王金法敏等率陆军出击，另由唐将刘仁轨等和百济降将扶馀隆等率领水军，从熊津江前往锦江下游的白江口，与陆军配合，共同夹击周留城。

百济丰璋王为迎接日本援军，亲率水军在白江口待援。但万没想到，唐、新罗的水军和日本船只同时抵达白江口，并爆发海上激战。当时，日本战船有400余艘，唐、新罗联军只有170艘，兵力处在相对劣势，但在前三轮较量中，双方都未取得决定性胜利。又过了些时日，在双方军队第四次会战时，由于日本和百济错估形势，盲目自信，一味拼杀，结果大败，400多艘战船全部被焚，兵卒大多溺死，残军投降，百济国彻底灭亡，结束了朝鲜半岛“三国”的历史。

日本此番战败，加之日本天武天皇的登基，迫使日本激发了向唐朝学习的热情，开始派遣规模更大、次数更多的遣唐使，中日两国历史上最友好和文化交流最密切的时期终于开启。正是认识到技不如人，日本此后的几百年间一直谋求与中国修好，并积极学习各类先进经验和技艺。可见，日本这个民族从来就是敬服强者，只有你比他强，他才会俯首帖耳，这就是日本。

第二、三次中日战争——元日战争

元朝是由发源于中国西北方的中欧草原地带的蒙古人建立，而蒙古人是世界性的游牧民族向定居民族和农耕区域发动全面扩张历史中最成功的民族，在其兴旺的顶峰，建立了横跨欧亚的蒙古帝国。自从唐朝后期到蒙古人建立元朝时，日本和中国已经脱离外交关系长达四个世纪之久，忽必烈在中原建立元朝后，企图改变这种情况，使日本与其他政权和民族一样臣服于蒙古人。为了实现这一目标，忽必烈数次遣使前往日本，要求日本无条件投降，但均遭日本政府拒绝。

公元1270年，蒙古使节第五次到达日本，传达了忽必烈的旨意：如果日本不向蒙古朝贡，蒙古即将出兵。当时年少的日本执政者北条时宗坚决拒绝。忽必烈闻讯后，不顾元与南宋激战正酣，遂下令准备军队和船只发动对日战争。公元1274年，忽必烈调集900艘各类船只和1.5万名士兵东征日本。尽管元朝军队在战争开始阶段取得了一些战果，但之后则多屡战屡败。尽管日本人的武器无法与元朝人的长距离武器相匹敌，但日本人擅长面对面搏斗，而战争期间突然降临的多场暴风雨更使元朝军队和船舰损失惨重，最终不得不无功而返，致使元朝第一次东征日本以失败告终。

忽必烈听到东征失败的消息后，再次派遣使者以强硬的态度要求日本纳贡，否则将诉诸武力。这次非但遭到日本拒绝，就连元朝使臣也被处死。公元1281年，忽必烈以日本杀使臣为由，集结数十万大军和数千余艘船只，兵分两路，再次东征日本。但由于元军指挥不当，加之日本守军已有抗击蒙古军队的经验，历经多次惨烈战斗，最终元军再次战败而转入双方对峙阶段。在战争中后期，由于元军中的高丽、汉、蒙古等统帅之间存在矛盾而不能协调作战，每前进一步都要付出沉重的代价。最为可悲的是，一场巨大的台风突然袭击了日本海岸，在此次台风袭击下，元军损失多半，船只尽毁。就这样，元朝第二次东征日本又以惨败而告终。

此后，忽必烈还想继续东征日本以报前耻，但由于国内经济形势每况愈下，最终于公元1286年放弃了对日本战争的念头。至此，元朝与日本的军事关系以元朝的彻底失败而结束。

而在第二次东征日本战争中突然而至的这场“台风”则至今被日本人称之为“神风”。但在太平洋战争中的“神风”并没有那么好运，到头来也没有改变日本军国主义灭亡的宿命。第二次世界大战结束后，日本再次扩张发展起来，此时的日本将“朝鲜战争”和“越南战争”再次视为拯救日本经济和国运的“神风”。

当然除了“神风”相助之外，元军之所以惨败原因也是多方面的。一是求胜心切是战争之大忌，主怒而兴师，必然导致军事冒进。二是战争准备不足，毕竟跨海作战不同于陆地和草原鏖战，这种新作战形式并非元军强项。三是谙熟海战将领和军士匮乏，导致战争期间不能知己知彼，更不能懂海知海，两次惨败也就是必然的结果了。

第四次中日战争——明日战争

统一日本之后的丰臣秀吉将“图朝鲜，窥视中华”作为毕生夙愿。1587年，丰臣秀吉在家信中指出：“在我生存之年，誓将唐（明）之领土纳入我之版图。”这就成为明朝和日本爆发战争的人为因素。

1592年，丰臣秀吉出兵朝鲜，并宣称这次战争不是对朝鲜而是对明朝，朝鲜只是路过，并颁布命令即将迁都北京。在丰臣秀吉眼里，自己只需要两年就可以拿下北京，自己将定居宁波，然后主持对印度的征服，其勃勃野心毫不掩饰。丰臣秀吉出兵朝鲜后，兵分三路迅速攻占朝鲜京城和大片国土，但却被朝鲜将领李舜臣通过两次海战，全歼日军精锐部队，致使日本陆军的北进步伐受到牵制。此时，明朝政府派遣的援军李如松部近5万人与朝鲜军队配合，相继收复失地，日军退缩，丰臣秀吉被迫提出议和。第一次战争暂告结束。但后因谈判失败，双方再次爆发战争。1597年，日军再次进攻，被明朝军队击败，海军则被李舜臣在鸣梁海上重创。此时的明朝援军陆续入朝参战。1598年，丰臣秀吉郁郁而终，日本军队也在年底前全部从朝鲜撤军。至此，日本第二次侵朝计划彻底失败。但这次失败并没有让日本死心，丰臣秀吉的理想已被后人继承，并期待通过励精图治后东山再起。

第五次中日战争——清日战争

德川幕府末期，日本开始了明治维新，并将打败清朝北洋水师作为日本海军的第一强军要务。1894年，朝鲜爆发了农民起义，直逼汉城，朝鲜政府请求清政府派兵协助镇压。应朝鲜政府的恳求，清政府派兵进驻朝鲜，并按照《天津条约》的规定通知日本。日本早有预谋，以保护使馆和侨民为借口，派兵入朝。就在平定起义后，清政府建议中日两国共同撤兵，但遭到了日本的拒绝。同年，7月25日，日本不宣而战，在黄海丰岛海面击沉中国运兵船“高升号”，同时日本陆军向驻牙山的中国军队发动了进攻，挑起了侵略中国的甲午战争。

在遭到日军的突然袭击后，清政府被迫应战。8月1日，中日同时宣战。9月16日，日军占领平壤，朝鲜尽入日军之手，使战火很快燃向了中国本土。9月17日，日本舰队在鸭绿江口大东沟以南的黄海海面，突袭中国北洋舰队，中日两国海军发生了一场激战。海战从中午开始，历时五六个小时，中国损失致远舰等5艘舰只，日本旗舰“松岛号”受重创、“西京丸”等4艘受创伤。中国舰队虽然损失严重，但主力尚存，日本聚歼北洋舰队于黄海的预谋并未实现，北洋舰队只要重整旗鼓，仍可与日再战，但李鸿章为保存实力，命令北洋舰队“保船避战”，躲进威海卫军港，不准巡海迎敌。这样，制海权为日本所控制，此后中国遭到日军海陆两路的夹攻，最终北洋舰队全军覆灭。

甲午战争爆发后，由于清政府和清军部分将领的腐败无能，无论在朝

还有太多值得思考

鲜战场还是在中国国内战场，总是屡战屡败。加之清政府求和心切，遂派李鸿章为全权大臣，赴日议和。1895年4月17日，清政府同日本签订了丧权辱国的《马关条约》，承认割让辽东半岛、台湾和澎湖列岛，赔偿军费白银2亿两等。

纵观这五次中日战争，不难发现几点规律。

一是凡当中国国力强盛之时，如在唐朝、明朝，日本则没有丝毫胜利的可能，一个政治、经济强大的政权必然伴随着一支强大的军队。但元朝是一个例外，不是元朝的人不骁勇善战，国力不强大，要知道元朝开创了中国版图之最，但也正是由于连年征战，无力治理和规划，导致国力式微，加之元朝军队虽看似强大，人数众多，但深谙水战者寥寥，毕竟在马背征伐不同于海战，加之知天文晓地理者欠缺，终难免一败。因此，强大综合国力是一个国家具备战争能力和潜力的基石，但不能穷兵黩武，否则也会将国力耗尽，不具备打赢战争的能力。

二是中国军队善于陆战而非海战，这也是中国历朝历代的一大缺憾。而日本以海为家，崇尚海军至上，在图谋中国藩属国琉球和中国领土台湾时，就已经将发展海军、打败北洋水师作为发展重点，并不断研究中国军队优劣势，不惜重金购买欧洲巨舰，俨然完全做到了知己知彼。换句话讲，日本发动对中国的战争是做好了精心准备。中国如今为什么重视发展海军，更多是因为中国的耻辱多来自于海上，中国的自强也需要从海上开始，重视海洋，努力发展强大的海军。

三是日本这个民族崇尚并尊重强者。你要是比他强，日本一定会俯首。唐朝军队在白江口一战彻底打败了日本，此后几百年间，日本再没有图谋中国和朝鲜的丝毫想法，只有学习中国的谦虚。但这个谦虚是一时的，绝非长期的。等到日本明白过来自己已经强于昔日的老师后，就开始觊觎中华领土，并将朝鲜半岛作为跳板，图谋发动一次次对中国的侵略战争。太平洋战争后，日本本土几乎完全被美军占领，此时的日本再次在美国面前俯首了半个多世纪，毕竟技不如人只能认输，这就是日本人的弱肉强食的丛林法则逻辑。

四是中国与日本的战争多在日本本土以外，多在朝鲜半岛，尽管元朝有过两次东征，但也都以失败告终。正是日本自认为有天然“天堑”相助，加之“神风”劲吹，才敢于悍然在本土之外不断挑衅他国。一旦这个“天堑”和“神风”都不复存在，也就是日本深感忧虑的时刻，东京大轰炸、广岛和长崎原子弹攻击，让日本恐惧万分，战争登陆并席卷了日本本土，也就加速了日本战败的步伐。如今日本本土再也不是什么“世外桃源”了，超远程、超视距作战能力的大大提升，日本这个毫无战略纵深的国家完全经受不起任何常规和核打击。认不清这个窘境的地理位置，如果还胆敢发动任何对外的战争，只能让日本咎由自取。

加上抗日战争，中国与日本一共有了六次大规模战争的经历。复述这些陈年老账，总结这些规律，并不是为了想发动战争。一是希望以此告诫国人自己，要奋起直追，自强不息，深刻理解落后就要挨打、忘战必危的道理，这已经有了千年的惨痛教训，必须时刻要警钟长鸣，前事不忘后事之师，忘记历史的代价就是历史还会重演。二是以此警告日本即将走向军国主义道路的安倍政府，好战必亡。如今的中国政府不是甲午战争时的清政府，也不是抗日战争中的国民政府，希望安倍政府好好反省历史并悬崖勒马，绝不能在新军国主义道路上越走越远，以遏制中国和谋求亚太霸权为目标，否则只能搬起石头砸自己的脚。

（2014.6）

贴近实战锤炼“打胜仗”能力

这些年来，中国军队实兵实弹军事演练十分忙碌，既有在四大海域的海空军联合演练，也有在沿海地区的陆空军大规模跨区联合演练，更有中国军队的“杀手锏”第二炮兵部队实施的火力精确突击演练。加之有外媒“披露”，中国军队成立了东海联合作战指挥中心，以及在大规模军事演习期间，不少国际民用机场被限制使用，导致不少民航班机延迟或被取消。如此“紧张”情形，一时间让国内外媒体十分关注，俨然在释放一种浓郁的备战气氛。更有日本媒体大肆解读，认为中国军队此举就是剑指日本，完全将其作为重点打击的“假想敌”，同时通过长时间、大规模军演以此警告日本不要误判形势，更不要低估解放军的实力。

其实对于日本媒体的过分解读完全没有必要留意，只有做贼心虚的国家才会对号入座，才会将自己当成是中国的敌人。当然日本某些媒体也不排除以此散布“中国威胁论”，制造充分借口以配合安倍政府实现加速扩军备战进度的战略目标。

对于中国军队此番大规模军事演习本身还是可圈可点的。除了可以极大震慑某些别有用心并自以为是的国家之外，其中还可以管窥不少亮点。

一是这次演练主要是以联合军事演习为主。

无论是海空、陆空，还是第二炮兵的火力支援，其实都充分显示了一旦爆发军事冲突将会是中国军队联合作战能力的集中展示。这让那些总是嚷嚷要与中国海军、中国空军一对一“单挑”的国家深刻认识到，军事冲突不是打擂台，比拼的是综合战斗力，即庞大作战保障体系支援下的联合作战能力。一旦军事冲突意外爆发，中国军队将会集中诸军兵种的优势火力实现“一招制敌”。因此，军事演练中必须突出并强化“联合”二字。包括东海联合作战指挥中心或也恰恰说明，在东海这个敏感区域绝不是海军一家的事情，围绕东海建立的联合作战指挥中心将会集合附近的几大军区的陆军部队，以及相应的空军、海军和第二炮兵部队，以此作为东海应急作战部队。换句话讲，这一指挥中心将会是中国今后军事体制改革中联合作战能力转型的试点单位。一旦形成实际经验，将会在全军范围内大力推广。

二是演练更具实战性，对抗性更强。

在演练中的部队一定要做到贴近实战，将每次的演练都当成是一场大考。实践证明战场没有亚军，在真实的战场上，亚军就意味着自己的“番号”将会被取消。之前很多年，中国军队的演练如同演戏，有剧本，照本宣科，并按照既定模式操演，即“红军必胜”为原则。其结果只能是自己糊弄自己，把耗费不菲的军事演练当成了“过家家”，这样的部队如何能打胜仗呢！如今，中国军队演练已经彻底颠覆了之前的既定军事演练“八股文”，在此次演练中，“红军”已经多次被“蓝军”彻底打败，让“红军”深刻认识到这才是真正的战场而非游戏场。尤其是“蓝军”战斗力高度模拟世界某军事强国，不仅仅是装备高度模拟，就连战术战法以及思维方式都要完全模拟强大的“假想敌”，并赋予“蓝军”唯一使命——打败“红军”，毫不留情！如此一来，“红军”如不努力，只能接连吃败仗。毕竟一个国家军队训练是“遇强则强”，如果“假想敌”都是“弱者”，根本就达不到练兵的目的。

三是军队战备观念发生了重大变化。

如今的这一系列军事演练横跨了中国军队的“八一建军节”。本来过节应该放几天假，让官兵们不再训练，“刀枪暂时入库”，可恰恰相反，军事训练丝毫不能因为过节而停顿。这就是告诉中国军队一点，军队没有节假日，因为战争没有节假日，也许明天会打仗，也许今夜就要打仗，因为战争爆发多是突然性的，不会考虑今天是假日而“放你一马”。尤其是某些国家善于玩偷袭，“珍珠港事件”就是美军在假日悠闲中酿成的重大悲剧。历史充满了教训，教训重演只能证明忘记了历史。对于中国军人而言，保家卫国，维护国家安全并不存在“今天无战事”的侥幸心理。有备才能无患，对待善于偷袭者更是要时刻睁大眼睛，最好在对方“异动”之时就彻底粉碎其各类军事图谋。

好的开端是成功的一半，中国军事体制改革已经拉开了大幕，从军事训练转型抓起，切中要害并能满足如今周边形势不太平的不时之需。尽管中国军队与军事强国相比还有不少差距，但在家门口用兵，还是有足够的自信。中国军队不会主动惹事，但也绝不怕事，只要对手胆敢挑衅，必然会招致我们的强烈反击，你要是敢“擦枪”，我必然“走火”。而中国军队在军事训练中的诸多重大变革，恰恰是“能打仗、打胜仗”的坚实保障。

（2014.8）

中国核潜艇走向远洋才实至名归

这些年来，就有国外媒体不断炒作指责中国派遣攻击性核潜艇到亚丁湾执行护航任务，他们认为原本由两艘军舰和一艘补给舰执行的亚丁湾附近海域反海盗巡逻行动，中国却派出一艘核潜艇似乎不大合适。这一举措让印度海军内部警铃大作，认为中国海军此举具有战略意义，并且影响巨大。在他们看来，核潜艇不适合反海盗，索马里海盗使用小型摩托艇，或单独或成群结伙向船只发动攻击，然后返回附近的较大型母舰。速度相对较慢的潜艇很难追上此种高度灵活的船只，也很难从水下向其发射鱼雷，这使潜艇在反海盗行动中显得相当多余。此外，在一个海盗活动发生率已降至可忽略不计程度，以致他国海军正逐渐撤出的地区，中国事实上却在增强巡逻军力，似乎意图不明晰。

从反海盗的角度来看，核潜艇还是有其优势的，比如海盗的小艇在接近大船时，或看看是否附近有军舰护航，有直升机巡逻，一旦发现就逃之夭夭，或敬而远之。但核潜艇可处在通气管和潜望镜航行状态，并逐步接近海盗的船只，并可召唤其他舰船上的舰载直升机前来火力支援。与常规动力潜艇相比，核潜艇动力强劲，速度也就快得多，不一定比水面舰艇慢，同时又是侦察的好手。因此让核潜艇参与护航任务也是合情合理、无可指责的。

此外，亚丁湾为什么海盗少了，这与多国海军在这一海域建立联合反海盗护航巡逻机制有直接关系。但海盗也很聪明，你在他就跑，你走他就来。尽管有些国家海军因为种种原因撤离亚丁湾，但正是出于维护该地区稳定的目的，中国至今依旧保留海军力量参与护航工作，也就是说中国也在为其他国家提供护航保护工作。国际社会不仅不能指责中国，更应该为中国这些无私付出喝彩。中国不自私，总是顾及大局利益和全局利益，如果你撤退，我也撤退，把护航的工作都寄托在别人身上，那么这个时候最高兴的只可能是索马里海盗了。但好在还有中国这个负责任的大国在努力强化护航力度，包括也门内战期间还协助十多个国家撤侨，这些都能看出中国对履行国际责任是十分认真和严肃的。

从核潜艇技术角度来看，它并非是一个近海兵器，否则就不需要耗资如此巨大，搞些常规的柴电动力潜艇就足够了。看看美国一共有70多艘攻击性核潜艇，14艘战略导弹核潜艇，还有4艘巡航导弹核潜艇，这些核潜艇无一例外都是着眼于海外部署、海外用兵。毕竟加一次核燃料可以无限巡航，如果待在家里或在家门口还真就是大材小用了。中国的核潜艇也是如此，东线则需要到西太平洋、中太平洋逛逛，西线就需要到印度洋、大西洋看看，这才能让中国核潜艇作用发挥到极致，而不是大炮打蚊子——大材小用。也就是说，核潜艇的战场和用武之地在远海、远洋，那里才是核潜艇真正发挥能力的最佳场所。

从核潜艇的应用角度来看，既可以在传统安全领域发挥重要作用，包括夺取制海权、控制交通线等，也可以在非传统安全领域发挥应有作用，包括护航、反海盗、人道主义救援等等。核潜艇一定要将自己的优势发挥出来，而不能跟着常规潜艇的训练科目亦步亦趋，把自己的地位看低了。美国第一艘核潜艇“鹦鹉螺号”刚出来，就迫不及待地跑到远海、远洋磨砺磨砺，去检验战术技术指标。

之所以美国、日本、印度等这些国家对中国核潜艇行动大惊小怪，说三道四，其关键就是中国核潜艇似乎去印度洋等远洋太少了，这就让这些国家少见多怪。一旦这些舰艇去印度洋如同到西太平洋一样如家常便饭，想去就去，那这些有意见的媒体也就习以为常了。为什么印度、日本等这些国家见到美国的“洛杉矶级”、“弗吉尼亚级”，甚至“海狼级”和“俄亥俄级”都不觉得惊奇和惊讶，就是因为见到美军核潜艇已经太多了。反倒是见不到美军的先进武器来回巡航，这些国家会觉得十分奇怪，这些都是一个习惯。要想让他们改变对中国核潜艇的习惯性思维，就在于中国需要加强巡航和护航力度，让他们加深印象，不再有事没事就跳出来指责一通。

（2015.5）

中国不惹事、不怕事，不求战、不畏战

习近平主席指出，要扭住能打仗、打胜仗这个强军之要，强化官兵“当兵打仗、带兵打仗、练兵打仗”思想，牢固树立战斗力这个唯一的根本的标准，按照打仗的要求搞建设、抓准备，确保部队招之即来、来之能战、战之必胜。

中央军委领导也指出，紧盯使命任务，强化忧患意识、责任意识，聚焦能打仗、打胜仗的目标，真正把战斗力这个唯一的根本的标准在军队建设中立起来、落下去。

2013年1月，解放军总参谋部在颁发的《2013年全军军事训练指示》任务中强调，全军和武警部队要紧紧围绕能打仗、打胜仗的目标，以军事斗争准备为牵引，大力加强实战化军事训练，实践创新信息化条件下训练模式，加紧培养高素质新型军事人才，进一步推动部队训练向实战靠拢、院校教育向部队靠拢。要强化打仗思想，增强忧患意识、危机意识、使命意识；做好打仗准备，从实战需要出发，从难从严训练部队；提高打仗能力，解决影响实战化训练的重难点问题；坚持打仗标准，按照实战要求检验衡量训练成效。

之所以中国领导人多次强调军队要能打赢战争，关键就在于中国周边安全形势复杂，并不太平。究其原因不得不说是美国的“亚太再平衡战略”使然。包括日本这个美国的跟班，不断在中国家门口制造事端，甚至扬言要击落中国无人机，并部署“88式”反舰导弹图谋阻止中国出入西太平洋，甚至强行闯入中国海军演习区域不断挑衅，插手中国南海问题、台湾问题和诸多内政问题；同时在国内不断绑架民意，废除《武器出口三原则》，废除专守防卫政策，鼓吹集体自卫权，大肆扩军备战，其本质就是要废除《和平宪法》，遏制中国的崛起。尽管中国一再忍耐，但日本越发激烈地挑衅中国底线，让中国核心利益完全受到损害。“钓鱼岛是中国的”，这不是“动人”的口号，更不是什么华丽的爱国主义教育词汇，它是真真切切的中国核心利益。没有了钓鱼岛，中国崛起将受到影响；没有了钓鱼岛，中国的复兴之路将步步荆棘；没有了钓鱼岛，中国的国家安全将不保。这个核心利益是需要用国家意识和代价来保护的，日本政客和自卫队已经严重误判了中国政府和军队的决心。当然，从另一个层面看，钓鱼岛之争其核心是中日两国的国家战略之争，也是中国崛起战略和日本扩张战略的对撞。

除了大麻烦制造者日本之外，在中国周边还有菲律宾和越南两个不怀好意的国家。菲律宾是倚仗着美国与其刚刚签署的《美菲增强防卫协定》，不断抓扣中国渔民，增建非法占有的中国岛礁军事建筑，恶人先告状，将中国诉讼到所谓的海洋法法庭，企图长期霸占并事实上完全占有中国南沙岛礁主权。越南则依赖自认为强大的军事力量不断挑衅中国南海主权利益，同时期待绑架东盟为自己所用，来共同对付中国，妄图实现南海问题的国际化、复杂化和多边化。就连中国在西沙群岛附近布设主权范围内的981石油钻井平台，越南也进行袭扰，严重挑衅中国主权利益，派遣大量执法船和武装船只干扰中国981平台的正常作业，不惜与中国执法船严重对峙和碰撞。

由此不难看出，中国周边形势十分严峻，不少国家在美国的煽动和挑唆下不断危及中国核心利益，不断试探和探底中国红线，不惜冒着与中国军事冲突的危险。可见，在中国周边爆发军事冲突的潜在可能性越来越大。这就需要中国军人和人民群众深刻认识到未来打仗的可能性和必要性。习近平主席正是看到这些危机，才不止一次地指出，军队要能打仗，打胜仗。对于百姓而言，也需要正确看待中国可能面临的战争状态。尽管中国已经三十年没有打过仗了，但这不等于中国军队不会打仗，只要国家需要，中国军队依旧会义不容辞奔赴战场。

中国人不想打仗。这是一个基本共识。中国已经享受了三十多年的和平大环境，这也是中国难得的战略机遇期，中国经济规模从不入流发展到了世界第二，这多亏和平发展战略和以经济建设为中心的战略。“和平与发展”两大主题的把握，让中国缩小了与世界平均水平的差距，也缩小了与强国之间的差距。因此，中国是和平大环境的受益者，没有一个大的和平环境，中国不会有今天的伟大成就，这是不争的事实。中国还需要发展经济，还需要和平环境的支持，所以更加需要长治久安的国内外大环境，作为“混乱了一个多世纪”的中国对这一点有切肤之痛，也就倍加珍惜。因此，中国真的不想打仗。就算是新中国成立后的几仗不得不打，也是被逼无奈，如抗美援朝、抗美援越、对印自卫反击战、珍宝岛战役、对越自卫反击战、西沙和南沙海战等，这都是他国把刀架到了中国人的脖子上，逼迫中国出手反击。尽管我们打赢了，但依旧展示了“仁义之师”的姿态。中国确实不想打仗，军阀混战、抗日战争、解放战争，中国人打了半个多世纪，也确实累了，需要休息一下了，不然国家经济如何发展？正是难得的和平环境让中国有了发展机遇，这既是对国际形势的准确判断，也是中国在复杂多变国际环境中的生存之道。没有任何一个国家像中国这样渴望和平、爱好和平、珍惜和平。

中国人不怕战争。这也是一个民族特点。从鸦片战争开始，到甲午战争，再到抗日战争、抗美援朝，中国人民和军队所面对的一直都是比自己强很多的列强，他们侵略的铁蹄一再踏入中华领土，肆意侮辱着中国政府和国民的尊严，尽管历史多有悲剧，劣质武器和人海战术常常让中国人付出十分惨痛的代价，但中国人总是不屈不挠坚持到底，直到胜利。无论是所谓的“大日本皇军”，还是“美帝纸老虎”，最终都看到了中国人的韧性和国家意识以及民族精神。这也恰恰说明中国人民不惧怕战争，尤其是对方强加给我们的历次战争，正义战胜非正义是历史的必然，但暂时的曲折也是在所难免的。

前几年有一部电视剧《亮剑》受到好评，其最大的意义就在于它告诉国人和自己的对手，纵然敌人强大，敌众我寡，作为军人也要敢于亮剑，哪怕是倒下，也必须敢于亮剑。狭路相逢勇者胜，这就是“亮剑精神”。相信今天的中国军人也是感同身受，只要是为了国家利益和民族大义，赴汤蹈火，在所不惜，这就是军人的责任和使命。惧怕战争，战争也不会远离中国，多少年来，中国希望委曲求全、息事宁人，但等来的却是“火烧圆明园”、“八国联军”、“甲午惨败”、“九一八”事变、“卢沟桥事变”等等。不会因为你怕，敌人就心怀善念，放你一马。强者更加推崇强权，强盗更加敬佩强者，只有你强，他们才会偃旗息鼓、敬而远之。不惧怕战争，就需要有以战止战的勇气，绥靖和妥协解决不了问题。

中国人不得不面对打仗。这是时代特性和形势所迫。时代和形势告诉我们，中国人很可能会面对久违的战火。这里所说的是打仗而非战争，因为战争是一个大概念，是一个整体战役的组合，如解放战争中的大决战就包括辽沈、淮海、平津等几大战役的组合，抗日战争也包括一系列由败到胜的战役叠加。就算要打仗，我们也不希望达到战争规模，而是限制在可控的摩擦、冲突阶段，毕竟战争打大了对谁都没有好处。冲突升级为战争不符合中国利益，也不符合没有战略纵深的日本和劳师远行的美军的想法。但中国不得不为此而做好军事冲突准备，甚至做好战争准备，可以千日无战，不可一日无备，有备才能无患。中国军人时刻要牢记，没有和平时期，只有战争时期和准备战争时期。不要幻想当兵不打仗，永当和平兵，这不是军人的信念，真有此想法的军人只能脱掉军装，因为你不配当军人，愧对军人的称号。

让我们看看中国当前的战略形势：一是美国“亚太再平衡战略”，毫不掩饰“剑指中国”，并纠集一帮“小兄弟”为其擂鼓助威并充当马前卒，其中日本跳得最凶。美国首先是商人，其次是政客，维持“一超独霸”是其国家最高利益，但打仗更需要算一笔经济账，是否划算，是否值得，找个代理人或许更合适，不但可以卖武器挣钱，还能实现战略目标，何乐而不为。美国当了这么多年的“老大”，有这个实力、影响力和号召力让别人替他打仗。二是日本的“南下战略”，这也是一个扩张性战略，拿日本的话来讲就是“自由与繁荣之弧”，拿自由这个“价值观”和繁荣这个“经济杠杆”来拉拢中国周边的国家，共同遏制中国崛起，并在钓鱼岛、东海问题上带头挑衅中国，希望让更多亚洲国家确认自己这个亚洲老大的地位。面对中国维护国家主权的决心，日本罔顾《和平宪法》和二战历史条约的种种法理限定，强占中国领土、领海，以达到其战略扩张的政治野心。如果说，中国能和美国“和平共处”、“隔洋而治”，进行背后的暗战，那中国与日本则是战略上的直接冲撞，缺乏一堵缓冲墙。这是历史问题、领土问题、民族感情问题多重交织在一起的产物。

中国人要正确认识打仗，要明白正义战争是不可战胜的。“中国崛起”之路必然会伴随各类大大小小的摩擦，经济摩擦是一类，贸易摩擦是一类，军事摩擦又是一类，没什么值得大惊小怪的，要看淡并习惯中国打仗。随着中国崛起进程的加快和他国围堵中国的加速，这个摩擦或将变得越来越现实、真切和迫切，钓鱼岛或许就是导火索之一，南海也是一个冲突热点。如果打仗了究竟该怎么办呢？其实大可不必惊慌，打仗是国家发展的常态化形式之一，美国天天打仗，尽管都在境外，不仅不影响其国家大发展，反而让美国越战越勇，美国军火商也挣得盆满钵满。打仗本身是一把“双刃剑”，如果能够趋利避害或将有助于国家和民族的发展。如果这场仗意外爆发，怎么办呢？

于国家而言，有三点建议：一是不必要施行战时经济，更不需要穷兵黩武，把更多的财政收入纳入国防预算中。如今的中国国防预算占比还是比较低的，从长远来看占到GDP的2%也不为过，这些钱可以支撑局部冲突的爆发。二是不需要改变“以经济建设为中心”的国家大战略，也不要打乱中国整体国家发展战略，但或许要调整外向型经济发展模式。三是从冲突中学习冲突，从战争中总结战争，从实战出发来检验中国军队的战斗力并找到问题。美军打完海湾战争后就提交了一份千余页的战争总结报告，其中十有八九都是在说存在的问题，正是这些教训的总结让美军的战斗力与日俱增。

于国民而言，没有什么大的影响，不需要过分恐惧，歌照唱，舞照跳，微博照发，媒体依旧火爆。但有五点可以共享：一是要理解国家和军队的战争行为是正义的，是民族复兴的大义，是被迫的，也是必须的，国民的支持更重要，得道多助失道寡助，就是这个理儿。二是要立足于本职工作，做好经济建设，协助国家扩大内需，调整和转化经济运行模式，让这个国家能够不分心、不折腾，有良性的经济发展大环境，为潜在综合国力对撞提供坚定的物质保障，说白了打仗就是打钱。三是对冲突和战争发展奉献一点关注和爱心，可以多关注媒体，多了解中国军队的战况，多给予必要的心理鼓励和舆论支持，让我们的前线战士再次成为“当代最可爱的人”。四是如果你能借机了解和掌握点国防意识、危机意识、忧患意识，那真是太好不过了，毕竟战争意识的积累不仅仅是军人的责任，国民了解了这些，国家也就强大了许多，“国家兴亡匹夫有责”，古训有之！五是少出几个汉奸，中国自古不乏出卖国家利益之人，这些汉奸让国家和民族利益极大受损，但要记住一点，出来当汉奸迟早要还的，下场一定不好，得逞也只是一时。

打仗是一种实践，是一种对抗比较激烈的国家和军队实践活动，如同平时的练兵、演习或是红蓝军事对抗，这个实践只是比较真实，没有后悔的选择，只有胜负之分。所以全军要紧紧围绕能打仗、打胜仗的目标，做好军事斗争准备。这本身就是军队在战争意识和军事行动上的双重准备。但千言万语一句话，中国不希望打仗，如果打仗，是为国家利益和民族尊严而战，不管对手是谁，相信那句老话：人不犯我，我不犯人，人若犯我，我必犯人！

（2015.6）

中国能打赢维护国家利益的任何战争

曾任美国驻华大使馆武官的卜思高先生发表文章《中国打不了现代战争的十个理由》，认为中国军队存在问题太多，无法适应现代战争的节奏，更打不赢现代战争。在卜思高先生看来，中国军队存在十大问题，诸如战场联合指挥能力弱，陆军在军兵种比例过高，非战斗人员数量较大，专业士官比例偏低，战争经验十分欠缺，武器装备处于新旧混编，对地火力支援能力有限等等。诚然，作为美国驻华大使馆的一名武官，不仅仅要肩负加强与中国军事交流的正常业务，同时“监控”并深入了解中国军队现状和发展也是卜思高先生任内需要履行的一项工作。

就卜思高先生的“高见”而言，不得不说其部分理由有一定的道理。中国军队正处在转型期，信息化程度还不高，这也就制约了中国军队指挥体系之间的“互联互通”。同时，沿袭多年的“大陆军”状态也是因为中国军队长期“戍边”使命要求所致，这些军兵种比例的转型和调整都处于进行时，但不可能一蹴而就，至少中国已经深刻认识到联合作战及一体化作战能力的提升将是中国军队信息化建设的重要战略目标，陆军员额及其所占比例在目前的军兵种比例将逐步减少，并将更多的经费投入用于强化海空军和第二炮兵等核心军兵种的建设中。至于中国军队武器装备“混代”问题，这是事实，也恰恰说明中国军队在20世纪的八九十年代很长时间都没有足够的军费投入，军队为经济建设让路，做到了“忍耐”和“过紧日子”，而如今的中国军队加大军费投入正是为了弥补之前的亏空和欠

中国国产远程预警雷达形成体系

中国“红旗”防空导弹武器系统

账，完全不是外媒所渲染的“中国军事威胁论”，不然的话，中国军队应该是清一色的新型装备而非目前的新老混装使用。

至于中国军队是否患上了“和平病”，其实更应该提提美国是不是患上了“战争病”，隔三岔五就要打一场战争，虽然都是伊拉克、利比亚、科索沃、格林纳达、巴拿马等这样的弱小对手，也要一试身手，让美军练练兵，维护美国所谓的海外利益和全球利益。中国不打仗，是因为中国不好战，中国是近现代战争的最大受害国之一，深刻理解战争带来的不幸和痛苦，因此希望以和平方式解决国际纷争，因而十分珍惜来之不易的和平环境。或许这种状态让中国军队少了点练兵的机会，但强化贴近实战的各类军事演习训练强度，可以让中国军队逐步深刻理解现代战争的打法和路数。2009年，中国空军开始施行各国空军都普遍采用的“飞行安全免责报告制”，鼓励飞行员按照实战要求“大胆飞”，通过报告机制及时发现、排除安全隐患并警示其他飞行员。从那以后，看似空军和海军航空兵的事故率有所上升，但飞行员的素质有了很大提升，并通过空军的“金头盔”比赛以及空军和海军航空兵之间的实力较量，逐步摸索了一套适合中国军队的实战化训练模式。尤其是这几年的中国军队训练强调贴近实战化要求，跨区远程机动训练、走出岛链到远海训练、海空军及第二炮兵联合演练，这一切努力都让中国军队重视“联合”，毕竟今后的战争不再是单一军兵种“斗狠”的年代了。此外，如果说之前的军事演习场面壮观，但多少有“照本宣科”的大问题，如今强调在陌生地域、陌生海域演练，没有剧本，没有彩排，只有作战预案，仗要怎么打必须随机应变，“红军”一定胜利的结论已经不复存在。仅在朱日和演习中披露的信息就能看出，红蓝对抗的胜负比例是1：6，“红军”如不努力只有惨败。这些都说明中国军队的演习模式已经转型，相信卜思高先生能看得见，也能想得明白。

如果今夜就意外地爆发了军事冲突，中国军队一定能打赢这场战争或军事冲突。首先一点是中国军队如果选择打仗，一定是触及了中国底线和红线，中国是维护国家利益之战，强大的战争意志和民意支持会促使中国赢得这场正义战争。其次是中国是否赢得某场战争关键看对手是谁。美国自己会慎重选择中国作为对手，因为与中国直接爆发战争只可能是双输，没有赢家。美国是精明的商人，越南战争之后的美军发动的任何一场战争或军事冲突都是毫无悬念的取胜，换句话讲，就是美国人打的都是“战”而没有“争”，毕竟和伊拉克、利比亚等等国家不需要“争”，完全的“不对称优势”让美军如探囊取物一般轻松。但如果对手是中国、俄罗斯等军事强国，那么不“争”仅仅靠“战”，美军是毫无把握的。但一旦“争”起来，有绝对地缘优势的中国未必会输给美军。毕竟战争是综合因素的结合体，需要考虑的因素太多了，仅仅按照卜思高先生的见解未免有失偏颇。但无论如何，有则改之，无则加勉，多听听别人的建议或许还是有帮助的。

（2015.6）

中国海外基地大猜想

——建设海外基地符合中国海洋强国战略

2015年5月26日，《中国的军事战略》白皮书正式发布。围绕这一新版国防白皮书中的诸多亮点，国防部新闻发言人也十分有针对性地回答了记者们的提问，尤其是针对中国海军战略变更为“近海防御、远海护卫”，不少记者就中国是否在海外建设军事基地多次向新闻发言人提问。

在回答《中国日报》记者关于“中国是否将海外利益攸关区划成自己的势力范围”时，原总参谋部作战部发言人表示，随着国家利益拓展，我们海外能源资源、战略通道安全和海外机构、人员、资产安全问题日益凸显。海外利益攸关区就是与海外利益存在客观密切联系的区域。中国不谋求划分势力范围，在维护海外利益安全时，不追求一己之私利，注重把自身利益与各国人民的共同利益统一起来，致力于为国际社会提供公共安全产品，为维护世界和平与地区稳定发挥积极作用。

在回答《德国世界报》记者关于“在可预见的将来，中国是否会在海外建设军事基地”时，张玉国表示，目前，中国没有在海外建立任何军事基地。中国奉行防御性国防政策，不称霸，不争霸，不进行军事扩张。

中国军方正式表态已经表明中国军队目前不谋求在海外建设军事基地，这个一贯的政策并没有改变。但中国政府和中国企业不排除在海外建设港口，这些港口并非军事基地，而是以民用为主、军用为辅的常态化商业基地。

最近有篇报道声称，中国正就在东非国家吉布提建造一个“军事基地”的事宜展开谈判。这一消息势必会引发西方国家，特别是美国的猜测。对此，中国外交部发言人没有直接证实这一消息，但指出，“中国愿意与吉布提以及其他国家一道，为维护地区的和平与稳定多做贡献”。客观讲，对于中国政府和企业而言，在吉布提投资建设属于中国并面向国际社会公用的港口具有十分重要的意义。毕竟吉布提毗邻非洲和阿拉伯半岛间的曼德海峡，这是全世界最繁忙的航路之一，连接着红海和亚丁湾。对于中国经济命脉而言，这里的地理位置至关重要，加之吉布提与索马里接壤，就在亚丁湾海域，海盗丛生，肆意劫掠商船，对包括中国在内的很多国家海上运输安全危害极大，而吉布提国家小，财力不足，人口不足100万，无力为其他国家提供沿途安全保障。目前，美国、法国甚至日本都在这里设有纯粹的军事基地，表面上看是为了打击海盗，其背后目的是加强对该地区的军事存在。

中国海军自从2008年就在亚丁湾海域执行护航任务，但长期以来并没有固定的补给站点，多是依靠综合补给舰或某个临近港口实施临时补给，如吉布提港和亚丁港等。如果中国政府或企业能在吉布提建设一个民用港口，不仅仅可以带动当地经济发展，为吉布提提供更多就业机会，并可为更多途经船只提供更好的公共服务，同时也可以为中国海军亚丁湾护航编队提供临时“歇脚”的场所，将十分有助于中国海军护航编队持续化为世界各国提供护航服务。此外，中国政府提出的“一带一路”经济发展战略也惠及吉布提，让吉布提也能共享中国经济发展的丰硕成果，是一举多得的好事情。这里必须说明的是，中国在吉布提建设的并非军事基地而是民用港口，可以为中国军舰提供常规补给，而非特装补给，也就是说在该港口并没有“弹药库”和“兵营”，这些特装补给还需要依赖于综合补给舰，而不像日本在吉布提那样搞个自卫队司令部，并逐步建设海上和航空自卫队两个专门的军事基地。

可以说中国现在成了一个“敏感词”，只要是中国想在海外做点什么，都会与“中国威胁论”结合起来炒作。中国企业想并购油气田，某些国家政府就会出面阻挠破坏；中国企业想把自己的电信产品打进国际市场，某些国家政府就会以国家安全为由阻止中国企业竞标。如果中国政府想要在海外建设港口码头，这些国家更是会急不可耐地提出来指责中国要行“军事扩张之实”，建设海外军事基地。上述举动都是这些国家难以接受的，甚至连一个否认历史的战败国日本四处建设军事基地都无人指责是否违宪，但只要涉及中国就统统不可以。这完全是一个戴着双重玻璃片的有色眼镜的某些国家罔顾事实，肆意对中国的任何海外行为实施打压和遏制。2015年6月4日，中国驻美国大使崔天凯接受美国有线电视新闻网《阿曼普》栏目专访，就“你是否预见将来中方会设立南海防空识别区，就像在东海设立防空识别区一样”时，毫不客气地指出，“美国是世界上第一个设立防空识别区的国家，目前世界上已有20多个国家设立了防空识别区。因此中国当然有权利做同样的事情”。同样的道理，美国在冷战期间最多时拥有几千个海外军事基地，冷战后依旧还保留着几百个海外军事基地。就是这样一个在全球遍布军事基地的国家却一口咬定中国不能有海外军事基地，完全是“只许州官放火，不许百姓点灯”的霸权行径。但中国不同于美国，美国设立全球军事基地是为了与苏联搞对抗，是为了在冷战期间压垮对手。在冷战之后，美国依旧维持其全球军事基地是为了维持“一超独霸”的世界格局，也是为了实现奥巴马提出的“再领导世界100年”的“美国梦”。中国在海外建设港口和码头主要出于四个目的，一是积极参与当地的经济建设，这是第一位的，也是符合中国倡导的“21世纪海上丝绸之路”互利双赢的商业合作要求。二是参与非传统安全领域的军事斗争和人道主义工作，如反恐、反海盗、护航、撤侨、防灾减灾、人道主义救援以及联合国授权下的各类维和行动，这些“苦差事”都是美国等西方国家不想做的事情，这也是中国自觉履行国际义务的重要表现。三是维护中国海外日益增多的核心利益，就连中国远洋渔船都已经远赴非洲等海域捕鱼作业，中国油气田、矿山等海外资产也在不断增加，可见中国海外利益延伸广度之大，加之无论是救援侨民，还是救灾灾民，这都涉及中国核心利益，有了落脚点就可以很快速地赶赴现场实施紧急救助。四是为中国海军、空军等提供常规补给服务，确保中国军队近距离执行非传统安全领域的军事行动更为顺畅。顺便说一下，中国也是一个航天大国，因此出于全球范围内的航天测控需要，也会在某些国家建立地面测控站点，如卡拉奇、纳米比亚等，这也是很正常的事情，中国一贯反对太空军事化，因此中国的航天事业发展更多会惠及各个国家。

既然说到了这些，这里也应该清晰地明白一点，中国需要在海外有更多“落脚”点，除了在中国南海的可控港口之外，走出马六甲之后就有缅甸皎漂港、孟加拉国的吉大港、斯里兰卡的科伦坡港、巴基斯坦的瓜德尔港、马尔代夫港、也门的亚丁港、吉布提港等，这些港口都是中国政府或企业正在建设或可以潜在合作的对象。就目前而言，中国没有必要将这些港口打造成为中国海空军的专属军事基地，毕竟中国海军和空军还并非真正意义上的远洋海军和战略空军，能够满足常规日常补给还是比较符合当前的中国军事战略要求。加之建设海外军事基地耗资巨大，风险性巨大，对抗性明显，至少从目前来看无助于“中国和平崛起”的战略目标。所以中国政府和军队多次强调，不称霸，不争霸，不搞军事扩张，不谋求地区乃至世界霸权。

中国已经提出来“海洋强国”战略及“一带一路”经济战略，这也就要求中国如今必须重视海洋，加强对海洋的有效管控，尤其是对自己海洋利益的切实保护，这里的海洋绝不仅仅是近海，还有远海、远洋的意味。因此，建设和平用途的“常规基地”符合中国的现实条件和“走出去”战略，这些建设需求要以中国利益为最大化，某些国家高兴我要建设，他们不高兴我还要建设。但中国会对国际社会做好解释性工作，毕竟阻挠中国此举的只是别有用心的极个别国家。但随着中国经济能力和军事能力的同步发展，也不排除在未来某个时刻建设真正意义上的海外军事基地，这也算是与时俱进，但这些基地除了要维护中国海外利益之外，更多还是为了维护地区乃至世界和平之目标，这一点中国自始至终不会改变。

（2015.6）

俄罗斯“苏-24”战机被击落带给我们哪些警示?

2015年11月24日，在叙利亚和土耳其边境地区，俄罗斯空军的一架“苏-24”战斗轰炸机在日常巡逻期间被土耳其空军的两架“F-16C”战机发射空对空导弹击落，战机坠毁在叙利亚一侧，其中一名飞行员跳伞后获救，另一名飞行员在跳伞过程中被叙利亚当地武装射杀身亡。就此引发了俄罗斯和土耳其一系列唇枪舌剑。俄罗斯领导人坚决要求土耳其道歉、赔偿；但土耳其领导人坚持认为自己没有错。随着俄罗斯对土耳其各类制裁纷至沓来，土耳其不得不考虑如何妥善处理好这起“意外”事件。加之美国、法国和北约也都不希望冲突升级，并未替土耳其“强出头”，因此土耳其政府究竟如何善后处理此事也是颇费心思。

从事件本身来看，确实存在土耳其“偷袭、伏击”俄罗斯战机的可能，毕竟短短十几秒无法做出一系列警告和驱离动作，或许结果就是土耳其战机在相关空域等待并伺机动手。

就在10月20日，美俄两国国防部官员才签署了在叙利亚领空相遇的谅解备忘录，以避免误判事件的发生。这一备忘录包括军机在叙利亚领空相遇时的安全飞行距离、无线电频率以及操作规程等内容。而且该备忘录从即日起生效，适用于美俄两国以及所有打击ISIS的国际联盟成员国的战斗机和无人机。

时隔一个月，身为打击ISIS的国际联盟成员国之一的土耳其就对俄罗斯战机动手，确实有些让俄罗斯感到意外，显然“苏-24”战斗轰炸机在巡逻期间并没有想到会有“自己人”在背后动手。

虽然这件事件发生在叙利亚，当事国是俄罗斯和土耳其两个国家，但对照中国在周边的局势发展来看也具有很强的警示性。2001年4月1日这一天，中美两国战机在南海上空相撞，造成我方人员牺牲和财产损失。这完全是因为美军顽固坚持对华“抵近侦察”战略造成的人为悲剧。此事件爆发后，中美两军都做到了克制，没有进一步爆发军事冲突，但在今后的南海和东海不排除类似的事件再次发生。不仅是美军的海空军战斗机和侦察机频繁对华抵近侦察，就连日本也是频繁在中国核心利益海空域“窥视”，这都是对中国国家安全的极大挑衅。越南等区域国家也开始在南海加大巡逻力度，并悍然在非法占领的中国岛礁附近空域示威，极力显示其军事存在和威慑；就连菲律宾也刚刚引进两架“FA-50”战斗机，并准备部署在克拉克和巴拉望群岛附近的空军基地，以便能对中国的黄岩岛和南沙部分岛礁实施军事威慑。这一切都表明了中国在南海与这些域内和域外国家在空中擦枪走火的可能性在持续发酵。

尽管中美两国曾在2014年签署有关两军相遇安全行为准则的谅解备忘录，在4月份达成《海上意外相遇规则》，并在2015年8月就《海空相遇安全行为准则》完成了最新修订。新规则要求两国飞行员在空中相遇时保持安全距离，清晰无误地进行通话，并避免做出粗鲁的身体语言。但同样是美国和俄罗斯达成的类似安全共识，却没有阻止自己盟国土耳其击落俄罗斯战机，这也就说明我们在任何时候都不能大意、轻信共识。

如果要想避免此类事件再次发生，中国必须做好多种准备和应对措施。

一是继续与包括美国在内的国家就空中安全开展谈判，尤其是要求对方放弃对华的“抵近侦察”战略。只要对方的挑衅战略不放弃，我们就必须严格执行抵近拦截任务，确保驱离工作有效实施。

二是继续强化对相关海域的多维监控能力建设。我们已经设立了东海防空识别区，这表明中国已经可以有效管控东海广大空域，做到对每一个飞行目标的查证识别工作。但这个工作还不够，包括南海在内危机四伏的海域更应该是我们重点监控的对象，做到早预警、早发现、早拦截、早处置。

三是做好海空应急联动预案工作。一旦出现擦枪走火的情况，必须做到及时启动执法、搜救、海空军等联动机制，确保在冲突中不吃亏，尽最大可能减少损失。一旦对方目标对我们核心利益构成了严重威胁，经多方警告无效的前提下，可以主动迫降，甚至击落对方的飞行器。只要自己做到了有力、有理、有礼、有节，也就不担心我们会吃什么亏。中国不惹事，但更不会怕事。

现在的中国海在某些域外国家的不断挑衅下确实火药味渐浓，这就要求我们必须做好军事斗争准备工作，以实际行动坚决捍卫国家主权和领土完整，并对任何挑衅给予坚决有力的回击。

（2015.11）

我们这个时代需要英雄

俄罗斯与恐怖分子战地指挥官就交换烈士亚历山大·普罗霍连科遗体的谈判持续了一个月。普罗霍连科2016年3月在巴尔米拉附近被恐怖分子包围后呼叫俄空天军向自己开火，牺牲后被追授“俄罗斯英雄”称号。据参与交换进程的消息人士透露，IS在交出俄军官遗体前“曾提出多项要求”。为交换被西方记者称为“俄罗斯兰博”的烈士遗体，俄罗斯释放了6名被俘武装分子。直接参与谈判的消息人士不便透露更多交换细节，因为“俄罗斯与叙利亚司令部商定对此事守口如瓶”。至于“普罗霍连科的遗体是否确实是只用6名武装分子换来的”，他回答说，“IS得到的远远更多”。叙利亚库尔德人民保护部队已将遗体转交俄罗斯。俄防长绍伊古致信感谢库尔德人参与了这场行动。

普京之所以要这么做就是要给俄罗斯今天的国人和民族再造一个俄罗斯英雄！尽管俄罗斯历史上不乏英雄，但英雄辈出才是一个民族良性发展和良心社会的重要体现。

毫无疑问，这个俄罗斯军人就是英雄！当我们还是孩子时就知道《英雄儿女》的故事，也知道王成的故事。但在中国社会经济极大丰富的今天，很多人忘却了昔日的英雄们。在这些人看来，这些中国英雄太遥远了，似乎与时代格格不入，于是乎就出现了一些人诋毁英雄、质疑英雄，甚至拿英雄开玩笑，搞笑贬低，无所不用其极。什么是英雄，就是国人时刻要记得的那些人，时刻要尊重的那些人，而不是他们肆意调侃的对象。英雄某种程度上就是圣人的化身，也是一个国家、一个民族的图腾，尽管已经高于了历史和实际，但这种升华是必要的，也是民族精神的极大象征。

中华民族的历史五千年，英雄层出不穷，或为民族利益，或为国家利益，或为军人荣誉，他们都是英雄，当之无愧！建国前的英雄不计其数，数不胜数。建国后的六十多年，抗美援朝战争、对印自卫反击战、对苏自卫反击战、对越自卫反击战、两场海战等等，涌现出来了太多的军人英雄。无论如何，不管这些战争的性质如何，他们都是英雄，都是国家的精神财富，必须予以足够的国家礼遇。没有他们的努力和牺牲，这个国家依旧不能自强，依旧是被人欺负！

当我们看到醉生梦死、歌舞升平和那些腐败贪污等等不和谐的现象，无不让人悲哀涕零，英雄们泉下有知也是唏嘘不已。这个国家发展不能忘本，更不能让英雄们流血又流泪。在我们这个现实社会的英雄也不少，各个行业都有，都很不容易，但英雄的存在更加呼吁一个尊重英雄的理性社会的包容。英雄未必有钱，他们人穷志不穷，但需要有社会足够的尊重，这个比金钱更重要！这本身也是英雄的价值所在！

一个良心和良性的民族是英雄能开心愉悦不忧愁的社会，尊重英雄才能尊重这个国家的价值观，没有英雄的民族是没有希望的民族，也是不会被历史接纳的民族。对待今天、昨天、前天的英雄的态度就是明天英雄是否还层出不穷的标杆！

看看俄罗斯如何对待自己的民族英雄，我们真心需要反思检讨，努力把“英雄梦”变成现实！

（2016.3）

2016年全球军事化指数排名彰显中国和平意愿

波恩国际军工转产中心（BICC）公布的全球军事化指数（GMI）显示榜单上共有152个国家，以色列排名第一，即全球军事化程度最高的国家。而美国连前20都没挤进，仅列第31位，中国更是在榜单的后半位置，排到了第91位。根据报告，全球军事化程度最高的20个国家依次为：以色列、新加坡、亚美尼亚、约旦、俄罗斯、韩国、塞浦路斯、希腊、阿塞拜疆、文莱、科威特、白俄罗斯、阿曼、阿尔及利亚、乌克兰、巴林、沙特阿拉伯、蒙古、越南和土耳其。

报告指出，以色列高居榜首主要是义务兵役制的原因，“全民皆兵”，这就造成与总人口相比它的军事人员数量很高。新加坡则比较“奇葩”，排名第二，这与其跟随美国政治和军事战略的本国国防政策息息相关。中东大多数国家的军事化程度仍旧很高，尤其是沙特阿拉伯就排在第17位，中东国家大多是军事预算高，尤其是武器装备都是只买贵的。

既然作为一项全球性指数就必须有相应的评价指标，全球军事化指数的计算主要与三项评价指标相关，一是这个国家的军备支出占该国国内生产总值（GDP）的比重，二是军事人员（包括现役军人和预备军人数）占总人口的比重，三是重型武器数量占总人口的比重。但要想准确做出全球军事化指数则需要更为权威的数据源。波恩国际军工转产中心的数据来源除了自己搜集的数据外，主要来自斯德哥尔摩国际和平研究所（SIPRI）年度报告、国际货币基金组织（IMF）、世卫组织（WHO）以及国际战略研究所（IISS）公布的统计数据。只有数据权威真实可靠，得出的结论才能客观可信。

但遗憾的是，波恩国际军工转产中心把2016年中国国防预算数据搞错了，2140亿美元，估计这个数字是来自于“不靠谱”的斯德哥尔摩国际和平研究所年度报告。按照中国政府公布的权威数据，中国2016年国防预算为1458亿美元，高估了682亿美元。之所以如此，是因为斯德哥尔摩国际和平研究所和某些国家一样，诬蔑中国存在不可告人的“隐性军费”。如果将这个不合理的682亿美元剔除，中国在全球军事化指数中的排名应该在100位之外，而不是现在的91位。可以想想看，中国有13亿人口，军队规模为230万，经过裁军将会缩减到200万，而且这还没有结束，随着军事体制改革进一步深入，这个数字还会降低，等那些非战斗人员悉数退出现役，中国军队的编成比例才更为合理。至于说到军费支出占比GDP比例，那中国这个数字就更低了，常年保持在1.2%～1.5%区间，而美国和俄罗斯这数字达到了4%以上，中东和北约很多国家也都在2%以上，以色列这个数字更高。如果按照美国和俄罗斯标准，那中国军队员额和军费数量需要翻几倍。中国在军事投入和建设上一直以来都是保持了极大的克制，这本身就彰显了中国军事发展是本着和平目的，不搞军备竞赛，不谋求称霸。

中国发展适度的军事力量更多是要维护国家安全，保卫国家主权和领土完整，解决国家统一和岛礁、边界等领土被非法侵占等问题，这些都需要中国保持足够的军事能力。以美国为首的西方国家不断围堵和打压中国，妄图扼杀中国崛起战略，中国军队肩负着保卫国家安全的重任，这也需要不断加大投入，让解放军具备适应更强现代战争的能力。中国军队在全球军事化指数排名确实很低，但这不等于中国军队维护国家安全的能力很低，作为世界上负责任的大国，中国军队首先要维护国家安全，其次就是要维护地区乃至世界和平与稳定。中国不称霸，但反对其他国家称霸，中国不惹事，但绝对不怕事，在维护国家核心利益问题上，中国军队具备敢于与一流强国“亮剑”过招的信心和能力，既不信邪，也不怕鬼！

（2016.12）

军民融合是富国强军必由之路

军民融合并不是什么新鲜事物，中国古代军事家的“屯田”就是军民融合的最早形态。中华人民共和国成立后，中国政府也多次提出“寓军于民”的军民融合理念并付诸实践，并取得了很不错的成绩。放眼全球，美国、俄罗斯、德国以及我们近邻日本，甚至中东小国以色列，在军民融合上也都是各有特色，并在经济发展和国防建设中发挥了重大作用。

2016年3月25日，中共中央政治局审议通过《关于经济建设和国防建设融合发展的意见》。会议指出，把军民融合发展上升为国家战略，是党中央从国家安全和发展战略全局出发做出的重大决策，是在全面建成小康社会进程中实现富国和强军相统一的必由之路。

特别是随着经济全球化的不断深化，国防建设与国民经济融合的不断深入，坚持走军民融合的国防发展之路，既是一个关系国防建设发展转型的重大战略课题，也是一个关系国民经济发展实践的重大系统工程；既是迎接世界新军事变革挑战的必然要求，又是应对世界经济衰退的一项战略举措。

军民融合是“双向融合”的概念，既要让“民参军”，让那些有竞争力的优秀民营企业有资格、有渠道、有能力为国防事业发展做自己的贡献，提升民营企业在军品研发中的份额和比例。国防采购首先选择商业市场上可获得的产品，军队不再搞重复性研制。在装备采购的各个阶段，全系统均应考虑军民兼容或利用民营技术、产品和劳务为军事服务。在产业层面，开发军民共用的产品和技术；在企业层面，形成军民共有共用的

军民融合中的直升机驾驶模拟器

资源。这些都有助于“民参军”。当然“参军”的标准很高，自然也就是“向下兼容”民品级别。

另一方面又要让军队产品和涉军专利在不泄密的前提下有序地“穿便装”、“脱军装”，实现技术转化，最终服务于国民经济的快速发展。无论是美国“曼哈顿计划”、“阿波罗计划”，还是“航天飞机计划”、“互联网计划”、“卫星导航计划”，它们孵化出来的大量衍生产品，无不是脱胎于军事项目并成功转型，让美国在全球赚得是盆满钵满。日本曾提出，日本的每一项技术创新，都要想到对提高自卫队的战斗力是否有所帮助。在美国，85%的军事核心技术，同时也是民用关键技术；80%以上的民用关键技术，同样可以直接运用于军事目的。

如果说放在以前，要想做到“民参军”确实不易，如何通过保密审查，如何获取相应资质，如何找到相关部门协调，都是不可想象的事情。这样一个个看似无法逾越的鸿沟也就把太多优秀民企挡在“参军门口”。随着军民融合发展上升为国家战略，一切都变了，原来很难的事情变得相对简单了。要想“参军”首先必须了解部队需要什么，“信息不对称”以前是制约民企“参军”的重要瓶颈。“全军武器装备采购信息网”于2015年1月4日正式上线。就在2016年7月27日至8月1日，军委装备发展部组织陆军装备部、海军装备部等装备采购部门，通过“全军武器装备采购信息网”进行了全军武器装备预研项目指南信息首次网上集中发布，共发布信息3批857条，涉及预研项目经费37亿余元。这样一个举措相当于把那些可以交给民企参与的项目公开化了，并制定各种项目申报审查制度，只要满足这些要求的民企都可以积极参与。这实际上就给很多有能力的企业大开“绿灯”。还有就是要善于自我把握机会，“是金子总会发光”，黄海造船有限公司就是很好的例证。该公司原本是一家颇有实力的民船制造公司，一个偶然的机会，让这家民企有了“参军”的机会。就在4年前的一场军地联合交通运输保障演练中，由黄海造船有限公司制造的3.6万吨大型客滚船表现十分抢眼，成功运载两栖登陆部队横穿渤海湾，赢得了参演部队指挥员和官兵的交口称赞。演练结束时，该部队领导说：“以你们的造船实力，造军舰也没有问题！”说者无意，听者有心。作为国内造船业技术实力雄厚的民营企业之一，随后就“十分有心”地向原总装备部相关部门提出了“参军”申请。经历了与大型国企造船企业的竞标，并最终赢得了订单。这说明只要有心、有实力就一定有机会，机会属于有准备的那些人。

军民融合这个“蛋糕”很大，国外这方面经验发展告诉我们，这一块天地大有可为。军民融合作为国家战略发展的逐步落实，以及各类军民融合产业政策、管理制度的有效制定和实施，将会让更多的军民融合项目实现双向互通，并最终实现服务于国民经济和国防建设的“双赢”局面。

（2017.1）

认清形势和现实，积极准备谋打赢

形势很严峻，现实很残酷，盲目乐观终究会付出代价。

形势很严峻，是指问题累积了如此长的时间，诸多矛盾早就汇集到了一起。日本之所以能四处挑事，除了自己担心之外，更是发现和中国有矛盾的国家太多，有机可乘，无论是中国的贸易伙伴，还是政治伙伴，安倍都想插一脚，离间与中国的关系，企图让中国陷入四面楚歌的境地。早在“九一八事变”之时，日本就叫嚣着中国危及了日本在中国东三省的生命线，于是出兵东三省，建立“伪满政权”。如今的日本还在如法炮制，叫嚣着中国在东海和南海危及了日本的生命线，还想来一个“国际联盟”一起对抗中国，有仇的报仇，合力对抗中国。美国也不闲着，不断在中国周边自由横行，并以日本为马前卒对抗中国。特朗普上台也不是善茬，有可能会在南海问题上变本加厉，甚至会把台湾问题作为谈判的筹码来和中国讨价还价。特朗普是希望做到四两拨千斤，也就是自己不动手，让盟友干，让朋友干，这就更会带来亚太地区的不安全因素，这样亚太乱了更符合美国利益，搞乱亚太和欧洲，让俄罗斯和中国都无暇发展，才能让美国独霸世界。

现实很残酷，是指备战好了吗，解放军准备好了吗。这可不是说大话的时候了。豪言壮语谁都会说，但说了却不负责任，这就要命了。有观点认为，武力解决台湾问题很简单，这本身就是理想主义色彩。解决台湾问题不简单，难度很大。辽宁舰在解决台湾问题上未必能发挥作用，不考虑美日介入的“台海战争”就是侥幸心理，也不是完整的作战预案。低估美日军事能力的台海战争也是不可取的，美国不是纸老虎，是武装到牙齿的真老虎。毫不夸张地讲，一旦美国介入，辽宁舰和国产航母就是美国航母的“菜”，解放军必须要付出足够大的代价来实施“反介入”，甚至有可能整个舰队被摧毁，美军有这个能力。究竟特朗普会不会放弃台湾，关键在于解放军真实战斗力有多强，也就是解放军是不是和美军能一较高低。美军早就步入了联合作战时代，解放军这方面能力还很弱，联合作战体系也不健全，这些都是现实情况，尤其是武器装备和指挥体系的战时抗干扰能力和电磁兼容能力有多强都是未知数。解放军指战员长期以来都是和平兵，没打过仗，也没见过怎么打仗，加之严重腐败问题让解放军“肌体”受损、身心受损，这些都不是一天两天就能彻底治愈的，需要时间。

有观点认为，解放军的精神就是敢于亮剑，敢于面对强敌不怕死，一往无前，这些都对，没有问题。如果蔡英文悍然在2020年之前就宣布独立，那时的解放军将毫无选择必须以雷霆之势摧毁“台独”势力，一举收复台湾岛。但解放军也会付出十分惨痛的代价，这个代价就是因为不具备技术压倒优势，尤其面对美日军事介入，最终以人员重大牺牲让美日望而却步，以战止战，收复台湾。果真如此，也就罢了。但一旦收复台湾在美日的阻挠下失败，则意味着“台湾独立”将会变成现实，美日甚至会派兵进驻台湾协防，确保“台湾独立”成为事实。这才是我们最担心的实际问题，至少也是一种可能，不要否认。如果果真如此，印度、越南等国又会进一步蚕食中国领土、领海、岛礁，因为解放军败了，伤了元气，这些饿狼早就虎视眈眈多时了，终于逮到了机会。那时的俄罗斯是否还是战略协作伙伴关系，也就很难说了，趁火打劫谁都会。

为什么会有这个结果呢？就是因为美国和日本的全力介入。日本会视台湾为自己的昔日殖民地，一定会千方百计干扰大陆收复台湾；美国则会视台湾问题解决与否是中国崛起的分水岭，也就是与自己分庭抗衡的开始。因此，这两个国家都会军事介入，盲目认为他们会放弃台湾或许就是战略误判，自欺欺人的结论。因此，解放军要做好准备，一切准备都需要做好，尽管没有万全的准备，但也要有足够的手段来应对美日的挑战，而不是自欺欺人想在2020年就拿中国航母去和美国航母比拼，去以卵击石，至少火箭军和空军有足够的手段反制，航母不需要介入如此险地。因此说解决台湾问题没有退路，要么一举收复，要么就被永久放弃，这对于中国大陆来讲都是面临的抉择。怎么办？关键在于解放军的能力，不光是要有决心，这个口头表态远远不够，更要有信心，这个信心是来自于装备和人，以及人与装备的结合能力。只有打牢基础才能有七八分把握拿下台湾，遏阻住美日不敢轻举妄动，甚至让台湾自动缴枪，不战而屈人之兵。

说白了，解决台湾问题的关键是解决美日问题，如果现在就只把眼睛盯住台湾岛内那几架飞机、几艘破船和密如织网的导弹阵地，那只能是一叶障目，思维单一，过于局限，以至于抓不到根本，也就只能让解决台湾问题难上加难，甚至适得其反。

谋求打赢关键在于自己行不行。

（2017.1）

不应让“二二八”沦为民进党政斗工具

今年是“二二八事件”70周年，台湾岛内民进党和“绿营”势力不断借“二二八”事件70周年发动“去蒋化”。台湾当局文化部门负责人郑丽君近日就表示，中正纪念堂有必要“转型”，纪念堂商店将停止贩卖涉及“权威崇拜”的文宣品，开、闭馆将停止播放《蒋公纪念歌》，并将纪念堂商店中“威权统治”者意象鲜明商品，如公仔、文具与生活用品等下架停售。

对民进党和“绿营”如此明目张胆的绞杀做法，台湾岛内的不少政治大佬纷纷表达不满。

中国国民党主席洪秀柱就表示：“中正纪念堂停放《蒋公纪念歌》等‘去蒋’措施，只会引发社会对立、仇恨与分化，是不智之举。”

中国国民党副主席郝龙斌则痛斥：“民进党执政对于现在的问题无力解决，对于未来的方向又茫然无知；只好不断操弄过去、扭曲历史，可悲！”

中国国民党中央委员连胜文指出：“这证明执政党意识形态作祟，企图放大冲击；失业率、青年低薪、两岸关系与年金改革等都比意识形态上作为重要。民进党强调意识形态冲突，是为掩饰在台湾重要议题上无法执行的窘状。”

中国国民党“立委”、蒋介石曾孙蒋万安就此事质问当局：“蔡当局此举是用主观意识形态呈现历史，跟过去威权时代有何不同？”

由于今年是个大日子——“二二八事件”70周年，自然引起海峡两岸的广泛关注。中国大陆国务院台湾办公室发言人安峰山就指出："发生在70年前的'二二八'事件是台湾同胞反抗专制统治、争取基本权利的正义行动，是中国人民解放斗争的一部分。长期以来，岛内'台独'分裂势力歪曲'二二八'事件历史事实，挑拨省籍矛盾，撕裂台湾族群，制造社会对立，为开展'台独'分裂活动张目，背后的用心十分卑劣。"为此，大陆举办"二二八"事件70周年的纪念活动以正视听。

"二二八"事件又称"二二八起义"，发生于1947年2月28日，是台湾人民反专制、反独裁、争取民主的群众运动。1947年2月27日，国民党缉私人员在台北误伤烟贩，引起当地群众激愤。1947年2月28日，台北市民开始罢市、游行请愿，但又遭到国民党当局的残暴镇压，再次激起了当地民众的愤怒，爆发了更大规模武装暴动，并控制了台湾省大部分地区。时任台湾省行政长官陈仪急电南京求援，国民政府调驻守上海的21军在基隆登陆，进驻台北，对暴动群众进行大规模镇压，暴动最终以失败告终，并造成重大人员伤亡。

长期以来，"二二八"事件在台湾岛内都是绝对的敏感和政治禁区，既不能谈，更不能评。直到1995年全面解禁才可以谈论，但立即被搞"台独"的民进党和"绿营"大肆利用作为打击国民党当局的政治斗争工具，批评国民党独裁专制，使之成为国民党永远也洗不掉的政治"原罪"，并不断渲染和夸大所谓的"真相"，把"二二八"描绘成一场"政治浩劫"，甚至当作"反中"、"反外来政权"的政治运动，以此来实现政治追杀国民党，并加剧了族群仇恨和省籍对立。民进党等"绿营"分子用心何其险恶，其目的就是要制造两岸对立，为搞"台独"的政治野心找一块"遮羞布"，可见司马昭之心路人皆知。

中国大陆今年对"二二八"事件的高调纪念，其本质就是要告诉国际社会和"台独"分子们，历史不容篡改，"二二八"事件是什么就是什么，要正本清源，要还原历史，不能被别有用心的台湾岛内"绿营"变成制造"台独"的历史依据。"二二八"事件在大陆被称为"起义"，它是中国人民解放斗争的一部分，本质上是官逼民反的阶级斗争和反抗不公、不义的政治抗争，是一场台湾同胞反对当时国民党当局专制统治的爱国、民主、自治运动，绝不是所谓的“本省人”和“外省人”之间你死我活的冲突，更不是民进党等“绿营”分子信口雌黄的所谓“台独”运动。

但可悲的现实是，如今的“二二八”多被“台独”势力和“绿营”政客冠以“台独”大帽子，肆意解释，完全按照“台独”的需求来歪曲和粉饰这段本来很清晰的历史，其目的就是要掀起台湾岛内的族群对立和省籍仇视，彻底“去中国化”，并“妖魔化”国民党来最终赢得所谓“选举”胜利，最终将台湾从中国版图中分裂出去。因此，这样一个“历史包袱”必须要说给台湾的年轻人知道，也要说给大陆的年轻人明白，这十分有利于帮助两岸青年人，尤其是台湾年轻人能客观公正看待历史，憧憬未来，为两岸的历史和文化融合发展注入真实历史的动力，为两岸和平统一增加正能量。

不可否认的是，抗战胜利后的国民党当局对台湾人民实行军事独裁统治，政治腐败，台湾人民对国民党当局的态度由无限期望变为极度失望。“二二八”事件爆发就是这种“极度失望”的真实体现。在这起事件中，大量人员伤亡，确实寒了台湾人民的心。直到1995年，台湾当局才给予“二二八起义”平反，并正式向起义中死难者的家属们道歉。但此后的很长一段时间，“绿营”这些“台独”分子纷纷将“二二八”视为“台独”运动的“救命稻草”，蔑称这场运动是反对“外来政权”的一次人民抗争。要知道，在当时“台独”还远远没有今天这样泛滥，台湾人民也多是希望台湾能够摆脱独裁统治，实现解放，而不是如今被民进党等“绿营”势力津津乐道的“台湾独立”。

人在做，天在看！“台独”在历史上就不存在什么根基，在当今国际社会现实中也不得人心，“二二八”事件不容别有用心者歪曲和利用。相信两岸更多有识之士都会明白，那些民进党等“绿营”的“台独”势力想通过“二二八”事件来借题发挥、浑水摸鱼，达到自己的政治目标，这点小企图绝对是不会得逞，也不会有什么好下场的。

（2017.2）

国民党已经年迈了

问：国民党党魂已经不在！国民党内多数人已经不敢提党章所定的终极目标？怎么看？台湾现状就是“台独民意”泛滥，国民党为选举考量不得不放弃党纲终极统一的目标。国民党已经放弃了党魂，除“柱柱姐”其余只谈反对“台独”，但是从不讲终极统一。一个没有党魂没有终极目标的政党，最终只有被历史淘汰。国民党应该重拾党魂与终极统一的目标，宣传并引导岛内民意接受统一理念。民进党的终极目标就是“台独”，他们一直这样说也这样做的。国民党的终极目标就是统一，为什么很多岛内国民党员如今既不这样做也不这样说呢？尽管说的人支持率也比较低。

答：谢谢你提出问题。

国民党在台湾选举中败得这么惨，原因是多方面的，但还是应了那句话，“不是民进党太强，而是国民党无能”。如果对马英九“执政”八年盖棺定论的话，马英九有几大失误，一是台下口口声声要恢复“国统纲领”，但“执政”后却蹑手蹑脚不敢触及“国统纲领”，作为国民党都不敢在维持两岸统一的“国统纲领”上努把力，让统一作为有法可依，马英九为今天蔡英文不承认“九二共识”做了背书，马英九的责任很大。二是马英九没有培养国民党的中青年后备干部，导致都是一些老人出来站台，青黄不接的状态根本就不是兴旺之意。三是马英九太爱惜自己的羽毛了，希望讨好全台湾的百姓，其结果只能是两头不讨好，两头没有得力。如今审视马英九的八年，大陆给了太多的利好，但马英九并没有抓住并惠及台湾百姓，导致“执政”后期的台湾经济发展受挫。还有就是国民党不懂得求变，不能与时俱进，仍保持原来的蒋经国时代的革命政党模式，所以候选人很少不是党内大佬后代，之前的郝龙斌、连胜文都是这个模式。这在国民党强盛时代应该没有问题，但在台湾的年轻者普遍自主意识抬头，需要表现自我的今天，那些没有背景、没有政党支持的候选人，反而在地方领导选举中获得支持的可能性较高。

不得不再说说马英九，马英九领导下的国民党的政党改革和转型决断力太差。国民党的选举方式陈旧，宣传能力陈旧，在青年中的影响力很低，甚至很多青年听到国民党就敬而远之，这就让代表“本土利益”的民进党抢去风头。培养青年干部、青年领袖完全不足，连胜文、郝龙斌就是一个个官二代、富三代，这样的候选人出马选举，不能有什么感召力，却适得其反。此外，在马英九的“执政”八年期间，正好赶上全球经济不好，大陆经济增长也开始放缓，作为外向型经济的台湾，虽有两岸经贸和陆客赴台等助力，但也无法冲破低迷状态，马英九说要“拼经济”，但直到下台也没有把台湾的经济搞上去，以至于台湾民众抱怨万物皆涨唯有工资不涨，对国民党当局怨气颇深，“大选”又焉有国民党不败之理。

国民党在内政处理上也犹豫不决，缺乏决断力。两岸政策上，从马英九2008年竞选时说的“终极统一”，调整为“不统”打头，具体政策一旦被“绿营”批评就开始摇摆，在人事问题上看似用人唯贤，大量任用“绿营”的官员，并有意跟大陆保持距离，导致最终不谈统一只做生意，快下台前才想起来与中国大陆高层接触，但都为时晚矣，任内对两岸政治对话避之唯恐不及。这种做法就是一再长“绿营”志气，灭“蓝营”威风，其结果也就可想而知了。

还有就是马英九在国民党“执政”初期没有及时调整中学历史课纲，致使受“去中国化”教育在蔡英文当局统治下成为常态，教育这个大计都被“绿营”攻克了，蓝绿两党的基本盘发生了结构性的质变，百姓也就对国民党失去了耐心和信心。国民党当局如此这般施政不力，缺乏长远眼光，日渐衰微；相反民进党对于建党初衷始终如一，这就给了民众信心。国民党的失败就是败在了“执政”八年的摇摆不定和没有彻底改革的意志。这样一个“百年老店”完全是被一群败家子葬送了。如今面临国民党党内大选，这些参选人依旧是老面孔，依旧是陈词滥调，依旧没有改革的勇气，依旧是对两岸统一问题上没有共识，甚至大加挞伐，“柱姐”尽管勇气可嘉，但人气有限，影响有限。吴敦义则是张口台湾闭口台湾，很难作为。就这样一个四分五裂、相互攻讦的政党如何能上台继续“执政”呢？搞垮国民党的只能是国民党，如果不做彻底的改革，国民党想东山再起何其难啊！还是要说一句，不是民进党多能，关键是国民党多无能。

（2017.2）

两岸军舰“撞名”是大好事

近期围绕军舰命名一事在不少媒体引起热议，首先是中国第二艘航母有传闻可能会命名为“山东号”，这让很多人无限遐想更多的国产航母究竟是叫“台湾”、“海南”，还是“广东”、“福建”。这件事余波还没有消退，就传来中国一艘先进的“052D”型导弹驱逐舰命名为“西宁号”，与台湾海军一艘“拉法叶”级的导弹护卫舰重名。这就让不少网友猜想，当“西宁”碰上“西宁”，谁更强？道理很简单，解放军的“西宁”会完胜台军的“西宁”，毫无悬念，因为存在着巨大的技术代差。但解放军还是不希望“骨肉相残”，毕竟“血浓于水”，两岸的军舰当应在保卫钓鱼岛、南沙群岛等祖宗祖产中联手发挥作用，这才是全球华人和两岸人民的最大期待。

台湾海军与大陆海军中军舰重名不止这么一艘，至少有四艘有此类情况，包括“昆明”、“洛阳”、“太原”、“郑和”等。但如同居民身份证一样，重名的可以很多，都可以叫“某小明”，但身份证号迥异，各不相同，这才是本质。此次引起新闻事件的“西宁”舰，大陆海军的舷号是117，台湾海军的舷号是1203，这就是军舰的“身份证”号不同。

为什么会出现重名的问题，关键是两岸海军的命名规则有些相似之处。台湾海军舰艇的命名规则是，一级舰，也就是主战军舰，是以地名或历史名将命名，巡逻舰是以山岳命名，三级舰是以江河命名。大陆解放军舰艇的命名规则相对复杂，航母和巡洋舰等重型战舰将会用省或直辖市来命名，船坞登陆舰或两栖攻击舰用著名山脉命名，主力驱逐舰以省会城市命名，护卫舰多以地级市命名，补给舰多以湖泊命名，核潜艇以“长征”命名，常规潜艇以“长城”命名，特殊用途军舰则以人名来命名等。这就不难看出，以城市和人名命名是两岸海军舰艇共用的规则，这也就难怪会出现重名一事。

遍数台湾海军现役军舰，人名众多，如：成功、郑和、继光、岳飞、子仪、班超、张骞、田单等；地名众多，如：太原、衡阳、洛阳、天山、康定、西宁、昆明、迪化、武昌、承德、基隆、高雄等。无论是人名，还是地名，这都是中华民族共同的宝贵精神财富，不可多得。这个精神财富的实质就是认可中华民族共同的版图和共同的文化内涵，这不就是“一个中国”原则吗？也体现了网友所说的不分彼此，“两岸一家亲”，文化和地理名词，大家可以随便用。但一旦台湾回归到了中华民族大家庭后，就必须按照统一的标准来命名，“一国两制”政策虽然允许台湾拥有军队，但这个军队的军舰命名还是要按照大陆解放军的命名规则来走，那时就会解决军舰重名的问题，不仅舷号会统一，命名也会统一。

随着蔡英文当局上台，不断“去中国化”也将会逐步展开，比较令人担心的是搞“台独”的蔡英文当局也会从军舰命名上大做文章。或许今后服役的台军军舰统统采用去掉中国大陆的地名和人名的命名方式。在马英九时期，最新型的隐身导弹艇命名为“沱江”级，“沱江”是中国大陆境内一条长江支流，这种命名方式还是“一个中国”和“九二共识”的有效回应，可见小小的命名连带着两岸共同的血脉和文化。就算现役的台湾军舰也有“基隆”和“高雄”号，这也不碍事，台湾本身就是中国版图的一部分，台湾岛内的地市也是中国城市的一部分。但如果蔡英文今后只允许用台湾岛内的城市山川河流命名，取缔用中华民族的历史名人来命名，那就是必须要警惕的大事件，这说明蔡英文将会从台军军队实现“去中国化”，搞所谓的事实“台湾独立”，这绝对是背离“九二共识”和“一个中国”基本原则，也终将会被两岸人民所唾弃。要知道，离开中国大陆的五千年辉煌历史，台湾就是一部不完整的“断代史”，没有太多文化可言，谈何台湾文化，台湾文化就是中华民族文化的一部分。就拿刚刚过去的春节为例，抢头香、放鞭炮、祭祖、穿新衣、相互拜年、年夜饭、压岁钱、舞狮子、点花灯、说吉祥话，等等。这不都是中华民族春节的共享“年味”吗！如此的文化相同，如何能一个人说“去”就“去”呢？根本就“去不了”，也“去不掉”，这就是两岸文化必须认同的基本现实。

同样，近期从台湾方面也传来了不好的消息。大陆解放军为了不扰民，让台湾百姓过个祥和安康的春节，“辽宁号”航母静悄悄走过台湾海峡中线以西，用心何其良苦。但就这么一个善意的举动也要被台湾某些人误读和肆意放大，担心“辽宁号”航母会从台湾东部海域攻击台军军事基地，于是即令“爱国者”导弹作战部队移师台湾东部地区部署，就是为了对抗“辽宁号”航母起飞的“歼-15”“飞鲨”战斗机，多么可笑。

台军不想打仗，更不想为“台独”而打仗。蔡英文上台后并没有解决好“为谁打仗”的是非问题，又有谁愿意为蔡英文和民进党的“台独噩梦”埋单呢？尽管冯世宽作为蔡英文“钦点”的防务部门负责人，但冯世宽在台湾军内的“威望有限”、“能力有限”、“眼光有限”，指望这样一个“三有限”加“大嘴巴”的人去搞“台独”就是死路一条。与大陆解放军军事实力相比，台湾军队差的不是一星半点，这个事实必须要明白，就算再买更多的二手武器装备都是螳臂当车。中国大陆一万个不希望“武统”台湾，但也绝不允许台湾以各种形式“独立”出去，这是中国大陆的底线和红线，无论背后老板是谁，都无法撼动解放军依照《反分裂国家法》解决台湾问题的决心和勇气。同时随着解放军遏制美日军事同盟的能力渐强，这种实力与决心、勇气综合起来的战斗力，也必然是悬在“台独”分子头顶的一把“达摩克利斯之剑”，很锋利，吹毛立断！

（2017.2）

从国庆阅兵走向“朱日和沙场点兵”

提到朱日和，或许很多人都很陌生，解放军建军90周年这件盛事把“朱日和”之名告诉了全世界，也让“朱日和基地”从此世人皆知。

朱日和基地全称“朱日和合同战术训练基地”，目前是解放军最大的、现代化程度最高的合同战术训练基地，位于内蒙古自治区锡林郭勒盟苏尼特右旗朱日和镇。这里的“合同战术”早期是指在步兵、炮兵协同动作的基础上发展起来的一种战术。但随着武器装备的发展，“合同战术”已经成为各军种、兵种在统一作战训练计划下的一致军事行动，也就是我们通常所说的联合作战，朱日和合同战术训练基地就是要培养部队联合作战能力。朱日和基地占地1066平方公里，主要是用来训练陆军各兵种联合作战能力的现代“演兵场”，这里可组织师、旅、团等不同规模合同战术演练，协同装甲兵和其他兵种进行战术、战役训练，并为陆军装备的各种武器进行实弹、实爆作业和航空兵实施对地面部队攻击演练提供保障。

朱日和基地曾是一个十分神秘的地方，当年在报纸上也不能提“朱日和”三个字，只能说是在“华北某地”，一直到2003年8月25日，这里才首次对外军开放。但最让朱日和基地蜚声海外的是2017年7月30日在这里举行的“庆祝中国人民解放军建军90周年盛大阅兵”——“沙场点兵”。要知道上一次记忆犹新的“沙场点兵”还要前推到1981年的那场声势浩大的“华北大演习阅兵”。时隔36年的再次“沙场点兵”，凸显了沙场才是练兵场、阅兵场，在这里的阅兵才更具震慑性和实战性。

与历次天安门阅兵不同，朱日和阅兵颇显神秘，想要亲赴朱日和去看看阅兵都是一件十分难得的事情，至少这次阅兵时间上的保密做得十分到位，直到7月29日才正式对外公布，让不少人都深感意外。作为凤凰卫视的评论员，我执行这次任务就一直在京待命，接到通知即刻前往北京凤凰中心全程直播解读这次盛大的阅兵活动。

与直播其他阅兵活动完全不同，这次阅兵真的很神秘，没有可见的“彩排”，也不知道有什么具体流程，但直播完毕后的直观感受，除了气势磅礴之外，就是“阅兵新理念，建军新气象”，从形式到内容皆“可圈可点”，细细数来有这么几个特点：

这是一次最强调时效的阅兵。做直播最关注的是阅兵时长，这次阅兵时间只有70多分钟，时间短但很高效；阅兵形式很隆重，组织紧凑，效果很好，完全体现了“勤俭办阅兵”的新作风、新气象，这是军改成果的检验，也是阅兵方式的重大改革。相信朱日和阅兵模式不会就此一次，或也将成为今后阅兵的“新常态”。

这是一次最强调实战的阅兵。这次阅兵选择在朱日和训练基地就是强调“沙场点兵”的实战理念，这也是“阅兵为战、不为看”的阅兵新思维、新观念。去过朱日和的朋友都会看到这句话——“从这里走向战场”，这就是朱日和基地的响当当的“口号”。在第二次世界大战期间，苏联著名的“红场阅兵”就是从阅兵场走向了战场，彻底打败了不可一世的希特勒军队。解放军也必将从阅兵场走向保家卫国的“沙场”，肩负起人民的重托和伟大的使命。

这是一次最强调体系的阅兵。这次阅兵虽然身处陆军训练场，但依旧注重多要素、多军种、全体系的特色，陆、海、空、火箭军、战略支援部队等五大军种、多个兵种悉数亮相。阅兵装备中既有“靓丽、威武”的战斗装备，还有“低调、无名”的保障装备，这些要素的出现无不体现出现代战争的体系特点。现代战争打的就是体系作战能力，如果还有人认为，印度拥有强大的山地师不可战胜的话，那就是大错特错了。山地师的确实力不容小觑，但1962年那场“一维战场”的模式已经一去不复返了，不具备多维战场的体系作战注定要失败。

这是一次最强调快反能力的阅兵。快速反应能力是现代化军队必备的要素，兵贵神速，战场不会等人，一味等待等到的只能是被动挨打。平时我们看到的分列式徒步方队，从齐步到正步再到齐步，给人一种“整齐划一”的美感。但朱日和阅兵的分列式则取消了徒步方队，全部采用机械化受阅方队，这就是治军理念的变革，既能高效、快速阅兵，又可以展现出来部队的快速集结能力，完全强调实战化的背景特色。尤其是阅兵方队与分列式方队阵型转换时，全体人员都是采用跑步行进方式快速集结，这完全体现了实战化的基本要求。解放军建军和这次军改的目标就是要培养一支“能打仗、打胜仗”，坚决捍卫国家利益的“威武雄师”。

这是一次最多新武器亮相的阅兵。相信大家对2015年“9·3大阅兵”的新型武器还如数家珍、历历在目，但时隔不到两年，解放军又有了一批新武器装备首次亮相，这突出表明这些新武器已经列装并形成战斗力，也说明中国军事科技能力又有了飞速发展和长足进步。比如，大家十分期待的四代机“歼-20”隐身战斗机低空通场，让人们惊喜这款新装备已经列装服役；“运-20”这个“胖妞”和“运-9”这个中国版“大力神”运输机也都是首次参加阅兵，表明解放军的系列“大飞机”已经形成了战斗力；还有就是神秘的“歼-16”歼击轰炸机首次亮相，让世人明白了此型号的真实存在。同时，一款多联装的无人机也是第一次亮相，这种能摧毁“萨德”反导体系的反辐射新装备让人浮想联翩。但最让人期待的还是“压轴出场”的火箭军的系列重型武器。这次阅兵展示的导弹既能精准打击陆地目标，还能精确打击海上慢速移动目标，其中压轴的导弹则是火箭军的最新型号洲际弹道导弹——“东风-31AG”，这种导弹具备更强的突防能力和多目标打击能力，大幅度提升了中国陆基核导弹的二次核反击能力。此外，还有些武器看似眼熟，但都是改进的新型号，性能更加优异，战斗力更强，如“红旗-9”、“海红旗-9”，导弹从之前型号的单纯强调“防空”到如今新型号的重点强调“反导”，这就是一个重大技术创新；“歼-11B”、“歼-10B”等改进型号的三代战斗机加装新的雷达和武器系统，从此具备更强大的制空和对海、对陆的综合打击能力，让其自身战斗力大幅度提升。这次“点兵”还有一个不显山、不露水的地方值得注意，那就是火箭军的“长剑”巡航导弹并不在分列式行进队伍当中，而是自始至终都处在分列式的背景中，甘当“绿叶”，但这个“绿叶”一点也不比“红花”差分毫，甚至还有些喧宾夺主的意味。

这是一次最具实战色彩的阅兵。如果说解放军之前在天安门广场的阅兵多是“和平”阅兵，那么这次朱日和阅兵就是动态和战时状态的“点兵”。“点兵”中首次采用直升机武装协同机降的实战阅兵模式，旨在展现解放军陆军或特战队远程机动纵深兵力投送的能力。要知道，如今的解放军陆军早就“插上了翅膀”，实现“上山下海”、机动远程、跨区作战的全域作战能力。此外，本次“点兵”的空中梯队采用“低空通场”的战术方式，这既能很好地体现出强大的突防能力，也能集中展示更为强大的集群饱和攻击能力，也说明这次“点兵”强调的是实战能力的建设。

这是一次最具新军改特色的阅兵。2012年伊始，解放军就开始着手实施新的军事体制改革，通过三年的不懈努力，新军事体制改革在2015年正式拉开大幕。这场声势浩大的军事体制改革不仅仅是裁军30万，其本质是要把解放军打造成为一支“听党指挥、能打胜仗、作风优良”的新型人民军队，建军目标就是瞄准世界新军事变革，实现解放军能在现代战争信息化条件下谋求具备打赢任何强大对手的能力。新军事体制改革强化中央军委的绝对领导体制建设，把战斗力强、远程作战能力优的海军和空军军种占比提高，把处在战略核心地位的第二炮兵部队升格为军种——火箭军，并组建了新的军种——战略支援部队，让解放军各个军种的信息化保障能力更强、更优化。不仅如此，将以陆军为主的老战区体制更新为更为优化的五大联合作战战区体制，让军种服务于部队的日常管理、训练和装备保障，而把“指挥打仗”的重任完全交给了联合作战战区全权负责，最终实现了军令和政令系统的分开，做到军事体制改革的既定目标——军委抓总、军种主建、战区主战。而这次“朱日和点兵”就是一次新军事体制改革的阶段性成果的集中展示和汇报。这次阅兵总指挥就是来自中部战区司令员韩卫国，这一点恰恰说明了“战区主战”改革路线图。此外，这次朱日和阅兵与华北大演习阅兵类似，边演练、边阅兵，练为战，不是为了阅兵而阅兵，主要阅兵部队在朱日和基地均承担相应的训练任务，完全是一场大演习后的“沙场点兵”。

这是一次最具政治高度的阅兵。在朱日和沙场点兵期间，习近平主席发表了解放军建军90周年的重要讲话。这次讲话高屋建瓴，极大鼓舞了士气军心，讲话内容可圈可点，概括起来主要强调四点：

一是“天下不太平，和平需要保卫”。贯彻强军思想，坚定不移走中国特色强军之路，努力实现强军目标，把人民军队建设成为世界一流军队。

二是强调人民子弟兵的人民属性，代表人民利益、国家利益，要坚定不移坚持全心全意为人民服务的根本宗旨，始终同人民站在一起，时刻把人民放在心头，永远做人民子弟兵。

三是强调强大战斗力生成是解放军的建军目标，听党指挥、能打胜仗、作风优良是解放军的建军宗旨。坚定不移地坚持战斗力这个唯一的根本标准，聚焦备战打仗，锻造招之即来、来之能战、战之必胜的精兵劲旅。坚定不移地坚持政治建军、改革强军、科技兴军、依法治军，全面提高国防和军队现代化建设水平。

四是要树立敢打必胜的决心，有信心、有能力打败一切来犯之敌！无论对手有多么强大，解放军一定能战胜对手，有信心、有能力维护国家主权、安全、发展利益。

值此解放军建军90周年和军事体制改革如火如荼进行中的关键时刻，此次朱日和“沙场点兵”意义重大。天下并不太平，中国周边也不太平，朝鲜半岛危机愈演愈烈并有山雨欲来之势，台湾蔡英文当局拒不承认“九二共识”导致台海局势紧张，美国和日本等国继续加剧挑衅围堵中国，南海某些国家依旧妄图蚕食中国核心利益，更有甚者是印度侵略中国洞朗地区多达数日，妄图挑起新的争端，并实质控制不丹，导致中印军事对峙持续升温，并有爆发军事冲突的可能。这一切都让解放军不敢有丝毫懈怠，必须加强练兵备战，强化打赢战争的综合能力。“朱日和沙场点兵”既是一种能力的展示，也是一种决心和信心的展示，让国际社会真正看到“撼山易，撼解放军难”绝非虚言！

（2017.8.15）

三

解　码　军　情

J I E　M A　J U N　Q I N G

“全球鹰”进驻日本窥视东亚

美国空军司令部近期表示，目前驻扎在关岛安德森空军基地的两架“全球鹰”无人侦察机将在2014年5月到10月间部署至日本三泽空军基地，约40名工作人员随行。对于新的部署，美国太平洋空军发言人吉利安·多伦多少校称，本次任务将有利于日本及该地区的安全。美国空军参谋长马克·威尔士在国会表示，这一部署是美军战略中心转移到太平洋以及空军越来越依赖“全球鹰”的一个例子，“全球鹰”的“表现非常好”。

众所周知，“全球鹰”无人机是美国空军一款最新型战略侦察型无人机，最大航程大于2万公里，可在半径6000公里范围内执行不间断侦察任务，单次起飞续航时间长达42小时，具有跨洲巡航侦察能力。美军将这样一款战略无人机从关岛安德森空军基地移师到日本三泽空军基地，对于监控东海、南海等海域，从航程上可以减少近2000公里，这将会极大提升“全球鹰”无人机在该海域的持续监控能力；同时也增强了“全球鹰”无人机的快速反应能力，一旦形势需要，可直接从日本三泽空军基地起飞，快速赶赴相关海域执行侦察任务。

由于“全球鹰”无人机可携带多种侦测设备，包括可见光、红外探测和合成孔径雷达等仪器，能做到全天候对目标执行长时间侦测任务，如果具备三架“全球鹰”无人机，则可轮流执行任务，对目标实施不间断全天候监视。

美军将两架“全球鹰”无人机前移到日本，主要目的有三。一是期待能对朝鲜半岛形势加以侦察，尤其是对朝鲜核试验和弹道导弹试验做到实时监控，由于卫星侦察能力有限，需要先进的无人机做进一步侦测。二是监控中国沿海军事目标及海空军在东海、南海的军事行动，并对军事能力进行评估，力图阻止中国军事力量快速扩展到远海。三是监控南下太平洋的俄罗斯海空军力量，阻止俄罗斯“重返亚太”的政治企图。

从表面上看，这次“全球鹰”入驻日本是日美两国政府在2013年10月初的“2+2”安全磋商委员会会议上商定的结果，即2014年春季以后，部署在太平洋关岛的“全球鹰”无人侦察机中的两至三架将转移到驻日本的美军基地，并打着“躲避台风”的冠冕堂皇借口。实质上来看，这次部署就是美军的一次既定军事调动，将情报搜集系统前移，以期待获取更多有关朝鲜、中国和俄罗斯等国军事动向。

但还有一个不得不说的目的，那就是日本自卫队已经计划在2016年后引进“全球鹰”无人机，用以加强对日本周边国家的侦察监视，特别是对中国航空母舰的动向以及导弹基地等军事设施的监视。美军“全球鹰”无人机提前入驻日本本身就是要让日本自卫队看看这款先进无人机无与伦比的优异性能，以此坚定日本自卫队采购“全球鹰”的决心。毕竟这款无人机价格不菲，在日本自卫队面前“秀一秀”也是值得的。一旦日本自卫队采购并装备“全球鹰”无人机，不仅对日本情报搜集有较大提高，还可以提升无人机的研发能力；更为重要的是可以让美军“不花钱”就可以共享日本“全球鹰”带来的详尽军事情报，可以很好地填补美军在该地区侦察能力的缺失。虽然无人机“产权”是日本的，但无人机所依赖的天基卫星和地面控制站等核心技术还是美军的，表面上看这些无人机属于日本，但归根到底还是美国“应用、管理、共享”的“日美”无人机。换句话讲，就是日本掏钱，美国受益，这就是美国所倡导的盟国战略最终本质。

（2014.5）

俄罗斯会选择退出《中导条约》吗?

1987年，美苏两国签署了《美苏关于消除两国中程和中短程导弹条约》（简称《中导条约》）。该条约为永久性条约，是战后美苏裁军谈判史上第一个真正减少核武器数量并彻底取消一个核武器等级的条约，对国际关系的缓和产生了重大影响。

《中导条约》第I条规定：双方裁减各自的中程和中短程导弹，将来也不能拥有此类导弹。第II条第5款规定：中程导弹是指射程在1000公里～5500公里的陆基弹道导弹和陆基巡航导弹。第II条第6款规定：短程导弹是指射程在500公里～1000公里的陆基弹道导弹和陆基巡航导弹。第VI条规定："双方不能生产任何中程导弹、进行中程导弹飞行测试、生产中程导弹级段和发射装置。"但条约签署之后，尤其是苏联解体后，美俄双方多次指责对方违反条约，俄罗斯更是多次威胁要退出条约。

之所以俄罗斯威胁退出条约主要有几点考虑。一是美国在2001年末不顾俄罗斯的坚决反对而执意宣布单方面退出了《反导条约》，这让俄罗斯十分不满，俄罗斯认为美国视条约如无物，完全按照自身利益我行我素，毫不顾忌俄罗斯国家安全，因此如果选择报复美国可以从《中导条约》下手。二是美国倡导并打造的全球导弹防御系统，尤其是欧洲导弹防御系统让俄罗斯深感不安，重启中程导弹计划或可以有效应对欧洲导弹防御系统带来的巨大威胁。如果将中程导弹部署在俄罗斯的"飞地"加里宁格勒或其西部区域以及波罗的海舰队和北方舰队的诸多军舰上，不仅能够直接威胁部署在东欧的欧洲导弹防御系统，还可对北约在欧洲的所有军事基地实施直接军事打击。三是成本考虑，俄罗斯目前的现役弹道导弹是“两头热”，一头是诸如“白杨M”、“亚尔斯”等洲际弹道导弹，一头则是射程很近的“伊斯坎德尔”战役战术导弹。利用这些弹道导弹打击欧洲目标，前者大材小用，成本有点高，后者则打不着、够不到，因此需要中程导弹填补这个射程区域的空白。尽管俄罗斯拥有中程巡航导弹，如X-55、X-555、X-101/102，但这些导弹多以空射型号为主，海基型号为辅，而俄罗斯远程轰炸机的突防能力或许有限，这就让俄罗斯考虑重新复活陆基中程巡航导弹和中程弹道导弹。由此不难看出，俄罗斯还算是有充分的借口退出《中导条约》。加之美国也“无意”违反条约，并研制了中程导弹，这让俄罗斯更多了一条不争的借口。尽管美国已经履行条约义务，完全销毁了“潘兴”中程导弹和陆基型号“战斧”巡航导弹，但《中导条约》第VII条第12款规定：双方仅能生产和使用现有型号导弹的助推级。只有出于研究目的，导弹发射才不被视作进行中短程导弹飞行测试。美国就是抓住条约这个“漏洞”，在“民兵-2”洲际弹道导弹和“三叉戟-1”潜射弹道导弹的助推级基础上，生产了射程1200公里的HERA靶弹、射程2000公里的LRALT靶弹和射程1100公里的MRT靶弹，用于导弹防御系统测试。2010年，俄罗斯外交部就发表声明，认为美国有计划和系统地违反了条约，根据《中导条约》规定，这些模拟陆基中程弹道导弹的靶弹应被视作新型中程陆基弹道导弹。对此，美国也不示弱，并多次指责俄罗斯最新研制的“边界”导弹可作为中程导弹使用，而俄罗斯坚称“边界”属于洲际弹道导弹范畴。美俄双方相互不断指责的主要目的是为美俄下一阶段核裁军谈判增加己方筹码，或许也都在为将来有可能退出《中导条约》寻找各自的借口。

但客观来讲，俄罗斯一旦退出《中导条约》或许对自身国家安全带来更大的危机。那时，俄罗斯将会面临的不仅仅是欧洲导弹防御系统的威胁，还会面临昔日冷战期间才常见的在自己“家门口”中程导弹林立的现实危机。毕竟以美国和北约成员国的技术能力，开发并部署中程导弹易如反掌，这样一来将会让俄罗斯的周边环境不是改善而是恶化了。就算俄罗斯有能力大幅度研制部署中程导弹对付欧洲国家，但事实上，这些来自于美国、部署在欧洲的中程导弹将会让美国的核武库更加强大，换句话讲就是美国能打到俄罗斯境内的导弹更多了，而俄罗斯能打到美国的导弹依旧是那些洲际弹道导弹，而更多数量的中程导弹都是对美国本土鞭长莫及，但又无法实施“战略前移”将其搬到类似于古巴这样的拉美国家境内。由此可见，放开中程导弹限制将会让美俄核力量严重失衡，大平会严重倾斜于美国这一边，同时也会导致新一轮军备竞赛，让本来就不太好的俄罗斯经济雪上加霜。或许这些因素综合起来的最终结果预判都不符合俄罗斯退出条约的初衷。

当然，俄罗斯一定会考虑到上述因素。故俄罗斯宣称要退出《中导条约》，更主要的是将其作为一种政治和军事博弈手段。包括俄罗斯历任国防部长，从伊万诺夫、谢尔久科夫到绍伊古，无不善于将“威胁退出俄美裁军条约”作为展现俄罗斯主权、独立和与西方国家具有平等国际政治地位的有力工具。但此类国际政治博弈中，可以“雷声大、雨点小”，也许这“雷声”就可以让对手“偃旗息鼓”不再继续挑衅，这本身也符合俄罗斯国家利益。但一旦真有那么一天，俄罗斯选择退出条约，也将不得不再次与美国继续谈判，期待寻求下一个新的利益平衡点。

（2014.10）

瑞典“布网”搜捕俄罗斯潜艇，或让冷战阴影渐进

这些年以来，在波罗的海海域和空域似乎弥漫着一场昔日冷战气息。2014年7月18日，在波罗的海国际空域对俄罗斯实施电子窃听的美军“RC-135”侦察机，在遭遇到俄罗斯战机拦截下，为尽快摆脱而硬闯瑞典领空，侵犯“中立国”主权。2014年10月上旬，一架瑞典空军的“S102B”电子侦察机在波罗的海上空执行任务时与一架俄罗斯空军的“苏-27”战机相遇，最近时两机相距不到10米。据瑞典空军飞行员曝光，俄罗斯空军这架执行拦截任务的“苏-27”挂载了多枚空空导弹。

2014年10月17日，瑞典军方得到消息，在斯德哥尔摩附近海域出现一个疑似潜艇物体。瑞典军方随后出动了200名士兵、多艘隐身舰艇、扫雷艇和多架直升机在斯德哥尔摩以东约50公里的岛屿周边展开大面积搜寻。据透露，瑞典军方截获俄罗斯方面的紧急通信讯号，可能是一艘潜入瑞典海域的俄罗斯潜艇陷入困境。俄国国防部发言人则于10月19日表示，俄罗斯海军潜艇按计划在世界各海域执行任务，“没有发生任何意外和突发事件”。同时，据俄国防部消息人士表示，瑞典搜寻的潜艇可能属于荷兰海军，为消除波罗的海紧张局势和节省瑞典纳税人的钱，建议瑞典要求荷兰海军指挥部做出解释。但俄罗斯《生意人报》则分析认为，此次潜艇事件是一个阴谋，一直保持中立的瑞典开始出现强大的亲北约力量，并积极加强与北约的关系。尤其是该报道引用俄罗斯外交和国防政策委员会主席卢基扬诺夫的看法，认为这一事件说明俄罗斯确实正在重返冷战，俄罗斯与

北约正式相互将对方视为敌人。

之所以俄罗斯对中立国的瑞典如此大规模布网搜索潜艇感到来自冷战的气息，关键在于昔日的冷战期间确实出现过多次苏联潜艇被瑞典军队“抓捕”的先例。冷战期间的波罗的海一直是东西方两大军事集团的前哨站，尽管瑞典不是北约成员国，但一直保持与北约特殊的军事关系，因此监视瑞典军事动向就成为苏联海军在这片海域的主要任务之一。1981年10月27日，苏联波罗的海舰队一艘613型常规潜艇奉命潜入瑞典水域实施侦察任务。由于波罗的海海域多属于浅海，只有常规潜艇适合到这片海域活动，因此派遣了个头最小的613型常规潜艇到瑞典近海活动。但不巧的是，该艇意外在瑞典近海海域搁浅。就在当日夜间，瑞典发现搁浅的苏联潜艇后，立即出动直升机、军舰实施包围，并迅速封锁卡尔斯克鲁纳湾，在出海口布下防潜网，在航道上架设障碍物，还拆除航标以防苏联潜艇外逃。瑞典空军在空中不时掠过战机，以此警告苏联飞机不得靠近封锁水域。瑞典陆军则在岸上架设火炮，密切监视着搁浅潜艇的一举一动。

虽然苏联潜艇试图利用夜色并趁涨潮时突围，但面临瑞典军队层层围堵最终还是无计可施，只能原地待援。与此同时，得知潜艇被扣的苏联海军立即从波罗的海舰队派遣特混舰队奔赴出事水域，强硬要求瑞典放人放艇，一时间剑拔弩张，军事冲突一触即发。此时或许最幸灾乐祸的就是躲在幕后的北约了。考虑到大国集团间的博弈后果，这场危机最终以苏联认错而告终，613型潜艇悬挂出来苏联海军旗，并接受瑞典军方看押。在潜艇被扣押期间，苏联潜艇的艇长等被“请”到岸上接受瑞典军方调查。为尽快平息风波，苏联最终向瑞典正式道歉，并支付了65.8万美元的赔偿，同年11月7日，该潜艇在苏联编队护航下，由拖船拖回波罗的海舰队母港。尽管已有前车之鉴，且颜面尽失，但之后的苏联海军潜艇依旧我行我素，照样在相关海域执行军事任务。苏联解体之后，考虑到波罗的海重要的地缘政治地位及依旧位列东西方摩擦的最前沿，承接苏联衣钵的俄罗斯海军在普京时代开始就重点打造实力较强的波罗的海新舰队，而波罗的海舰队派遣潜艇在该海域执行各类军事任务也就不足为奇了。

国际社会十分关注这次瑞典军方布设“反潜网络体系”搜捕俄罗斯潜艇，其关键就在于昔日就是此类事件险些导致大规模军事冲突的爆发。如果这样的事件再次发生，瑞典军方与俄罗斯发生一点点摩擦，都会导致北约的介入，尤其是近期的乌克兰危机爆发，让北约与俄罗斯关系本就十分紧张，若出现的危机不加以实际约束，势必会让危机转化为军事冲突，这将是包括瑞典、俄罗斯等国都不希望看到的。

但客观来讲，在欧洲国家中军事能力较强的瑞典，其不是北约成员国，又始终奉行“中立”政策，但在冷战期间考虑到北方强大的苏联“威胁”，实际上也与北约保持了极为密切的军事联系。换句话讲，瑞典在波罗的海看住苏联或俄罗斯海军动向本身既符合自身国家安全利益，也间接契合了北约实际利益。目前，瑞典已经成为北约的“和平伙伴关系国”，至于瑞典是否会加入北约，从北约的接纳程度来看并不存在什么障碍。但与其让一个北约成员国在俄罗斯家门口盯住俄罗斯，还不如让中立国的瑞典多做点事情，还可以不给俄罗斯制造更多口实，或许这个中立的瑞典更符合北约的想法。但从北约发展态势来看，强化对俄罗斯北方舰队和波罗的海舰队的全面监控，尤其是加强对可携带核武器的核潜艇实施监控将有助于维护北约在大西洋及其相关海域的实际利益。

从另一个层面考虑，乌克兰危机爆发后，以美国为首的北约等军事集团加大了对俄罗斯的围堵，不仅在政治和经济上制裁俄罗斯，更是强化了对俄罗斯的军事威胁，甚至要将更为先进的陆基“标准-3型”导弹和远程陆基雷达系统部署在俄罗斯家门口。这一切不得不让俄罗斯考虑政治和经济反制以外的强硬手段，即提升俄罗斯的军事能力。为此俄罗斯已经将2015年国防预算提到了创纪录的最高点，超过820亿美元，占比俄罗斯GDP的4.2%，这些国防预算的大部分将用于更新现代化武器和特种军事装备等。在这些国防预算中，俄罗斯海军十分重视先进潜艇的建设，包括最新一代“卡琳娜”常规动力AIP潜艇、“北风之神”战略导弹核潜艇以及“雅森”多用途攻击性核潜艇，加上苏联时期部署的各类常规和核动力潜艇，俄罗斯海军今后将把潜艇部队的使用放在优先地位考虑。

但尽管乌克兰局势不太明朗，美国积极斡旋期待重新团结北约，并渴求形成能与俄罗斯对抗的新型军事集团，并不仅仅着眼于欧洲一隅，更要跟随美国利益放眼全球战略部署。然而如今的北约各国有点心猿意马，同床异梦者大有人在，看似成员国数量达到了创纪录的28个，但凝聚力似乎缺少了点，都把本国利益看得太重，由于欧债危机导致很多国家财政拮据，无力负担更多防务经费，因此看似北约年度国防预算超过了10000万亿美元，超过俄罗斯2015年国防预算的10多倍，但由于成员国“心不齐”，也就导致看似钱很多，力量却不一定很大。虽有美国百般承诺并游说这些国家，但不少明眼的国家还是不愿意牺牲本国利益最终保全不在欧洲的美国利益。对于俄罗斯而言，同样也面临着如何避免对抗的问题，正在经济恢复期的俄罗斯一旦与西方国家陷入旷日持久的制裁与反制裁博弈中，势必伤敌八百，自损一千，得不偿失。近期，仅仅国际原油价格一路狂跌已经让俄罗斯经济遭受重创，继续对抗对俄罗斯恢复元气毫无益处。考虑到俄罗斯国家安全的大局，普京也不得不硬撑着维持强硬立场，同时强化拿得出手的“三位一体”战略核力量，并多次宣称不排除首先使用核武器。而实际上普京的这一表态已经说明俄罗斯不想卷入一场军事冲突，更不想与北约爆发任何形式的战争，抛出“核威慑”就是希望能实现“止战”而不是“生战”。

由此不难看出，俄罗斯想恢复昔日苏联海军全球行走的想法是有的，行动也在不断增强，但更多还是希望保持在全球多个海域的军事存在和军事威慑，这才是俄罗斯当前最优先考虑的战略需求；如今包括潜艇及战机等携带的侦察系统早已经技术突飞猛进了，不需要靠近近海和领空就可以远远获取更多军事情报，因此之前被瑞典俘获潜艇的悲剧将难以再次上演。但有一点倒是可以肯定，那就是在公海的“猫鼠游戏”不会停止，这既是技术的博弈，也是政治和军事的多重博弈，这个博弈的过程多少会带着冷战那一抹浓重的色彩。

（2014.10）

搅局亚太局势的“萨德”很牛吗？

“萨德”确实很牛，全名是“末段高空反导拦截系统”，但它可是一款能衔接大气层内外，并可攻击中段和末段高空弹道导弹的反导利器。我们都知道，大气层“空天”的法律界限是100公里，100公里以下称之为“空”，100公里以上称之为“天”，“萨德”导弹的射高就是40公里到150公里之间，这也就是横跨大气层内外的“空天”领域，这个还是“萨德”基本型号的保守数据。这里提到“萨德”导弹具备中段拦截的能力是指针对中短程战役战术弹道导弹，因为这类导弹的中段飞行高度也就在100多公里范围内，“萨德”导弹可以够得着这类导弹的“自由飞行的中段”。至于说到其末段高空拦截能力，则主要指的是拦截那些中远程及洲际弹道导弹，这类导弹的“中段”大多在几百公里以上，只有其再入大气层的末段高空时才会进入“萨德”导弹射高的打击范围内。可以说，射高是“萨德”导弹的优势之一。

“萨德”导弹的另一个优势就是看得清，想看远就看远，想看近就看近，远近皆宜。“萨德”导弹系统具备一部X波段多模式工作状态的雷达系统，其中一种工作模式就是“前置预警”模式，这种模式是重在“看远，用来预警”，这个探测距离可达2000公里，完全可以覆盖中国东北、华北、华中和华东大部分地区，以及俄罗斯远东的部分地区，于是这些被探测区域内的一切军事活动“尽收眼底”。“萨德”导弹系统的另一种工作模式是“火控导航”模式，顾名思义，就是引导“萨德”拦截弹准确攻击被拦截弹道导弹，这个制导模式的工作距离为200公里，也就是为什么总是说“萨德”导弹系统作战半径是200公里。

“萨德”导弹更牛的是其击杀弹道导弹的方式——动能杀伤技术KKV，也就是不再用可靠性不高的“近炸”方式摧毁来袭导弹，而是通过战斗部动能碰撞的方式彻底摧毁弹道导弹战斗部，但这种击杀方式对制导精度要求极高，目前世界范围内也只有美国和中国掌握了该技术，俄罗斯、以色列、欧洲等也看中此能力并不断尝试应用该技术在各自的反导系统中。

其实“萨德”的牛还不仅限于此，“萨德II型”导弹已经在研制之中，其综合作战能力更强，具体体现在其作战半径扩大3倍，达到600公里；其射高将与中段拦截的“标准-3型”导弹重合，具备真正意义上的中段拦截能力；此外，“萨德II型”将定位瞄准了更为“高大上”的临界飞行的“高超音速飞行器”，因此其所带来的威胁就显得更为巨大。

“萨德”牛也就牛在这几点上，难怪美国导弹防御局局长叙林就夸下海口，“萨德”反导系统拦截率为100%，“萨德”系统在13次拦截试验中均命中目标，其中有6次拦截试验针对射程不足3000公里的近程及准中程导弹，其余为远程导弹拦截试验。但叙林也不忘强调一点，就是将部署到韩国的“萨德”系统并不会被纳入美国的导弹防御系统，并且不会针对中国。

然而说，部署在韩国的“萨德”不纳入美国反导体系，这有些骗人。反导体系中的三大环节，早期预警、作战指挥、作战拦截，前两大环节都掌控在美军手中，拦截弹在谁手里并不最重要，更何况部署韩国的“萨德”本就是美军在使用，与韩国没有一丝关系！在韩国部署“萨德”本就是中美之间的大国军事博弈，韩国就是一个被当成牺牲品的小棋子罢了。

早在2016年之前，就有传言“萨德”入韩，这就是时间早晚的问题，因此解放军早有应对，完全不用担心。俄罗斯的玩法就是“哪里有美国反导系统，哪里就有俄罗斯的‘伊斯坎德尔’导弹”；同样的道理，“哪里有‘萨德’系统，哪里就有‘东风’导弹”。但战时可以来硬的，平时则不行，这就需要软硬兼施。既然你总是用X波段雷达“偷窥”我们，那就不断释放假信息、假电磁频谱信息，以及更大功率的电磁干扰信号定向“照射”对方，此外还可以利用目标佯动、电磁欺骗等各种手段迷惑对方。至于有专家说可以利用极大功率干扰设备“烧毁”其雷达，但这个说法似乎难度不小。

“萨德”入韩肯定是坏事，但也可以转为练兵的好事，这可不是贴近实战的概念，这就是实战。因此，“萨德”也会让解放军应对美军最先进武器装备的能力大增，这也不得不说是拜美军所赐的机会。从辩证法的角度来看，坏事变好事本身也就是一件好事！

（2015.2）

美军“萨德”在亚太要钓什么鱼?

很长时间围绕美军部署“萨德”系统炒得沸沸扬扬。美国陆军导弹司令部司令戴维德·曼在美国众议院军事委员会会议上表示，美国计划在2019年之前，再实战部署7个“萨德”导弹部队。到目前为止，美国已结束4个“萨德”炮兵部队的实战部署，美国今后还将重点考虑在韩国、日本、阿联酋等海外国家部署“萨德”导弹系统。

“萨德”系统属于末段高空反导拦截系统，是美军积极发展的战区导弹防御系统之一。“萨德”系统主要包括三大部分，拦截弹系统、地面雷达系统、战斗管理与指挥系统。其中拦截弹系统的拦截高度达到40～150公里，即大气层的高层和外大气层的低层，这一高度实际是射程3500公里以内弹道导弹的飞行中段，是3500公里以上洲际弹道导弹的飞行末段。因此，它与美军陆基中段拦截系统GBI配合，可以拦截洲际弹道导弹的末段，形成双层拦截，也可以与“爱国者-3型”导弹低层防御中的“末段中低空拦截系统”配合使用，拦截中短程导弹的飞行中段，形成双层拦截，对美国导弹防御系统起到了承上启下的作用。此外，除了拦截得高之外，该拦截弹还有一个特点就是采用动能杀伤技术，即KKV技术，其直接破坏威力大，可以完全摧毁弹头，同时可以让其战斗部体积和质量大大减小，使导弹更多增加拦截高度。另外，“萨德”系统地面雷达系统可对3000公里外的目标实现早期预警探测，并在500公里区域实现快速跟踪拦截，因此覆盖区域十分广泛，对战役战术导弹可做到发射即发现、跟踪并拦截。战斗管理与指挥系统则可通过各个技术组合手段有效实现应对多目标拦截及毁伤评估等综合任务。可见与美军的“爱国者”导弹相比，“萨德”系统为面目标防御系统，主要用于保护较大的具有战略意义的地区和目标，如美国和盟国军队、军事基地以及人口中心及核心军事设施等。

分析了这么多“萨德”，不难看出，美军对“萨德”系统寄予了厚望。但这个寄予厚望从某种程度上讲就是美国希望以此在亚太乃至全球钓几条“大鱼”。

第一条“大鱼”就是美军希望利用“萨德”系统来维护美国和美军的绝对安全。

就目前而言，美军在本土及其海外领土已经部署了四套“萨德”，其中三套部署在美国本土，一套部署在美军基地的关岛，毕竟美国自身利益攸关，马虎不得。无论是美国本土承受其他国家远程和洲际弹道导弹的打击，还是关岛面临中远程弹道导弹的威胁，“萨德”都可以很好地保护好这些大片领土下的战区利益，将来袭导弹在末段高空实施有效拦截。当然这个拦截是“倒数第二层”。“倒数第一层”是“爱国者”反导系统；前面还有几层，其中有一层就是由美国海军“宙斯盾”战舰组成的海上拦截网，无论是“阿利·伯克级”驱逐舰，还是“提康德罗加级”巡洋舰，每艘战舰上都可以携载数十枚“标准-3型”中段拦截导弹，可对远程和洲际弹道导弹实施一定拦截。一旦出现“中段拦截”的漏网之鱼，被攻击目标的“萨德”系统将发挥作用“查漏补缺”。但无论在哪里部署，其归根到底维护的是美国利益。

第二条“大鱼”就是美国希望在盟国国内的美军基地部署“萨德”系统。

表面上看，在这些国家部署“萨德”系统可以有效保护所在盟国的利益，但这就是一个幌子，毕竟美军在海外四处“惹是生非”，面临太多的“复仇者”，因此在海外尤其是在盟国的美军基地将成为报复的对象。而美军视海外军事基地如同自己领土，尤其是需要保护美军人员生命和武器装备安全，为此在这里部署“萨德”系统也就顺理成章，毫无悬念，千万别觉得美国纳税人的钱会保护非美国纳税人的利益。但后果却很严重，那就是“寄居”他国的美军基地一旦成为被打击目标，势必会影响所在国的国家安全。既然你愿意提供军事基地，那这个报复势必将会引火烧身，殃及池鱼。或许就算只针对美军基地，由于非精确制导武器的误差巨大，或精确制导武器的无意误伤，也将会让提供美军军事基地的国家深受其害。换句话讲，就是成全了美军，却害苦了朋友。若情况不妙，美军立刻拔腿就跑，但其盟国却跑不了，成为被攻击对象。由于日本、韩国以及中东欧部分国家将成为美军部署“萨德”系统的候选对象，因此这些国家也势必将深陷其险，无法自拔。

第三条“大鱼”就是美国希望这些盟国纷纷购买“萨德”系统来保护盟国自身利益。

既然部署在这些盟国基地的“萨德”系统“管不了那么宽”，那就需要盟国自己购买并部署“萨德”来呵护自身安全。这样一来，美国政客和军火商乐了，美军也乐了。美国政客多被军火商绑架，算是一体的，因此大量出口武器装备将会让这些“军火大鳄”挣得盆满钵满，政客与军火商互利双赢。美军乐了，是因为自己不掏钱就在一线地带多了几套可用、可控的“萨德”武器系统，这节省了大笔美军军费。既然购买美军武器系统必然会融入美军的反导网络体系中，这样其他国家购买的“萨德”将成为美军武器系统中的一个环节，真正的使用者未必是花钱的国家，而是武器背后的美国，毕竟“萨德”系统并非完全独立的武器系统，需要依赖美军庞大的情报搜集网络和早期预警体系才能发挥最大作用，这就让美军当然实现了对他国“萨德”系统的绝对控制。一旦有攻击美军利益的弹道导弹来袭，美军可以协调启动其他国家的“萨德”实施拦截，尽管不太愿意，但最终只能“哑巴吃黄连有苦难言”。这样的候选国还真不少，美国在东亚地区和中东欧地区不断遴选，至少韩国、日本、澳大利亚等国“榜上有名”。花钱买不到绝对的“可控”实在是有些可悲，还不如与俄罗斯联合研制类似的“铁鹰”系统更为实在、可控。

由此可见，一旦“萨德”系统移师亚太地区，确实会让美军加上盟国包括“萨德”系统在内的多重反导体系，最终实现对中国和俄罗斯远程武器的多重拦截。因此，中国会坚决反对在韩国和日本部署这类打破军力平衡的武器系统。不仅是中国和俄罗斯，“萨德”的进入，最最头疼的就是朝鲜，毕竟朝鲜目前主要解决了射程衔接的弹道导弹的“有无”问题，还谈不上考虑“突防”问题，那么“萨德”系统在朝鲜半岛的部署将会极大改变北南双方军事能力的对比，也就会招致朝鲜的坚决反对。

退一万步讲，一旦美军这些“大鱼”一一上钩，美军就能依靠“萨德”高枕无忧了吗？当然不能！美军打造的反导系统是体系化的、阶梯化的，之前卖了“爱国者”，之后卖了“标准”，现在又准备卖“萨德”，其目标就是把美军的反导体系全面复制到盟国，让对手国家的弹道导弹和巡航导弹无法发挥应有的用途。但“萨德”真的无敌吗？“标准”真的万能吗？“爱国者”真的很强吗？这些都需要打一个大大的问号，毕竟除了“爱国者”在与不太先进的“飞毛腿”博弈中暂时领先，但其实际拦截概率也差强人意。至于“标准”和“萨德”，目前还是停留在理论数据和测试数据阶段，实战数据还是空白。尤其是面对对手的技术和战法改变，如饱和攻击、多波次攻击、隐身技术、中段或末段机动变轨、诱饵释放、弹头加固等一系列突防措施的有效应用，这些反导系统还能有多大效能确实美军自己心里也没谱。在靶场同时拦截几枚导弹也许还行，但在战场上面对复杂电磁环境下的几十枚不同类型的导弹饱和攻击，或许让美军会感慨有些防不胜防。从这些角度来看，美军打造的这一系列“铜墙铁壁”实用效能仍需考察，但有一点可以肯定，那就是这些东西都是“烧钱”的主，美国也好，盟国也好，如今的“地主家”也没有太多的“余粮”了。

（2015.5）

日本横滨防务展打开了“潘多拉魔盒”

沉寂了太久了，日本终于举办了国内第一个防务展。2015年5月13日至15日在横滨举行的防务展，让日本军工企业首次在本土拥有向全球推销产品的机会。包括三菱重工、川崎公司、NEC公司在内的13家日本防务相关企业悉数登场，从水中的潜艇、直升机航母，到空中的巡逻机、水陆两栖飞机。为了能推销日本武器，跻身国际军火市场，分享每年4000多亿美元的巨大军火蛋糕，日本安倍政府可谓不遗余力。

就在2014年的愚人节那天，安倍政府用一个特殊的“愚人”日子宣布废除《武器出口三原则》，代之以《防卫装备转移三原则》，其本质就是解开了日本对出口武器的全部限制条款。就在2014年4月至今，安倍及其内阁成员一天也没有闲着，全球到处行走交际，除了散布“中国威胁论”之外，就是到处推销日本的国产武器装备，甚至到美国的“后院”也推销了起来，似乎还卓有成效。首先是努力打开了印度市场，希望在“US-2”水陆两用飞机加强合作，并将“苍龙级”常规动力潜艇作为拳头产品向印度倾销。同时，日本也把“苍龙级”潜艇打造成为与澳大利亚军事合作的典范工程，并同意将技术实现转让。再有就是日本与英国和法国积极开展军事合作，一方面是可以兜售自己的“P-1”反潜巡逻机，并自诩比“P-8A海神”还神。另一方面希望在三防器材、机器人技术、直升机技术、火炮技术等领域与这两个欧洲老牌军火大国开展务实合作。至于把巡逻艇等小装备送给或卖给菲律宾、越南等东南亚国家则是小菜一碟。就连日本驻守吉布提的所谓“反海盗”军事力量回国途中，也不忘记让两架

"P-3C"反潜巡逻机在越南的岘港停留片刻，一方面让越军看看如此先进的要淘汰的现役装备，另一方面详细给越军讲解这款装备的使用性能。目标只有一个，希望越南能购买这些新的或二手的"P-3C"来对付中国军队在南海的潜艇部队。当然，如果越南能将每年30多亿美元的军费大幅度提高的话，也可以考虑买几架更先进的"P-1"反潜巡逻机。

如此看来，日本以安倍为首的各个政要在开展"地球仪外交"的同时，不忘记开展军火外交，促进日本军火产业的快速发展，这个举措堪称"安倍经济学"的"第四支箭"。至少就目前来看，前三箭都射歪了，效果不好，如果能启动这个"军火之箭"无异于是安倍抓到了"救命稻草"。毕竟像三菱重工、川崎重工等这些日本的隐形军火巨头目前的军工产品产值只占比全部产值的4%，最高也不超过10%，但美国的波音、洛克希德、通用等军火巨头则占比到了40%，甚至更高。一旦日本的军火商也实现了这一目标，那么日本经济复苏并实现腾飞的机会将再次降临。

如今，日本也开始参加一些国际防务展兜售自己的军工产品。但仅仅靠"走出去"还是不够的，也要"请进来"，让国际客户们看看日本的军工潜力。显然不可能将全部拳头产品带到国外参展，请国际军火买家到日本来看看则更是一个推销自己的好方法，横滨防务展"MAST Asia 2015"也就应运而生了。由于这次防务展是日本的主场，日本企业便尽全力展示和表现自己。其中，三菱重工重点推销的"苍龙级"常规潜艇吸引了不少与会者的目光，新明和工业推出的"US-2"水陆两栖飞机同样是日本武器装备出口的热门产品，川崎重工则在展会中着力推荐"P-1"巡逻机，石川岛播磨重工在展会中则推出自家最先进的"出云号"直升机航母。可以说本届防务展上的日本军工企业是尽全力来展示其军工潜力，以此期待能吸引更多客户开展军事技术合作。日本一直把学习德国出口军事技术作为经济发展的引擎之一，德国已经在军火市场排名居于前四，自己努力并假以时日，超越德国，是日本的梦想之一。在日本人眼里，德国的拳头产品也就是坦克和潜艇，其他航空航天产品都是多国联合研制，不算德国一家的产品，所以日本的优势就更加明显。

如今，日本打开武器出口的大门才刚刚开始就已经有些成效了，这些努力除了复苏日本经济之外，也是为了强化日本自卫队军事实力。日本的《和平宪法》已经几近于废纸一张，在打造国防军的同时，一并将军工产业发展起来将十分有助于提升日本的战争潜力。这对于包括中国在内的亚洲国家而言绝非好事，否认历史、美化侵略，让日本今后何去何从成为国际社会的普遍忧虑。加之日本在军工领域不断“去美国化”，在政治上不断“独立自主化”，美国失去对日本的管控只是时间早晚的问题。如今看似很简单的一个军火出口事项，一个防务展问题，其实都是严肃的政治问题。正是美国的无限度纵容，导致这个“潘多拉魔盒”已经被打开，一旦不受控并肆意蔓延，最终贻害的也将包括太平洋彼岸的美利坚合众国。

（2015.5）

日本解禁集体自卫权渐进变身国防军

同为第二次世界大战的战败国，为什么日本和德国的境遇差别如此之大呢？德国可以有国防军，日本不能有；德国可以有自己的宪法，日本则是美国“强加”的《和平宪法》；德国可以作为北约成员国参与各类军事行动，日本则只能偷偷摸摸跟随美军“打酱油”；德国可以任意向世界军火市场兜售武器装备，而日本则长期以来不允许出口武器。这一系列的看似“不平等”的现象“困扰”着安倍政权。如何能有朝一日与德国“平起平坐”，让日本有个正常的身份，也是安倍冥思苦想、急于要解决的棘手难题。在安倍眼里，国际社会要“还”日本一个“公道”，让日本能站起来“做人”。

但安倍先生只看到了德国享受权利的一面，却完全忽视了德国作为战败国承担的巨大战争责任的一面。直到现在，德国还在对被屠杀的犹太人后裔支付着巨额赔偿，包括在第一次世界大战由于战败欠下的巨额战争赔款也是这些年才还清的。1970年12月7日，时任联邦德国总理的勃兰特在华沙犹太人遇难者纪念碑前突然双腿下跪，并发出祈祷：“上帝饶恕我们吧，愿苦难的灵魂得到安宁。”勃兰特以此举向二战中无辜被纳粹党杀害的犹太人表示沉痛哀悼，并虔诚地为纳粹时代的德国认罪、赎罪；而当时的联邦德国总统赫利同时向全世界发表了著名的赎罪书。同时，德国先后立法要求纳粹分子承认对犹太人的迫害。1985年，德国联邦议会通过决议，将否定迫害犹太人的行为判定为对犹太人的侵害，应给予法律惩处。1994年，德国联邦议会加重了“煽动罪”的定罪程度。按照新法，在公开场合宣传、不承认或者淡化纳粹屠杀犹太人的罪行，可处以最高5年的监禁。这一系列举动让国际社会看到了德国的真诚忏悔。但反观日本，其政治姿态完全不一样。在美国的“帮助”下，日本“被免除”了巨额战争赔款，从而减少了因为战争赔款可能导致的日本经济负担。但如此的日本依旧没有丝毫的感恩之心，针对日本在第二次世界大战中犯下的滔天罪行，日本选择了坚决否认和选择性忘记。在日本人眼里，慰安妇不是事实，南京大屠杀不是事实，神风特攻队是国家英雄并且需要申请世界文化遗产保护，就连靖国神社也都是祭奠着为国家死难的民族英雄。凡此种种，一概把肮脏的历史漂白，颠倒是非，否认罪行，并企图美化那段不堪回首的殖民统治和侵略战争，并堂而皇之地在教科书中粉饰、篡改历史，误导日本年轻人。这与德国在反省历史问题上完全是巨大的反差。日本视而不见，甚至掩耳盗铃，只想追求正常国家发展的权利，岂不知一旦这样一个罪行累累的国家没有深刻反省历史，其结果将会是历史重演，悲剧还将发生，可悲日本并不认为自己有错，这就是问题的关键。不是其他国家不依不饶，没完没了，关键就是日本的傲慢姿态和无礼行为无法真正得到日本周边这些受害国家的真诚原谅和宽恕。尽管日本历届政府都把政府援助贷款ODA当作所谓的“补偿”，但贷款不等于赔偿，加之ODA本身具有很强的政治色彩，给不给都是日本政府说了算，也就让日本政府俨然成为一个财大气粗的土财主，有些本末倒置的意味。

当然，对安倍来说，与德国要比就应比积极因素，那些消极因素大可随时间消逝而逐渐淡忘。比如，比比国防预算在GDP中的占比，目前日本这个比例不到1%，日本自民党多次提到至少国防预算要与德国看齐，也就是达到1.3%，甚至扬言未来需要达到美国标准，也就是占比GDP达4.4%。安倍如今也在武器装备出口问题上与德国攀比，日本的“苍龙级”潜艇性能优于德国最新型的214、216型潜艇，日本的10式坦克性能强于德国的“豹-2”坦克，日本的航天技术总体优于德国的航天能力，因此，安倍期待在这些领域赶超德国，而德国目前在国际军火市场排名第三、第四，比较靠前，如果充分发挥日本军工潜力的话，第三把交椅或许就让位于日本，这也让“安倍经济学”又多了一剂起死回生的“良药”。为了迈进这个目标，如今的安倍政府已经大幅度提高了2015年的国防预算，新年度国防预算为5.545万亿日元，较上一年高出3.5%，并誓言要亲手书写日本“新宪法”。其豪言壮语可谓“气壮山河”。

为了大幅度提升国防预算，安倍本人编织了不少“美丽的”谎言，解释其增加原因主要是扩大所谓“离岛防御”云云，有必要提升海洋防御装备。此外，深化日美两军军事合作，落实《日美防卫合作指针》行动修改，这都是一笔巨额开销，包括驻日美军基地搬迁费用也纳入该预算中。但客观来讲，这些借口都是堂而皇之的表面文章，其实提升国防预算的本质是谋求打造符合日本军事诉求的集体自卫权。

安倍在第三届内阁组阁时已经明确表态要修改《和平宪法》，实现军队和国家“正常化”。但出于国内外不少反对声，安倍只能渐进修改，其中很重要的第一步就是修改宪法解释，放弃专守防卫，转而谋求集体自卫权。但谋求集体自卫权不能离开美国的支持，这就需要与美国共同修改《日美防卫合作指针》，让日本自卫队能跟随美军走遍全球各个角落，甚至在将来某个时间彻底废除《周边事态法》，代之以支援美军全球军事行动的相关法案。

但要想真正与美军在全球范围内配合，并实现安倍内阁期待的集体自卫权，就需要提升自卫队的综合能力建设，为此需要大幅度增加国防预算以配套给日本自卫队更强、更多的先进军事装备。此外，日本自卫队按照美军需求，配合强化对美军亚太反导体系建设。在日本京都府附近部署第二部X波段远程预警雷达，为美军的反导体系建设提供早期预警能力。而日本自卫队自己则需要购买并部署更多反导系统，如末段拦截系统的“爱国者-3”型导弹、中段拦截系统的“标准-3”型导弹及其承载平台的新型“爱宕级”宙斯盾战舰。购买这些先进的防御型装备既可以与美军共享反导能力建设，也可以为日本自卫队军事基地提供较强的区域防空作战能力。

除了打造立体防御体系之外，日本自卫队更希望通过增加预算提升其航空和海上自卫队综合战力建设，包括大量采购“F-35”隐身战斗机和具备进攻能力的新型“爱宕级”驱逐舰。不同于之前采购的纯防御型“爱宕级”驱逐舰，新型战舰将会携载并授权使用极具进攻力并可对纵深目标实施精确打击的“战斧”巡航导弹，此举会让日本自卫队彻底抛弃防御的“遮羞布”，转守为攻，并打造强大的海空一体化进攻力。此外，日本自卫队也只有配备这些先进武器，才能跟随上美军脚步，不然“落后”的装备完全没有资格与美军配合，但前提是日本需要大幅度增加国防预算购买这些价格不菲的武器装备。不仅购买美制武器装备需要大把花钱，打造国产先进武器装备更需要“烧钱”，如今，日本自卫队已经造出了“出云级”准航母，同步正在研制“心神”战斗机，还要强化“2+2”模式的天基卫星监控体系，这些举措无疑需要让日本付出更高昂的经济代价。

如果说打造海空武器装备似乎还有点显山露水，那暗中打造藏身于海上自卫队和陆上自卫队的“海军陆战队”或许才是安倍内阁期待暗度陈仓的战略目标之一。其一，这样一支军队符合安倍所谓“离岛防御”之用；其二，完全按照美军军队和指挥体制建立“正常化军队”一直是日本希望借鉴学习的标准模式。但“海军陆战队”建设很敏感，有悖于《和平宪法》初衷。因此，只能通过“躲猫猫”方式组建这支部队，其名字可以先叫作“陆军海战队”。有了编制，就需要有制式装备，日本通过大量增加国防预算希望能引进本属于“海军陆战队”的标准装备，倾转旋翼“鱼鹰”飞机、“黄蜂级”两栖攻击舰、AAV7水陆两用战车、“F-35B”型垂直短距起降隐身战斗机等等，这些都是为日本版的“海军陆战队”量身定制。有了编制，有了装备，日本自卫队这些“准海军陆战队”队员便可不失时机地在各类军事演习时请教美国海军陆战队，甚至到美国海军陆战队在彭德尔顿的训练基地学习两栖作战战法。这样一来，一旦国内、国外的时机成熟，日本宣布组建“国防军”之时，就会立即为海军陆战队“转正”。而这样一支纯进攻性的军兵种，将会成为日本今后快速制造并参与地区冲突的骨干力量。

没有丝毫反省历史的日本右翼政客们不断在打造着更强大的日本自卫

队，并不断制造“中国威胁论”作为借口实现扩军备战，钓鱼岛是借口，集体自卫权是借口，彻底抛弃《和平宪法》才是最终归宿，但抛弃掉了“和平”的日本宪法或只能让日本重蹈历史覆辙。尽管近日日本天皇呼吁要反省历史，但一意孤行的安倍内阁在“国际反法西斯胜利70周年”之际却看不到丝毫诚意，也就不得不让包括中国在内的国际社会对日本今后的军国主义走向深度质疑，并保持最高警惕。

（2015.10）

美军军事体制改革对中国的启示

美军军事体制改革是从战争中总结教训，从教训中总结经验，从经验中调整体制机制，并不断催生其军事体制改革之路。之所以美军战斗力与日俱增，且具备强大的一体化联合作战能力，其关键就在于美军为了适应不断变化的军事任务和战略需要，战后几十年不断积极推进军队编制体制改革，并积累了丰富的经验，取得了系统性认识，不断将其军事假说、军事理论快速转化为军事战略、军事规划而快速付诸实施。“空海一体战”如今已经成为指导美军快速建设的重要行动指南，但其在2009年是美国空军和海军联合提出的军事理论。可以说，美军作为全球实力最强的军队，不仅在武器装备技术上保持着领先优势，其领导指挥体制及改革创新机制也是支撑保持长期领先的重要因素。从一定意义上讲，正是这些机制保障，有效地推进了美军领跑世界军事改革浪潮。很好地了解和掌握这些经验和认识对我军深化体制编制改革具有一定的借鉴意义。

一、理顺军队管理机制是美军军事体制改革的重要保障

美军的管理体制也是经过多年的调整、磨合才有了如今的高效快捷管理能力。这种体制由两条线构成：一条属于行政领导体系，即通过“总统——国防部长——各军种部长、参谋长——各联合司令部下属的军种部队司令部，最终实现对全军的行政领导”；另一条线是作战指挥体系，即通过“总统——国防部长（通过参谋长联席会议）——各联合司令部和特种司令部，最终实现对所属部队的作战指挥”。但这样一个流畅的管理体

制在美军内部也是长期博弈之后才形成，尤其是参谋长联席会议的职能发挥一直得不到重视，该层级本来是美军内部十分重要的组成部分，在平时，参谋长联席会议向总统、国家安全委员会和国防部长提出军队建设、国防发展项目与预算、采购需求评估、联合作战条令、联合训练政策的建议；在战时，则协助国家指挥当局对美军实施战略指挥，监督各联合司令部的军事活动。

但就在美军入侵格林纳达时，本来是一次联合军事行动，但美国陆军与海军陆战队就作战任务区分难以达成一致，最后不得不在格林纳达岛中部画一条线，陆军与海军陆战队各负责一半；美国陆军一名少校为召唤本来肉眼就看得见的海上舰队的火力支援，不得不用自己的电话卡在公用电话上与美国本土陆军总部联系，陆军总部再与海军总部联系，海军总部再与舰队联系才最终解决问题；还有就是停泊在近岸海域的海军航空母舰拒绝运输伤员的陆军直升机降落，理由是陆航飞行员“没经过海上起降资格认证”。飞机好不容易降落了，可海军又拒绝为陆军直升机加油，“先要说清楚加油费谁出”。可见，联合作战说起来容易，做起来还真不那么容易。

要知道美军入侵格林纳达是1983年，而主管三军协调事务的美军参谋长联席会议早在1947年就正式设立了。不是参谋长联席会议不想管，而是它无法管、无力管，因为那时美军对这个机构既缺乏职能定位，也缺少法律支持。更重要的是，参谋长联席会议一开始就是一个军种间相互妥协的产物，组成参联会的高级军官大都具有双重身份，自然无法超越本军种的利益之上。美前参联会副主席欧文斯就曾自述：“在我的意识中，我首先是一名潜艇军官，其次是一名美国海军军官，最后是一名美国军官。”可见其军种意识之根深蒂固。前参联会主席鲍威尔也曾指出：“参谋长联席会议的失败，不仅在于官僚主义。在我看来，参谋长联席会议设立之时的那种缺陷，决定了它始终没有发出清晰的声音阻止美军深陷越战泥潭。”这种不正常的现象一直持续到了1986年，美国国会才制定并通过了《戈德华特—尼科尔斯国防部改组法》，才“使参谋长联席会议从‘辩论协会’

转变为一个有纪律的军事机构”，真正成为一个名副其实统管三军的权威机构。此后，大家才真正看到了海湾战争及以后几场战争中的美国联合作战行动的近乎完美的配合。但这个代价是花费了近40年的时间总结教训得到的，整改和磨合期不可谓不长！

同样的管理机制调整还发生在美军成立特种作战司令部上。在越南战场上，美军的特种作战部队参与战争的不少，表现不佳。但最让美军特种作战部队没面子的是1980年伊朗人质危机事件。当时美国驻伊朗大使馆遭到伊朗革命卫队占领，53名美国人被扣为人质时，美军曾派出海豹突击队渗透到德黑兰市区以提供相关情报，但这次代号为“鹰爪行动”的营救行动失败了。在此次行动中，“海豹”仅负责情报搜集工作，真正负责救援的是美国陆军的“三角洲”和“游骑兵”特攻队。这次失败导致8名美国人罹难，该事件也是“三角洲部队最惨重的失败”，成为特种部队作战的一大反面教材。究其原因就是联合作战指挥混乱，协调不到位，缺乏统一的管理机构。也正因为如此教训，负责联合作战的美国联合特种作战司令部应需而生，于1980年12月成立，由一名两星少将任司令官，负责指挥各个军兵种的特种精锐部队执行各类军事任务。

当然，要想做好军队管理体制建设，使其适应军事斗争和战争准备，必须高屋建瓴来理顺顶层设计。为了强调本军种的独特优势地位，美国海军就曾提出了“由海到陆”，空军提出了“全球参与”，陆军提出了“全谱优势”等不同的军事理论，各军种都在暗示本军种无可替代、无所不能，力求在军事体制结构调整中保证自身利益不被削弱。面对这种可能导致军事体制改革失败的内部矛盾和冲突，美军采取的办法是做好顶层设计。

20世纪60年代，美国通过国防管理改革，建立了“规划—计划—预算系统”，使国家和军队的顶层决策实现了制度化。该系统是改革的成果，反过来又为美军各项改革提供了科学的程序模式。20世纪80年代，美军为进行国防管理改革，在国防部组成了以副部长为首的改革研究顾问委员会，下设20个研究小组，对国防管理改革进行了全面系统的规划论证。

冷战后，美军在军事变革的顶层设计方面显得更加成熟。经过90年代前半期对军事变革的理论探索之后，于1997年确立了“改革战略”，并提出了指导改革的纲领性文件，即由国防部制定的《国防改革倡议书》和由参联会制定的《2010联合构想》。《2010联合构想》反映了美军改革的总体设计，各军兵种据此分别制定了适合自己特点的发展战略。总目标与分目标相结合，自上而下形成体系，使军事变革得以有计划、有步骤地协调推进。

因此，如果我们要推进军事体制改革，不妨多看看美军之前存在诸多问题，现在还存在哪些问题，可能会导致的教训有哪些，从顶层设计着手，这样就能够引起足够的重视，或许这就会让我们改革时的过渡期大为缩短。

二、军事理论创新引领美军军事体制改革

冷战结束以来，美国军事理论创新可以用“井喷”来形容，其数量之多，覆盖面之全，内容之丰富，都是史无前例的。层出不穷的新概念和新观点引领了新军事变革，指导了新的战争实践，在世界范围内产生了深远影响。美军不仅根据每场战争的具体情况量身定做地设计战争，而且将战争实践作为军事理论创新的延伸，将战场作为军事理论创新的“实验场”，新干涉主义、兵力投送、前沿威慑、空地一体战、空海一体战等都是美军军事理论适应过去的战争和未来军事斗争准备的实际需求。

美军的军事理论无不在维护美国的霸主地位。冷战结束后，美国认为国际形势的突出特点是作战对象不确定，作战地点不确定，作战方式不确定。先后推出的四个军事战略，即“地区防务”战略、“灵活与选择参与”战略、“营造—反应—准备”战略和“先发制人”战略，其目标都是致力于在全球运用军事力量，维护美国在世界各地的战略利益。在此背景下，战争与战略理论创新的着眼点是解读新的战争形态，应对危机，快速反应。

早在20世纪80年代，美军就提出了以“空地一体战”为主的“机动

战”理论。20世纪90年代克林顿政府提出了“新干涉主义”理论，主张以人道主义和捍卫西方共同的价值观为借口，武力干涉别国内政，构筑有利于西方的国际关系新秩序。“9·11”事件后在美国学术界甚嚣尘上的“新帝国论”就助长了美国充当“世界警察”的野心。

在应对危机上，20世纪90年代初国防部提出了“紧急威慑”理论。1992年参谋长联席会议提出了“兵力投送”理论。2001年9月国防部发表的《四年防务审查报告》，首次提出了“前沿威慑”理论，要求美军不仅能实施较小规模的应急作战，而且能在本土兵力的支援下，在关键地区威慑制止潜在对手的军事行动。20世纪90年代，海军提出了“由海向陆”理论。1996年，海军陆战队提出了“由海向陆作战机动”概念。20世纪90年代中期，空军提出了“全球快速机动”和“全球攻击”概念。

美军提出如此众多的作战理论的基本着眼点，一是提高自身效能，二是瓦解对手的作战体系、提高自身效能的指导思想是联合作战理论，即通过对各种力量的优化组合，形成对敌作战的综合优势。1997年4月海军前作战部长约翰逊海军上将提出了“网络中心战”概念，随后很快得到国防部的支持。2000年，陆军提出了“行动中心战”概念。20世纪90年代，海军提出了“火力圈”概念。2000年，海军陆战队提出了“舰对目标机动”概念。20世纪90年代中期，空军提出了“航空航天力量一体化作战”概念。

美国是当今世界新军事变革的前瞻者，没有现成经验可以借鉴。美军又是近年来参加实战最多的军队，战争实践为军事理论创新提供了素材。这些因素混合在一起，使美国军事理论不断创新。但美军的军事理论创新不是空穴来风和没有根据的天马行空。首先，美军在理论创新上敢于超越自己的成绩，最典型的就是对海湾战争的总结。美军没有站在胜利的角度分析战争，而是找出来一大堆存在的问题，比如“战斧”导弹反应迟钝、“爱国者”导弹精准度太差等；同时也深刻总结出，海湾战争的胜利受益于得天独厚的客观条件，如广泛的国际支持、庞大的战时联盟、对手战略失误等，并反复强调这样的有利条件很难再现。此种从胜利中找问题的做法，恰恰是推动美国军事理论创新的动力来源。在此后的科索沃战争、阿富汗战争和伊拉克战争中，美军可以说是一场战争一种理论，而事实证明这些理论又是十分成功的实践。

此外，美军军事理论之所以蓬勃发展，也与美军科技发达并遥遥领先对手密不可分。除了武器装备自身技术存在巨大优势之外，美军的军事理论中与技术结合最紧密的还有战术理论，“网络中心战”是一个典型的例子。2003年3月伊拉克战争初期美军对萨达姆发动的“斩首”行动，就是“网络中心战”的实战演示。没有技术领先优势的催生，美军的军事理论也不可能如此快速更新。这也是值得我们在军事体制改革中借鉴和学习的。

三、联合作战需求倒逼美军军事体制改革

联合作战就是“指挥好兵，打好仗”，至于军队建设中的“养兵、训兵”则交给“军政系统”负责。美军解决这个问题的办法，就是军政、军令系统分开。美军高层领导管理体制即“军政系统”负责“养兵”，由总统和国防部长通过军种部统管军队建设，如海军部、陆军部、空军部。海军部监管海军陆战队和海军部队，海军陆战队司令部在海军部的执行部分，向海军部长提供专业性的辅助，完成对所有军事部门的支援职责，这些职责设计海军陆战队，协调海军陆战队的组织行动，为已下达计划的执行准备制定指导方针，在支援联合司令部时向其汇报海军陆战队的效率。“军政系统”主要负责制定国防政策、国防预算、兵力规划，负责部队的行政管理、战备训练、武器装备采购等。

美军联合作战指挥体制即“军令系统”，主要职能是“用好兵”，由总统和国防部长通过参谋长联席会议对各联合司令部及作战部队实施作战指挥。联合作战计划制订、联合训练和作战指挥有机结合，是美军快速应对危机的法宝。

目前，美国军方共设9个联合作战司令部，包括6个按地理划分的战区司令部和3个按功能划分的专业职能性司令部，分别包括：美国北方司令

部、美国中央司令部、美国欧洲司令部、美国太平洋司令部、美国南方司令部、美国非洲司令部、美国特种作战司令部、美国战略司令部、美国运输司令部。2010年成立的网络司令部则隶属于战略司令部统一管辖，并作为其中的一个兵种。为了优化联合作战指挥体系，美军出人意料地在2010年将联合部队司令部裁撤。

联合部队司令部成立于1999年，前身是冷战时期美军大西洋司令部。作为职能司令部，它并不像战区司令部那样具体管辖地域，而主要是负责训练部队，并研究美军的改革和转型。美军有关联合作战的100多份条例和条令都出自联合部队司令部。为适应在阿富汗和伊拉克作战特点而推出的《反暴乱作战条令》和新版《陆军战地手册》，都是该司令部编撰的。据统计，共有116万美军涉及联合作战的部队受该司令部辖制，该司令部将不同军种部队面向特定作战任务整合在一起，从而使美军各种武器、人员在对敌作战时形成合力。裁撤联合部队司令部并非表明联合作战不重要，而是美军联合作战能力已经大幅度跃升，该司令部作为“转型实验室”使命任务已经完成。从这个意义上看，正是因为经过多年的转型及作战实践，如今的美军联合作战能力已经大幅度跃升了，所以，美军才认为联合部队司令部“重要但不必要”。

美国前参谋长联席会议主席登普西还签署并颁布了《联合作战顶层概念：联合部队2020》文件，明确提出“全球一体化作战”概念。可以看出，联合作战司令部在美军中的地位日益凸显。但客观来讲，美军建立联合作战司令部也是经过长达60多年的努力和最终变革，也是战争需求倒逼出来的现行军事体制产物。

从1946年到1947年，美军陆续建立了7个作战司令部。这些联合作战司令部存在着两方面的问题。一是自身联合程度不高，多数由某个军种来主导，听从军种部的指挥；二是外部联合监管缺乏。联合作战司令部和军种部上面都没有设立联合指挥与管理机构，这种体制上的问题使得美军联合作战司令部沦落成为军种部的代言，有名无实，完全无法履行联合指挥的职责。因此，美军经过整改，着重改革了国防部、参联会和军种部，才把联合作战司令部建成真正的联合作战指挥机构。

随着国际战略形势和军事技术的变化，美军南方总部、中央总部、北方总部和非洲总部的成立，多与核战略形势的重大变化有关。为了应对中南美洲的战略形势变化，保持美国后院的稳定，美军1963年成立了南方总部。为了遏制苏联在中东地区的扩张，1983年美军成立了中央总部。为了加强本土的安全防卫，2002年美军成立了北方总部。为了打击恐怖势力在非洲大陆的蔓延，2007年美军成立了非洲总部。在应用军事技术的突破方面，战略司令部的改革也是一个典型的例子。美军最初组建的战略司令部主要负责指挥战略核力量，统领陆海空三军麾下的“三位一体战略核力量”，但随着太空、网络和远程打击技术的发展与应用，该司令部扩大了机构设置和职能范围，概括起来，战略司令部的现实职能就是航天、防天、核打击及网络战。相对比较稳定的就是欧洲司令部和太平洋司令部，其中欧洲司令部司令同时还是北约盟军的最高司令，毫无疑问，欧洲司令部是冷战的桥头堡；同样太平洋司令部也是冷战期间美苏争霸的主战场。

美军各个联合作战司令部管辖的地域，担负的职能完全不同，因此内部机构设置也不尽相同。首先联合作战司令部主要采取的是联合参谋部加军种成为司令部的内部结构模式。美军的中央总部、欧洲总部、非洲总部、特种作战司令部和运输司令部都是如此。但是，太平洋总部和战略司令部不一样。太平洋总部除了以上两种机构设置之外，还有二级联合作战司令部以及常设联合特险司令部。战略司令部里面没有军种组织司令部，它是按照核、太空和网络等不同领域设立机构。还有，联合参谋部的机构设置也不一样。联合参谋部基本上与参联会联合参谋部保持一致，但南方总部和非洲总部比较特殊，由于受到作战任务和编制员额等因素的影响，参谋机构没有单独的作战部门，没有单独的后勤部门。非洲司令部甚至连在非洲驻军的地点都找不到，只能和欧洲司令部暂时挤在一起“合署办公”，毕竟非洲国家对于美军成立非洲司令部还是充满了敌意和不欢迎的姿态。

因此，借鉴美军模式，革新中国军队的联合作战模式，建设有中国特色的战区联合作战指挥体系就显得十分紧迫和必要。

军事体制改革是一项很艰巨的系统工程，美军相对完整、完备的军事体制走到今天也是历经多少战争的洗礼，实属不易。中国军事体制改革也历经多次尝试，并有效提升了中国军队实际战斗力，但与美军相比还有较大的差距。因此，在中国军队新的一轮军事体制改革伊始之际，既要借鉴美军和俄罗斯等国军队改革的成功经验，也要继承中国军队原有的好经验、好传统，不能“一刀切”、“简单画线”、“非牛即马”，一定要有中国军队特色，有中国国情特色，毕竟中国军队还是有很多优良传统不能丢，也丢不得。做到这一点，中国新一轮军事体制改革才能真正实现“听党指挥、能打胜仗”的总体改革目标。

（2016.4）

注：本文系作者与王朝晖合写。

俄罗斯为何要支持越南并出售武器？

据俄罗斯军工综合体新闻网2016年7月14日报道，越南媒体近日援引俄罗斯国防工业系统一名匿名消息人士的话报道称，河内计划额外购买第3个营的K-300P“堡垒”岸防导弹系统、一个大队的“苏-30MK2”多用途歼击机，以及一批防空导弹系统。一旦签订这些合同，越南将在短期内成为俄罗斯在军事技术合作领域的头号伙伴。

众所周知，近期中越两国在南海摩擦不断增多，甚至有擦枪走火之势，在这个敏感时期，越曝出又要大规模军购，其企图十分明显，就是要增强对华军事准备。虽然中国981钻井平台已经完成在中建南第一阶段工

俄罗斯“苏-27”战斗机

作并撤收，但随着第二阶段、第三阶段工作的开展，势必中越两国的海上矛盾还会持续发酵。鉴于此，加之越南长期霸占中国南海U形线内的岛礁领土，并大肆盗采中国在U形线内的油气资源，为确保自己所谓的既得利益不受损，越南军队一直以来强化军事建设，妄图以此作为后盾将长期侵占中国核心利益并从中获利，而强化海空军能力建设是越南一直在发展的主要方向。包括大量“苏-27”、“苏-30”战机在越南军队服役，购自俄罗斯的新型“猎豹”护卫舰及其先进的反舰导弹都已经到位，同时引进6艘俄罗斯先进的636型“基洛级”潜艇作为杀手锏装备，并计划和美国及日本开展军事合作以继续增强“管海、控海”能力。毫不夸张地讲，近年来，在不少国家的帮助下，越南海空军的实力有了很大提高，尤其是对中国南沙群岛有效军事覆盖能力较大提升，也给中国军队解决南海主权核心利益问题带来较大麻烦，尤其是越南军队“基洛级”潜艇和“苏-30”战机的大量服役势必会给中国军队打赢潜在的军事冲突增加不小的难度。

为实现武力霸占中国领土的图谋，越南先后与俄罗斯、印度、荷兰、法国、乌克兰、捷克、波兰、匈牙利等国积极开展军事合作，大量采购各类先进武器装备，力图 “以空制海”、“以海制海”、“以陆制海”，客观上也确实能对海上目标形成较大现实威胁。此外，美国和日本也不断“暗送秋波”，并准备强化与越南的军事合作，妄图在越南庞大军售市场中谋得一杯羹。目前，越南军队大多还是俄制武器装备，这让两个不怀好意的国家觊觎和羡慕许久，日本甚至将会以政府援助ODA方式向越南提供军事装备，可见心态之急。但这个急是三方面的急，一是抢占武器市场的急，二是联合遏制中国的急，三是基于越南诸如金兰湾、岘港等军事基地的急，毕竟俄罗斯海军还惦记要重返这里！

俄罗斯长期以来都是越南最大的武器出口国，和印度有点类似，越南大量的新老武器装备中也都是以苏联和俄罗斯制造的武器为主，老旧的空军战机如“米格-21”、“米格-23”、“苏-22”、“米-24”等，现代化的“米格-29”、“苏-27”、“苏-30”、“卡-28”等，可以说俄制武器成了越南空军实力的全部。

俄罗斯对越南武器出口如此全面和先进的原因也是多方面的，既有对苏联历史传统的继承，更有现实的迫切需要。越南和苏联在冷战期间走得很近，越南在南北统一后俨然已经成了苏联遏制中国的一步棋，因此无论是冷战的需要，还是遏制中国的需要，苏联都在不遗余力地武装越南，间接实现苏联对亚太地区的控制，加之苏联太平洋舰队直接进驻金兰湾等越南军事基地，让这个超级大国的触角伸到了包括中国南海在内的亚太广大地区。苏联解体之后，捉襟见肘的俄罗斯海军已经无力负担金兰湾驻扎的巨额费用被迫撤出，但此时俄罗斯依旧是武器生产及出口大国，继续对自己的传统市场越南出口武器，并提供武器维护保养等工作也就是看似顺理成章的事情。加之越南与美国长达十年的战争也让越南采购西方武器的想法难以实现，俄制武器也就更加堂而皇之地登堂入室，成为越南军队武器装备的主要来源。

从另一个方面来考虑，武器销售是很多军事强国的“创汇”的重要经济来源之一，因为这个领域的利润可观，附加值高，一旦入围则可以长期占有，其武器的维护、保养、维修、升级、改造等等，是不可或缺的，都需要武器生产国给予足够的技术支持，但这些都不是免费的，世界各武器出口强国都把眼光瞄准了一些国家，如印度、越南、沙特等国。为与这些国家有效竞争，俄罗斯将自己比较好的武器装备继续推销给越南，以此实现巩固市场既得利益的需要，并维持住国内已经没有需求的武器生产线。换句话讲，如今的俄罗斯并非是“选边站”，更多是经济利益至上，你不继续倾销你的先进武器，美国、日本和欧洲国家很快就会填补这个空白，抢夺走这块巨大的军售“蛋糕”。这也就不难理解为什么俄罗斯积极向中国推销“苏-35”战机、“阿穆尔级”潜艇、“S-400”导弹的同时，也在不断向越南出口“基洛级”潜艇、“S-300”导弹、“苏-30”战机的原因了。俄罗斯作为中国的重要战略协作伙伴，按理来讲不应该向中国的对手大肆军售，南海事关中国核心利益，俄罗斯不会不知，但此举看似“两边下注”，实为其自身国家利益至上的考虑，丢掉传统的军售市场对俄罗斯经济来讲不是什么好事，因此俄罗斯要做的就是坚守传统市场并开辟潜在

"苏-35"战斗机矢量推力发动机

市场。当然俄罗斯也在考虑"重返亚太"，甚至不排除重返金兰湾，这确实会让人浮想联翩，但国际政治本身就只有永恒的利益。

既然如此，中国该怎么办？大可不必紧张。一是中国与俄罗斯的军事合作已经上升到一个比较高的合作阶段，这主要得益于中国军工科技创新能力增强，中国会得到更多更加先进的俄罗斯武器装备，不好的东西我们根本瞧不上眼。二是中国军工能力大大提升的今天，中国军队武器系统基本立足于国产化，俄罗斯生产的武器装备已经小量化并边缘化，就算引进先进的俄制武器也多是锦上添花，而绝非雪中送炭。当然早在20世纪90年代初期，中国军事代表团第一次看到"米格-29"和"苏-27"时是如此的惊诧和赞叹，但如今这些昔日的惊叹已经成为历史，中国太多的国产武器性能更加卓越，这都是中国军工和中国军队日益自信的表现。维护南海核心利益，中国不惧怕任何先进武器装备，因为中国武器装备不输于这个地区的任何对手。同样，中国在未来的潜在军事冲突中是正义的，拿回属于自己的主权领土问心无愧，这就更加增强了中国军队敢打必胜的决心和魄力。

（2016.7）

《和平宪法》下的日本防御预算节节攀升

日本防卫省2016年8月31日宣布，将把2017财年预算申请额定为5.1685万亿日元（约合3344亿元人民币），比上一财年增加了2.3%，创史上最高纪录。据日本媒体报道，2017财年预算申请中最引人注目的内容之一，便是首次明确拨出147亿日元用于部署日美共同推进研发的新型海基拦截导弹“标准-3”型 BLOCK 2A，以应对朝鲜发射弹道导弹。

难道日本增加防卫预算真的是要防范朝鲜导弹威胁吗？并不尽然。朝鲜只是一块美日两国可以频繁借来炒作并视为扩军“假想敌”的“金字招牌”。前段时间，美国罗列出来全球范围内的五大威胁，俄罗斯和中国分别坐上了一二把交椅，朝鲜第三，伊朗第四，就连“伊斯兰国”恐怖组织都榜上有名，列在第五，因此，在美国“亚太再平衡战略”之中，朝鲜就是一个现实威胁罢了，也是一个可以充分借用的借口而已。美国善于利用“朝鲜威胁论”，日本也不示弱，把“朝鲜威胁论”玩弄于股掌之中，之前炒作“日本人质问题”，再次炒作“朝鲜导弹威胁论”，现在又开始炒作“朝鲜核武器威胁论”，此起彼伏。对于日本而言，外部威胁越大，对自己解禁集体自卫权就越有利，对日本2017年修改并突破《和平宪法》束缚和限制就越有利。那么现在的日本急于增加防卫预算究竟想干什么呢？无外乎有这么几件事做：

一是强化日本自卫队防空反导能力。要想在外面行使集体自卫权，跟随美军脚步走遍全球当“世界警察第二”，甚至到中国南海去搞点事，那就必须考虑到可能“引火烧身”，这就必须强化日本自卫队的防空反导能力，以免招致他国对日本本土的军事报复。其实日本已经具备了很强的防空反导能力，比如，已经先后引进了“爱国者-2”型、“爱国者-3”型防空导弹，也引进了海基的“标准-2”型导弹，这些都可以用于弹道导弹末段中低空的拦截，同时引进了海基的“标准-3”型导弹，可具备对弹道导弹的中段实施拦截。这实际上已经具备了一定能力的实战化反导能力，但日本并不满足，引进日美两国共同研制生产的最新“标准-3”型BLOCK 2A，将更有助于精准拦截高中段轨道的中远程弹道导弹，甚至洲际弹道导弹，这一直是日本志矢不渝的目标。同时日本也宣布将引进“萨德”导弹防御系统，这就可以将“标准-3”型中段拦截系统与“爱国者”和“标准-2”型组合的末段中低空拦截系统之间“末段高空”空缺有效填补，真正做到中段与末段拦截的“无缝连接”。既然想干的事情如此之多，那么要花的钱也不在少数，增加防卫预算是自然的了，这也说明日本今后防卫预算的增加将是常态化和快速化。

二是增加制空能力和两栖作战能力。现阶段仅仅引进“F-35A”战斗机无法填补日本的野心，与美国共同研制日本版的“猛禽”战斗机，推出自己的“F-3”战斗机才是日本制空能力的重要体现，这将会耗资巨大，甚至要比直接购买“F-22”还要贵得多，但日本也会不惜代价引进这些技术，哪怕是本土组装也行。同时，由于和中国、俄罗斯、韩国都存在岛屿争议，因此强化立体两栖作战能力也是日本自卫队的重点选项，比如，大量购买“鱼鹰”倾转旋翼机，购买“黄蜂级”两栖攻击舰，购买看似淘汰的AAV7水陆战车，将藏身于陆上自卫队的“陆军海战队”打造为真正意义上的“海军陆战队”，这都需要花费大把银子，也需要日本今后大幅度提升防卫预算。

第三点就是日本现在谋求进攻性能力，这更加耗资巨大。随着日本新引进两艘“爱宕”级宙斯盾导弹驱逐舰，摆在日本面前的重要选择就是是否在MK41系统和“基线-9”系统中配备用于进攻的“战斧”巡航导弹。日本自卫队一直谋求此种进攻能力，并认为与美国联合全球“巡逻”不能没有进攻型的装备，因此，强化引进“战斧”并最终实现“战斧”导弹的本土化、国产化也是日本孜孜以求的目标。

日本要花钱的地方很多，但《和平宪法》法理上的“束缚”，自卫队名头上的“限制”，都让日本自卫队有劲使不出来。怎么办，一方面强化彻底推翻《和平宪法》，将自卫队改为“国防军”；一方面就是将更多战争和军事潜力“藏军于民”，偷偷摸摸发展隐形军力、军备；再有就是藏军于“海上保安厅”，凡是海上自卫队不好做的事情，不好花的钱，可以以“海上保安厅”的名义要钱，建造大型水面巡视船，这些舰船的建造为海上保安厅成为日本“第二海军”储备了实力，暗藏了潜力。

这一切都让我们看到，日本谋求军事大国的野心与日俱增，也正是美国的“亚太再平衡战略”有求于日本，才会让日本有恃无恐，趁机做大，并彻底摆脱战后的战败国窘境。表面上看，日本仅仅是增加“军费”，为了提升部分军事能力，但最为关键的是日本政治和军事野心一旦释放，这个不承认二战战争罪责的国家将会再次遗祸亚太，并成为亚太乃至世界的麻烦制造者。因此还是希望那些“养虎遗患者”三思！

（2016.9）

特朗普当选总统后的美国军事战略走向

如果不出什么大的意外的话，比如选举舞弊、计票失误等等，特朗普已经击败总统候选人希拉里成为美国第45任总统，再次让美国体会到了“change”的味道。现在很多人更加关注的就是特朗普上任后究竟会如何执行其新军事战略，究竟是与奥巴马分道扬镳，还是强化奥巴马的全球管控策略，这已经成为国际社会十分关注的热点。毕竟特朗普的当选对美国盟友来讲有些“意外和偶发”，还不太适应，尤其是特朗普的“大嘴巴”在选战中对盟友们没有什么“好气”，让这些盟友大多押宝希拉里上台，但命运捉弄人，特朗普成为赢家并笑到了最后。

在竞选过程中，特朗普已经“半公开”了自己的核心军事战略。概括起来就是，要求美国国会全面停止减少国防预算，并将增加军费开支，重建美国军队，上涨的国防预算可由削减政府不当开支来冲抵。特朗普的建军目标就是要做到“强大到没有人、绝对没有人能够给美国制造麻烦的程度”，并表示要“大大增加”美国武器库中的潜艇、舰艇和战斗部队，并表示要扩大陆、海、空和海军陆战队的规模，发展先进的导弹防御系统，对网络防御能力全面升级、完善。同时，特朗普还不忘指责在奥巴马和希拉里的“不当”领导下，美国国防支出占总体经济的比重已经降低至二战以来的最低水平，严重威胁国家安全。对于中东军事战略，特朗普奉行“现实主义”原则，提出来要“变革”，甚至会要求美军在其上任后的30天内提交彻底摧毁“极端伊斯兰组织”的作战方案并付诸行动，同时要求这份方案必须是“混合战争”模式，要积极运用包括网络、金融、意识形态等多种手段来对付这块“难啃的骨头”。显然在特朗普的眼里，中东的“恐怖组织”让美国焦头烂额，甚至让俄罗斯“乘虚而入、取而代之”，加之奥巴马在处理伊朗、叙利亚等问题上优柔寡断，所以需要解决的遗留问题真不少。

至于对包括北约、日本、韩国在内众多盟国来讲，特朗普依旧要展现其“商人重利”的本色，要积极游说这些国家大幅度提升国防预算，怎么也得把国防预算占比提高到2%，让这些盟友不能总是“占美国人的便宜”，要自觉自愿担当更多的地区乃至世界“维稳”的职责。在特朗普的眼里，其军事战略的核心就是通过“实力保障和平”，但也要避免希拉里的“冒险主义”路线。

不管怎么说，特朗普的当选给不少国家出了难题，因为特朗普存在战略上的“变数”。尽管特朗普与普京“暗通款曲”，但考虑到日益强大和崛起的俄罗斯现状，特朗普也很难兑现承诺与俄罗斯交好，同时在中东和乌克兰、克里米亚等问题上做出实质性妥协。按照特朗普的说法，要强大美国军队，增加美国军费预算，还是有其所指，这个“指”就包括俄罗斯这个老对手。如果说奥巴马的全球军事战略中是把俄罗斯、中国、朝鲜、伊朗和极端“伊斯兰国”作为最大假想敌和现实威胁的话，那么特朗普就任总统后也很难改变这一假想敌的设置。美军需要强大的假想敌，否则特朗普提议大幅度提升国防预算就会师出无名了。换句话讲，奥巴马的“三个战场”，即“亚太再平衡”、“欧洲再平衡”及“中东战略”在特朗普任内不会发生根本性变化，奥巴马的既定战略对手也势必会传承给特朗普。尤其是在对待中国的态度和做法上，特朗普很有可能更甚于奥巴马和希拉里，这就是特朗普的“变数”。作为商人，特朗普不能把“房地产大亨”作为自己捞钱的资本，自己是全体美国人的总统，要考虑美国的“大生意”，而美国的“大生意”除了贸易保护主义之外，就是做强军火生意，大发战争财。打仗才能挣钱，炒作热点才能制造危机，让更多的国家和地区大肆找美国购买武器装备。因此，特朗普上台后会更强力地炒作某些国家军事威胁论，制造更多的热点地区，掀起更多他国军备竞赛，并让自己尽快从“地产商”变身成为“军火商"，继续实现美国的价值观和"美国梦"。同时，作为商人本色，特朗普会重利也重义，虽然口头上要求盟国承担更多军事预算，但在了解到实际情况后，也不排除特朗普给予盟国更多的支持。奥巴马执政八年给美国人的感觉是"说得多、做得少"，算是一位"弱势总统"。而特朗普要想让美国人不失望，除了要提振美国经济外，更要展现其"强势"的一面，无论是针对中国，还是俄罗斯、朝鲜等，特朗普都在反复强调用"实力保障和平"，这个实力也就是特朗普承诺的增加军队、增加国防预算、增加武器装备，当具备了这些实力之后，才能做到"强大到没有人、绝对没有人能够给美国制造麻烦的程度"。但如果这些人给美国制造麻烦的话，特朗普也会展示"商人"的本质，用包括军事手段在内各种途径来解决美国的麻烦。不要认为特朗普上台后就"天下太平"了，或许其他都可以变，但维持美国"一超独霸"的军事战略不会变。

此外，特朗普不是一个人在孤军奋战，他会有智囊团，也会有国家安全事务助理和各类顾问，还会有国防部、参谋长联席会议、各个战区司令部、各个军种等协助，因此，特朗普就任后，这些人士和部门一方面会帮助新总统尽快进入工作状态，熟悉之前的各类流程和工作要旨；另一方面则会制约并制衡新总统不能为所欲为、随心所欲，做大的战略调整，包括既定的军事战略，尤其是美国国会内部还有不少所谓的"鹰派"更会监督特朗普的工作是否符合其既得利益，因此特朗普在竞选中的"大嘴巴"言论未必会如实兑现。由此可见，美国军事战略还将具备很强的延续性。特朗普上任后，首先需要摸索自己的执政特色，实现商人到政客的"华丽转身"，并摸索与盟国和对手国家交往的经验。如果说奥巴马不好"交际"，那么特朗普在这方面可能会胜任很多，在商场上做生意是和人打交道为主，但商人有一点就是做生意不达目标誓不罢休，可以不择手段，要是特朗普把这个"不择手段"也用在处理国际关系上，那么天下岂能太平？可见，特朗普的"变"其实就是"变数"的"变"，包括军事战略也都充满了不确定性和风险性，这让其他国家不得不三思如何与之打交道和打好交道。

（2017.1）

马蒂斯会把美军引向何方？

马蒂斯年龄比较大，现年66岁，也算是“廉颇老矣”。但考虑到这个人的军中资历很深，人缘不错，之前的军内和政界上下级幕僚还不少，对于不懂军事的特朗普掌控住军队还是大有好处的。当然，马蒂斯的“务实求变”也符合特朗普的思维模式，尤其是特朗普极力否定奥巴马的政绩，包括军事思维，这也与马蒂斯非常相似，因此，马蒂斯就成为特朗普的不二人选。

但这两个人现在能走到一起，共事后是否还能处理好相互之间的关系呢？马蒂斯是否能服从一个毫无军旅生涯的总统的指手画脚呢？是否会对特朗普用商业智慧来教育自己指挥美军有不同看法呢？这些都要走着瞧！奥巴马和盖茨、帕内塔、哈格尔都先后分道扬镳了，而卡特也是折中的选择，未必是奥巴马的“最爱”。因此，如果哪天马蒂斯这条“疯狗”开始咬特朗普的时候，也就是被解雇的时刻了。这一点有点像蔡英文任命冯世宽当“军方负责人”，就是用来震慑军队。一旦军队听话了，便可以过河拆桥，找个借口：你年事已高了，可以回家抱孙子了。

马蒂斯是一个真正的军人，这一点毫不含糊，他的威名也是打出来的，不是靠溜须拍马来的，美军不讲这一套，能打仗就提拔你，还可以越级提拔，比如现任参联会主席邓福德。这也就是为什么美军哪怕是一个小小的中士、上士都很受尊重，因为经历过硝烟洗礼，不是温床培养出来的军人。所以，马蒂斯是军人，也是久经沙场的将军。费卢杰一战让马蒂斯改写了城市战的模式，也让马蒂斯一战成名！此外，“混合战争”也是他推崇的现代战争模式之一。

马蒂斯最大的优点就是有头脑，不拘泥于条条框框，会因战场环境变化而变化，也不会因为军事理论和战略既定而束缚住自己的思维和手脚，有些类似于中国古人的“将在外君命有所不受”，要求前线指挥官有更多的临机指挥权和决策权，目标很明确，打胜仗，毫不含糊！马蒂斯否定了美军的“效能评估方法”就是其务实的体现，也是他创新思维的体现。

马蒂斯不是搞政治的政客，就是一个实实在在的军人，务实不玩虚的，这一点也是他看不上奥巴马的主要原因。在他眼里，伊朗核问题、古巴问题、朝鲜核问题、中东问题都还是一团糟，啥也没解决，奥巴马玩的都是面子工程。换了自己一定不拖泥带水，要彻底解决。这一点实际上会带来战争和军事冲突的风险，有点“零和”的概念，非此即彼。

马蒂斯认为在战场上，技术很重要，但非技术因素也很重要，两者都不能偏废，这与卡特的思维不同，完全强调非对称是做不到的，基本非对称就好，其他就需要非技术的人员素质、训练、精神等因素来补齐！这个结果将会让马蒂斯在不具备完全技术优势的条件下发起战争或军事冲突。加之马蒂斯的下属参联会主席邓福德对老领导比较尊重，这也让马蒂斯有刚愎自用的可能，少了牵制的力量，也会让战场局势失控。

如果说美军之前主要是强调技术强军，马蒂斯治下的美军或许会是素质强军，在技术优势之下，加大对人员素质选拔，让那些具备实战经验的人参与指挥管理，这就客观上会让马蒂斯制造更多的热战战场来考核下属官兵的素质和能力优劣。但美军的新兴战场的优势，比如网络战、太空战、特种作战等，作为一个老人马蒂斯能理解多少还是值得关注的，毕竟高技术条件下的传统战争需要技术支撑，而不仅仅是有魄力和精神就能做得到的！放弃高新技术的传统战争没有前途，同样，只有高技术的纯现代战争模式也不现实。

眼下，美军将提升网络司令部打造“混合战争”。他们的网络司令部成立于2010年，但作为二级司令部附属于战略司令部内部，战略司令部目前包括航天司令部、战略（核打击）司令部、网络司令部。

但目前美军对抗强国的“海空一体战”和对付恐怖分子的“非对称战争”等模式都显得十分低端，无法有效应对现实存在的问题，这就让美军提出来了新的作战模式“混合战争”。目标是根据不同对手进行不同的能力组合，形成一整套全球通用、平战结合的新战法、新理论。尤其是要应对网络战争，将网络司令部从战略司令部中剥离出来形成单独的战区级司令部——“统一指挥部”，有助于充分发挥网络司令部在“混合战争”中的作用，也能让网络司令部的管理更加高效快捷，并有充分的资金预算保障。

目前这一“混合战争”模式除马蒂斯推崇外，还有另外两个前下属支持，一个是特朗普的国家安全事务助理弗林，还有一个就是邓福德。特朗普不懂军事，没有管理过军队，这三个人将成为特朗普的重要军事顾问，“混合战争”就是此三人的杰作。

综上所述，马蒂斯会把美军带向一个可怕的境地。

（2017.1）

伊朗射导弹，朝鲜很兴奋

伊朗近期试验了一枚弹道导弹，让特朗普十分气愤，于是不顾什么伊朗核协议，再次加大了对伊朗的制裁力度，并扬言武力解决伊朗核问题。

其实在奥巴马与伊朗达成伊朗核协议之时就回避了弹道导弹的核心问题，奥巴马只关注伊朗是否发展核武器，而不是弹道导弹。但为了达成核协议就必须把导弹和核弹分开谈，否则这个协议是不可能谈成的，伊朗绝不会答应放弃弹道导弹试验，因为以色列，因为沙特，因为驻中东的美军基地，他们威胁到了伊朗，伊朗必须用弹道导弹来对付这些国家，因此伊朗发展弹道导弹的决心绝不会动摇。核弹头就是大规模杀伤性武器的一部分，没有了核弹头，还可以有生物武器、化学武器，想想看，叙利亚阿萨德政权就拥有生化武器，就不难理解伊朗也是具备这个能力的。就算不用核武器，也可以用弹道导弹携载生化武器对付美国和以色列等。这就是为什么伊朗不愿意放弃发展中远程弹道导弹武器的主要原因。

客观讲，大家看到伊朗的战术导弹，如反舰导弹，有中国“鹰击”导弹的身影，中国可以对伊朗出口这些防御性的武器装备，也可以转让技术让伊朗生产此类型导弹。但中国对弹道导弹的出口管制还是十分严格的，因为这也属于“大杀器”，中国至今只向沙特阿拉伯、巴基斯坦等极少数国家直接出口弹道导弹，并没有直接对伊朗出口过类似的导弹武器，这也就难怪伊朗这些弹道导弹的外形与中国的“东风”导弹不太一样。但伊朗靠自己发展弹道导弹难度还真不小，之前从苏联等国家引进过“飞毛腿”导弹用于攻击伊拉克，后来也在努力仿制“飞毛腿”导弹，但更多技术来源还是通过朝鲜。伊朗现役的弹道导弹包括“流星”和“泥石”两个系列，一个是液体导弹，一个是固体导弹，这些技术与朝鲜的“火星”系列导弹比较类似，换句话讲，朝鲜帮助伊朗实施了导弹设计和制造，换取了大量外汇，同时也帮助了朝鲜自己。朝鲜在国内试验导弹很难，一是国土面积太小了，施展不开，一旦打到外面就失控了，让自己的技术在伊朗试验就可以施展开了，这就是朝鲜和伊朗合作的目的之一。二是朝鲜弹道导弹技术吃透能力和仿制能力确实强于伊朗，自力更生和独立自主性也很强，这都是伊朗欠缺的而为朝鲜的优势所在。因此，伊朗试验导弹，实则也是在帮助朝鲜验证导弹技术。虽然朝鲜不是把自己的导弹拉到伊朗试验，面对严密核查，朝鲜也不可能拉过去，但只要核心技术能在伊朗试验就足够了，甚至派遣朝鲜工程师帮助伊朗造导弹，也算是帮朝鲜造导弹。帮伊朗就是帮自己，谈不上国际主义精神，这就是一单合作和生意。

但伊朗面积也不大，试验中程导弹还行，要试验远程导弹就存在困难，有时候看到伊朗试验导弹时，突然飞行中爆炸，这不是试验失败，是为了避免飞出国境不得不选择“自毁”。这说明伊朗可以帮助朝鲜试验的顶多就是中程导弹，远程导弹就连伊朗的国土面积也做不到，还需要朝鲜自己来解决。

金正恩元旦提出来要试验洲际导弹，伊朗试验了导弹，也算是帮助朝鲜做了一次局部技术验证。结果是伊朗的试验让美国十分生气，朝鲜可以躲过此一劫。但作为朝鲜来讲，自己试验是迟早的，加之“君无戏言”，金正恩如果食言也将让国际社会笑话，但把各个环节技术问题都解决在试验之前，不出问题才是金正恩试验洲际导弹的重点考虑之一。

（2017.2）

是谁下令打击叙利亚空军基地?

使用美国海军舰艇发射“战斧”导弹打击叙利亚空军基地，特朗普说是自己下的命令，这是毫无疑问的，毕竟是“四军总司令”，最后一道打击命令需要特朗普签字才行。但特朗普被国会授权的是之前的打击“极端伊斯兰恐怖组织”而不是叙利亚军队。尽管奥巴马时代“获取”了打击叙利亚推翻阿萨德政权的即时授权，但那是几年前的事情，国会授权已经失效。如果需要打击叙利亚空军基地，将会导致美俄关系出现极端恶化，这更会让美国国会部分议员感到紧张，但特朗普绕开了国会直接打击也算是不符合宪法要求。因此，就在近日，特朗普不得不向国会出面解释仓促决策的原因。

真的是特朗普想打击叙利亚吗？有媒体说在“空军一号”上，特朗普看到了被化学武器打击后受到伤害的儿童照片后，立即勃然大怒就签字授权军事打击。这也成为特朗普自己想打击叙利亚的直接所谓证据。其实想想这个理由很是可笑，战争也好，军事冲突也罢，事关大局，事关国际局势剧变，事关国内政治安全，特朗普一怒之下就发动了战争，不惜和俄罗斯爆发军事冲突，这个理由牵强得再也说不过去。作为领导人怎么可以喜怒如常？然而特朗普没有当过政治领导人，因此比较戏剧化，在“空军一号”的随员面前也就表现了“特立独行”的一面，看似很“霸道”，其实就是在演戏给记者们和专家们看。

要想决定是否打击叙利亚，不是特朗普说了算，是美国的国安会说了算，国安会的成员除了大家熟悉的最近热炒的极端强硬派班农被赶出

“国安会”外，其他强硬派一个都不少，尤其是担任总统国家安全事务助理的马斯特、国防部长马蒂斯、参联会主席邓福德，都是清一色的军人背景，他们的强硬毋庸质疑。尽管这些都是所谓饱读诗书的将军，但读诗书不等于不强硬，这些将军大多对奥巴马的软弱和绥靖政策感到失望，尤其是在朝鲜、伊朗和叙利亚问题上表现得尤为突出。作为军人不会考虑以政治手段优先解决冲突和拥核等棘手问题，在他们眼里军事手段是最简单有效的，不拖泥带水，干净利落。尤其是特朗普和蒂勒森已经多次强调政治解决手段已经证明是无效的，需要换个思路想想。这个观点不会出自于文官和爱好和平的官员之口，更多是这些退役和在役的将军的真实想法。看看这些将军的履历，你就会发现，他们的骨子里都带着军人的职业基因，打仗就是他们一辈子研究的课题，穿军装时这么想，不穿军装时也是这么想，这才是职业军人的素养。如果要没有这些“职业军人”的强烈建议，特朗普一介商人是不会懂得“动刀动枪”的，商人最大的特点就是挣钱而不是打架，更不希望对簿公堂，因为这些事情浪费挣钱的精力，而最懂得打仗的就是军人。特朗普在被这些“军人政客”不断劝说下只关心一点，就是“风险控制”以及如何“事后对付国会”，一旦军人们说“风险完全可控”，还可以提升特朗普的政治威望，那特朗普的签字就是顺理成章的事情了，因此，签字在特朗普，决策却在国安会，这才是真实的情况。

（2017.4）

美国核武器入东北亚就是“古巴导弹危机”

古巴导弹危机警示深远，意义重大。

此后，美苏都认识到了发展巨量核武器的巨大危害性，所以开始了旷日持久的核裁军谈判，签署了一系列核裁军的军控条约。

但冷战后的核裁军谈判则出现了变化，对象变成了美俄两国，尽管签署了一点点没有约束力、不带核查的核裁军协定，双方都是拖拖拉拉，一直没有履约。还有就是进入到“废约”时代，以前签署的裁军条约纷纷失效并不被双方继续履行，还有的就直接废除或单方面退出。这就让原本的“恐怖平衡”不再平衡，只剩下恐怖了。

没有军控条约监督下的国际格局就是军备竞赛，也包括中美俄三国的“核军备竞赛”。

“萨德入韩”第一步已经得逞，借口就是朝鲜拥核。

美国国安会要求特朗普在韩国乌山美军基地部署战术核武器，特朗普很快就会批准，借口还是朝鲜拥核。

“萨德入韩”已经强化了美国的亚太反导体系建设，加之日本购买“萨德”更会让美国喜出望外，这层反导网日趋成熟和完善。既然已经穿上了“铁布衫”，那下一步就是要把更为强大的“矛”运到这里，这就是美军的战术核武器。如同苏联把战略核武器运到古巴那样，让肯尼迪都顾不上风流倜傥了，采取了十分严厉的封锁措施，逼迫苏联撤出核导弹。要知道在古巴导弹危机中的肯尼迪还算理智，不考虑直接空袭的方式让危机没有转化为战争，尤其是让自己的亲弟弟从中斡旋，最终化解了这场核战争。

给大学生们讲朝核问题

如今出现了角色互换，苏联变成了美国，美国变成了俄罗斯和中国，美国咄咄逼人的进攻战略，让中俄同时处于守势，一旦这些核武器进入了韩国和日本，美国对准中国的核武器数量将会大增，而且就是在家门口，危险系数极大，而且是面对中国的京津冀核心区，这对中国而言是要命的动作。美国敢动用核武器，朝鲜也不敢用，毕竟美军的核武器是战术核武器，朝鲜的核生化武器都是战略武器，完全不一样，动用战略核武器的朝鲜无疑就是自杀。但美国就是希望以核制核，逼迫朝鲜不敢动用核武器。不管美国临时动机是什么，对中国和俄罗斯都是不可接受的现实，必须要坚决反制，也不排除中俄两国考虑将核武器前置到拉美和加勒比海国家实现对等威慑，同时加大战略导弹核潜艇的部署和在北极以及美国家门口巡弋的频度和力度。在美国的纵容下，也不排除日本宣布废除《无核三原则》，以此来强化美国战术核武器进入日本，并暗度陈仓地发展本国的核武器。

军备竞赛的结果就是打仗和爆发军事冲突。第一次世界大战之前，主要地缘政治国家纷纷大力发展军事力量。第二次世界大战之前，主要大国纷纷强军备战，大规模军备竞赛。结果爆发了两次世界大战。有人说两次世界大战都是偶发因素，比如暗杀导致的，其本质是旷日持久的军备竞赛导致的，军火是要消耗的，不是总库存和演习使用，所以当今世界不太平这个判断很正确。

邓小平讲世界的主题是“和平与发展”，但今天的主题已经变成了“遏制与竞争”，这个竞争就包含战争手段，也可以说是“战争与和平”，以战争谋求和平。

（2017.4）

必须把化武幽灵关进“潘多拉魔盒”

2017年，朝鲜半岛让国际社会“谈核色变”，感觉核战争一触即发，最终危及东北亚乃至世界的和平与稳定。为了避免爆发核战争，中国政府一直在各方之间紧锣密鼓开展斡旋工作，期待最终用和平手段解决朝鲜核问题。

就在国际社会把目光放在朝鲜核问题时，另一类大规模杀伤性武器——化学武器，这个“幽灵”依然在地球上“阴魂不散”。

2017年4月4日，叙利亚伊德利卜省城镇汗谢洪遭疑似化学武器攻击，造成至少100人死亡，400人受伤。对此，美国中情局一口咬定“袭击事件”是阿萨德所为，对此在三天后美军就向叙利亚一空军基地发射了59枚“战斧”导弹，以此惩罚叙利亚政府军“滥用化学武器”。

对此事件，俄罗斯和中国政府希望展开客观公正的调查，必须要彻底查清楚“到底是谁制造了这起恶性化学武器袭击事件”。叙利亚总统阿萨德在4月13日接受媒体采访时就表示，对叙利亚政府发动化学武器袭击的指控百分之百是捏造的。但法国外长埃罗在4月26日表示，“有可靠来源称，这批沙林毒气的制造方法和叙利亚官方实验室的制法相同”，并指责阿萨德负有主要责任。

但就目前而言，究竟是谁使用了化学武器，各方仍各执一词、莫衷一是。但有一点是完全可以肯定的，那就是无论是谁使用了化学武器，都是国际社会绝对不能容忍的。

根据联合国《禁止化学武器公约》组织公布的信息来看，目前全球已经有192个国家签署了《禁止化学武器公约》，覆盖世界98%的人口和土地以及全球98%的化工企业。1978年，联合国第一届裁军大会将《禁止化学武器公约》谈判列为多边裁军谈判最紧迫的任务。经过20多年的艰苦谈判，终于在1992年9月形成《公约草案》，随后得到第47届联合国大会的批准。《公约》于1993年1月13日在巴黎举行的仪式上开放供各国签署，并于1997年4月正式生效。

《禁止化学武器公约》是迄今为止第一个关于全面禁止、彻底销毁一整类大规模杀伤性武器（即化学武器）的多边条约，也是当今唯一拥有严格核查机制和无限期有效的国际军控条约，对维护国际和平和安全具有重要意义。更为重要的是曾经拥有最大化学武器库的美国和俄罗斯都先后签署了该《公约》，并自愿承担了销毁全部库存化学武器的国际义务。同时，联合国安理会五个常任理事国对《公约》都秉承支持的态度，这就让该《公约》的执行有了强有力的保证。中国是在1993年1月13日签署了该公约的，并在1997年4月25日批准了《禁止化学武器公约》，成为该公约的原始缔约国。

2017年4月是《禁止化学武器公约》生效20周年的纪念日。联合国秘书长古特雷斯在2017年4月26日的纪念活动中表示："全球几乎所有的国家目前都已成为公约缔约国，而且该组织帮助消除了世界上大部分已公布的化武库存。但在中东，交战者正在打破有关禁止化学武器的准则。在叙利亚，最近发生的令人震惊的袭击事件提醒我们眼前的利害关系。此类罪行不能有罪不罚。我希望所有国家都将支持禁止化学武器，组织关键的事实真相调查团以及与联合国合作设立的联合调查机制。"

到目前为止，还有安哥拉、朝鲜、索马里、南苏丹等少数几个国家没有签署该《公约》。迫于美国的军事压力以及俄罗斯的从中斡旋，叙利亚总统阿萨德在2013年正式签署批准加入《禁止化学武器公约》的行政命令，同时最终交出全部已有化学武器或化学试剂等，并在俄罗斯、中国、美国等的协助下实现了销毁化学武器的目标。

什么是化学武器?

化学武器是“穷国的原子弹”，也是恐怖组织手中的“夺命杀手”。化学武器是指利用化学物质的毒性以杀伤有生力量的各种武器和器材的总称，包括装有各种化学毒剂的化学炮弹、导弹、化学地雷、飞机布撒器、毒烟施放器以及二元化学炮弹等。

按化学毒剂的毒害作用把化学武器分为六类：神经性毒剂、糜烂性毒剂、全身中毒性毒剂、失能性毒剂、刺激性毒剂、窒息性毒剂。在叙利亚内战中听到最多的就是芥子气和沙林毒剂，前者是糜烂性毒剂，后者是神经性毒剂。在马来西亚金正男遇刺案中提到的VX也是毒性极强的神经性毒剂，VX毒剂也是美苏两国在冷战期间研制储存最多的化学武器之一。在防暴行动中使用最多的催泪瓦斯就是刺激性毒剂，在第一次世界大战中广泛使用的氯气则是窒息性毒剂。

化学武器的使用由来已久，也让人类深受其害。

在第一世界大战的西线战场上，德军部署有200万军队，法英联军则多达300万军队。在1915年4月下旬，德军反击英法联军，并发动第二次伊普尔战役。德军为达到目的不择手段，在伊普尔以北的英法联军结合部放置6000个毒气罐，借助西北风向英军阵地施放大量氯气，结果导致英军1.5万人中毒，5000多人死亡。伊普尔战役后，交战双方开始竞相使用化学武器，但因各自军队都配备了防毒面具，毒剂的杀伤力才得以降低。但化学武器的巨大危害，尤其是对手无寸铁、毫无防护的老百姓伤害就可想而知了。

更令人发指的是纳粹德国和日本军国主义者在第二次世界大战中的残酷暴行。

1941年6月22日，德国偷袭苏联开始以后，德国秘密警察盖世太保跟随德军，对住在苏联乡区的犹太人做出大规模的大屠杀，甚至想出用毒气这种更“人道”的杀人方法来减少秘密警察的压力。1941年12月，德国在波兰兴建了六个杀人的集中营，当中的地点包括了著名的奥斯威辛和特雷布林卡。德国人是将氰化氢毒剂金属桶从管道掷入毒气室中，桶中的氰化氢在室温中即挥发为毒气，毒死毒气室中全部的人。在整个第二次世界大战中，大约580万欧籍犹太人被纳粹德国杀死，其中很大一部分就死于致命毒气。

为什么日本人对大规模杀伤性武器一直情有独钟？道理很简单，生化武器研制相对比较简单，但其“更隐蔽、更残忍、更快速、更广泛”。据不完全统计，抗战时期中国东北、华北和华南等十几个省市都是日本生化武器的重灾区，很多遗患至今还在影响着中国的国家安全。有报道当地不少村民农耕时，经常挖出来日军随地随意掩埋的生化武器器皿或炮弹等，造成了重大人员伤亡。

2015年10月22日，中国裁军大使傅聪在联合国大会第一委员会关于大规模杀伤性武器的讨论中，严厉谴责日军在二战时期大规模开发并使用化学及细菌武器，导致大量中国人民伤亡。傅聪指出，据不完全统计，当时因生化武器牺牲的人数高达120万人以上，相当于广岛和长崎核爆炸死亡人数的4倍之多。傅聪指出，当时化学武器使用多达1131次，造成了大量民众中毒而死，并要求日本尽快处理至今仍遗留在中国的化学武器装备。

对此铁证，日本总是百般抵赖，全盘否认，以此来漂白使用生化武器的罪恶历史。去过南京大屠杀纪念馆的人都会清楚日本军国主义那段罪恶历史，这是隐瞒不住的！中国有句老话“人在做，天在看”，深谙中国文化的日本人不会不懂这个道理。

在朝鲜战场上，美军也多次使用化学武器。1951年5月6日，美军的“B-29”轰炸机飞抵朝鲜南浦市，投下大批毒剂炸弹，散发光气毒剂，造成1000多人中毒，400余人死亡，这是朝鲜战争中受化学武器迫害，伤亡最大的一次。1951年7月6日，2架美国战机飞抵元山港上空，播撒芥子气毒剂。同年10月4日，美军在秋季攻势中也使用了化学武器。美军用远程火炮发射毒剂炮弹，爆炸后发出大量毒雾，中毒者呼吸困难，双眼流泪，昏迷不醒。在著名的上甘岭战役中，美军多次向志愿军的坑道内投放毒剂手榴弹，亏得志愿军有了一定的防护设施和防护器材，才顶住了美军的化学袭击。

在冷战时，美苏两个国家为了谋求军事优势，开始了旷日持久的化武军备竞赛，最终让这两个军事集团拥有了全球最大的多元化学武器库，并对人类安全构成了严重的威胁。

在越南战争期间，美军在越南部分地区、老挝东部以及柬埔寨喷洒了大约2000万加仑含有化学除草剂和落叶剂的橙剂。其目的是毁掉森林和乡村土地，剥夺游击队藏身之地，并切断他们的食物供应。这种化学药剂导致孩子身体畸形、精神障碍等，许多人甚至卧床不起。据越南红十字会统计，大约有100万越南人受到感染，其中包括15万名儿童。

在两伊战争期间，伊朗革命卫队和库尔德民主党伊朗陆军分队的几个师在伊拉克北部靠近苏莱曼尼亚的东部边境地区发起进攻。由于伊拉克防线开始崩溃，伊拉克方面主动使用芥子气，对伊朗军队和库尔德人造成了严重的损失。

在海湾战争中，由于伊拉克担心美国“报复式”的战术核打击，最终没敢对以美国为首的联军使用化学武器，并在海湾战争后销毁全部化学武器，同时放弃了继续发展核武器计划。但为了彻底铲除萨达姆政权，小布什政府借口“以拥有大规模杀伤性武器为由”，最终推翻了萨达姆政权。

此类教训深重的战例还有很多。

化学武器不仅仅在战场上摧残了对手，随着苏联解体、华约解散，不少化学武器也散落到了恐怖组织手里，也有不少恐怖组织自行组织研制简单的化学试剂作为恐怖袭击的手段。

1995年3月20日上午7时50分，日本的奥姆真理教在东京地铁内制造了一起震惊全世界的毒气袭击事件。这次事件所用的毒剂就是沙林，事件造成13人死亡，约5500人中毒，1036人住院治疗。

无论是“基地组织”还是“伊斯兰国”等恐怖组织都拥有一定数量的简易化学武器。2017年1月，俄罗斯外交部就警告“伊斯兰国”等恐怖组织正在叙利亚和伊拉克使用军用化学武器，并指出早在2013年就有恐怖组织使用化学武器的记录。目前情况更加恶化，因为恐怖分子占据了叙利亚、伊拉克等国的化学实验室，又得到了此前政府方面的化学专家的加入，因此恐怖组织使用化学武器更加规模化和系统化。“伊斯兰国”、“支持阵线”等恐怖组织不仅使用氯气这样的工业有毒化学品，也在使用芥子气和沙林等军用化学毒气。

由此可见，化学武器的危害在百余年来“罄竹难书”，如同一颗颗“毒瘤”依旧还在威胁着这个世界。因此，要求联合国全体成员国尽快签署《禁止化学武器公约》，并彻底销毁化学武器乃是当务之急。但从目前来看，还有个别国家不愿意签署《公约》，也希望保留拥有化学武器的权利，这本身就严重威胁到了地区的和平与稳定，同时也会给恐怖组织带来拥有化学武器的可能。

2017年4月20日，中国政府举行《禁止化学武器公约》履约20周年总结会。会议指出，中国20年严格履行禁止化学武器公约义务，并展示出负责任大国的形象。但朝鲜半岛战云密布，大规模杀伤性武器玄机犹在，叙利亚也是内战不休，化武疑云重重，这些地区潜在危机都在时刻威胁着地区的安全与稳定，不得不防，这也是包括中国在内的国际社会必须警惕和预防的化武风险。

经过20年的不懈努力，这个星球的绝大部分化学武器已被销毁，这也是联合国为全人类做出的最大贡献之一。但时至今日，化学武器还没有被彻底根除，这是联合国必须矢志不渝努力实现的终极目标——“全球无化武”，但路漫漫其修远兮，国际社会依旧要共同努力！

（2017.4）

四

周　边　热　点

ZHOU BIAN RE DIAN

美国协助日本“保钓”的八大举措

帕内塔来了，是来中国探知中国钓鱼岛的底线来了。

中国一再提醒帕内塔不要插手钓鱼岛，钓鱼岛是中国的事情。

帕内塔也是再次宣扬“不持有立场”！

但美国人的话是靠不住的，他们刚刚与日本高官再次强调“美日安保条约”，这就是美国利益。美国是机会主义者，是商人，是唯利是图的政客，与美国人沟通钓鱼岛就是鸡同鸭讲，对牛弹琴。双方最多就是了解了一下彼此的看法，但无法改变对方的观点。

这就说明一旦中日在钓鱼岛开战，美国不会不选边站的，对中国的承诺都将成为废纸一张！

那么来看看美军究竟将会如何介入中日钓鱼岛冲突。

一、既然二炮弹道导弹是美日都担心的武器装备，那么美国会在现有技术装备基础上为日本提供弹道导弹的早期和中期预警，为日本启动导弹防御系统。

二、既然日本的海空军基地大多是与美军共用的，美军自然会有导弹防御系统保护基地免遭中国导弹袭击。这既是保护自己，也是间接保护日本自卫队。

三、一旦中日冲突爆发，美军会启动全部侦察系统，包括天基、空基、海基等等手段，尽最大可能获取更多详尽的中国军事情报，并将战略意图、兵力部署等这些核心信息悉数提供给日本。

四、中国潜艇也是美日比较忌惮的武器装备，美军会在冲突爆发的第一时间，启动反潜侦听和搜索，准确把握中国潜艇的来龙去脉，并将这些信息提供给日本预警、研判、分析、准备和对抗。

五、未来战争是电磁环境下的高科技战争，中国各类精确制导武器本身的电磁频谱信号都是核心机密，但一旦某些导弹在冲突中使用，美军的电磁监听设备会捕获大量中国武器的电磁信息，提交给日本。

六、可以看得出，日本依赖美国的武器装备，尤其是精确制导武器，如“爱国者”、“鱼叉”、“标准”等核心技术武器。一旦开战，武器消耗会很大，美国会及时为日本补充大量类似这样的武器装备，确保日本自卫队的战斗力可持续。

七、在冲突中，如果发现中国新型武器完全压制住了日本自卫队，美国会在必要时提供特种武器装备，以化解中国武器技术优势，如大功率干扰战机、“全球鹰”、反潜机等。

八、尽管美国多次承诺“不持有立场”，但一旦中日开战，美国会毫不犹豫地在国际道义上支持日本对抗中国，并会大肆叫嚣“中国威胁论”，甚至联合其他国家在联合国等国际组织与中国对簿公堂，声援日本。

只有知道美国在想什么做什么，才能未雨绸缪，找到破解之道!

（2014.1）

甘心成为“炮灰”的与那国岛

与那国岛很小，只有28平方公里，距离中国台湾省仅110公里，距离中国钓鱼岛150公里，兼具海空监控优势，故而成为日本自卫队热切期待进驻并多角度监控中国军事力量前出岛链的重要军事“桥头堡”。

日本自卫队进驻与那国岛究竟会部署哪些军事装备呢？从目前来看，日本自卫队租用了大约0.2平方公里的土地，这样小的军事基地主要用于全方位监控。一是将陆上自卫队的陆基雷达“FPS-3”、“FPS-5”等部署在与那国岛用于监控空中目标，未来不排除将可以探测隐身飞行器目标的“FPS-7”雷达部署在与那国岛。二是在与那国岛附近海域部署水声探测阵列系统，期待监控“途经”该岛屿的其他国家和地区的潜艇。三是部署预警直升机部队，主要是探测水面舰艇和低空飞行器等军事目标。此外，日本自卫队考虑到利用“P-3C”、“E-2C”、“E-767”大型固定翼警戒飞机执行高额成本的东海监控，也考虑在包括与那国岛在内的军事基地部署低成本的高空探测气球或飞艇，将雷达等设备安装在这些高空飞行器上，可以有效对各类水面舰艇和中低空目标，甚至隐身目标实施监控。四是日本自卫队期待与日本诸多情报部门合作，将与那国岛打造成为监听中国大陆和台湾地区的前哨监听站，可以通过布设先进的监听设备，将中国大陆部分沿海地区和中国台湾全岛范围内的政军情报纳入日本的监听范围之内。日本自卫队在与那国岛打造军事基地是本着循序渐进的原则，从小到大，由陆至海、至空。目前在与那国岛已有的机场和港口都会成为未来日本自卫队更多军事力量存在的基础条件，但需要具备更多客观条件才能继续强化在该岛上全面军事存在。

日本自卫队部署这些军事装备将会对中国大陆和台湾地区有什么重大影响呢？显然与那国岛此举威胁非常大，是“一石二鸟”的政治和军事图谋。日本一直期待对中国军事力量的全方位监控，包括海、空、潜、电磁等四类目标，尤其是将作为遏制中国崛起的所谓“第一岛链”的军事前沿部署，包括日本自卫队提出来要用反舰导弹封锁包括大隅海峡、宫古海峡、宗谷海峡在内的多个黄金水道，这对中国军队走出岛链将带来极大的障碍。此外日本政客一直没有放弃染指中国台湾地区，甚至有日本政客扬言要与中国台湾地区签署类似于美国的《对台湾关系法》。这将严重危及中国国家主权和领土完整，也说明日本不少政客一直希望将台湾从中国分裂出来，让中国的统一大业成为泡影。因此，加强对中国台湾地区的全方位监控、监听，十分符合日本政治和军事的双重利益。如能强化对中国台湾地区全面监控，将会对知己知彼，阻隔两岸统一发挥重大作用。

中国对与那国岛军事战略有何良策呢？战略上藐视，战术上重视。如果与那国岛成为日本自卫队的军事基地，一旦爆发军事冲突将不可避免成为“齑粉”和“炮灰”。

在平时，中国军队不妨以此作为实际练兵的演练场，通过实兵对抗查漏补缺，解决中国军队存在的实际问题。日本自卫队实力不俗，这就给了我们同强劲对手锻炼和学习的机会。一旦发现问题并补齐短板，战胜对手是不难的。

在战时，这块小小的岛屿将成为重点打击对象，无论是精确武器的硬打击，还是电磁武器的软杀伤，都将对这些岛屿上的军事力量构成重大威胁。因此，与那国岛的军事存在可能仅限于和平时代，毕竟超视距和远程打击武器的不断升级换代，几百公里完全没有任何纵深和防御可言。认识到这一点的日本自卫队或许就不该挑起与中国的任何争端，否则将是自取灭亡的自杀行为。

（2014.5）

越南应该知道我们的忍耐

中国国务委员兼国防部长常万全2014年10月17日在北京与越南国防部长冯光青举行了会谈，双方就发展两军关系达成三点共识。一是本着“长期稳定、面向未来、睦邻友好、全面合作”的十六字方针和“好邻居、好朋友、好同志、好伙伴”的四好精神，逐步恢复并推动两军关系健康稳定发展；二是两军加强团结，为巩固两国共产党执政地位，维护社会主义建设事业提供坚强保障；三是恪守中越两党两国领导人达成的有关重要共识，为妥善处理海上问题，维护和平稳定局面发挥积极作用。从这三点原则共识不难看出，其核心就是要维持中越两国关系和在南海地区的长期和平与稳定，并积极妥善处理海上存在的问题，最终立足于两国和两军之间要着眼于未来的全面合作而非对抗性关系。

客观地讲，中国长期以来在南海问题上保持了极大克制，甚至在越南等国层层加码挑衅并强占中国主权岛礁时，中国依旧以南海地区和平稳定发展为大局，不诉诸武力，做到了极大忍耐，依旧提出“以谈促和”，避免该地区局势的紧张与升级。在中国与南海当事国签署《南海各方行为宣言》后，包括越南、菲律宾在内的当事国枉顾《宣言》精神，一再挑起事端，单方面改变现状，不断制造南海紧张局势。中国本可以将这些违反《宣言》的国家诉诸国际社会谋求广泛支持，但考虑到维护两国关系大局，依旧还是希望能坐下来实现双边会谈来解决问题，同时希望积极推动“南海各方行为准则”的早日签署。但遗憾的是包括越南在内的个别南海当事国不断在“南海各方行为准则”上大做文章，希望以此准则实现对中国南海岛礁领土的长期霸占，滥用《联合国海洋法公约》，并引狼入室拉域外大国，如美国、日本等介入南海问题以实现牵制中国的目的。同时，包括越南在内的国家耗费巨资开始了旷日持久的扩军备战，引进包括“基洛级”潜艇和“苏-30”战机在内的大量先进海空军武器装备，不断加固和增加所侵占岛礁上的各类军事部署，其目标就是为了对付爱好和平的中国。更有甚者，自2014年5月开始，越南悍然对中国在U型线主权范围内执行勘探的981钻井平台发起长达数月的干扰和破坏行动，并着手开始引进和制造大量执法船以备海上争执不时之需。

就是在这样一个不利于我们的大环境和大背景下，中国政府和军队依旧保持了极大克制，多次表达了愿与越南和平解决和处理海上问题的想法和行动。但客观来讲，这些努力的关键在于越南要保持民族理性和对历史的正确认知，不煽动民族情绪，不否认两国在南海的真实历史事实。只有越南理性做到这一点，中越两国才能秉持南海大局观念，积极寻求海上合作的正能量。

何谓“正能量”？很简单，只要越南能承认并接受南海U型线内的岛礁主权属于中国，中国同样会尊重南海沿岸国对南海U型线以外的诸多岛礁主权诉求。在这个前提下，中国可与包括越南在内的国家“联合开发”，同时颇具实力的越南也有能力与中国一起在南海很多问题上开展务实高效的双边合作。一是联手推动并尽快签署“南海各方行为准则”，确保以法律形式维护本地区的和平与稳定；二是联手维护包括马六甲海峡在内的国际航道安全，确保海上交通线的安全畅通；三是联手在非传统安全领域开展合作，包括联合打击海盗，联合反恐，联手打造并建立覆盖南海全境的应急救援服务体系，为过往船只、飞机等提供快速及时的安全保障服务；四是联手开展环境保护和各类资源的勘探等经济活动，可在平等互利基础上实现经济合作的双赢。

中越两国、两军在历史上是好朋友、好战友，中国多年以来一直对越南开展大量无私的援助，甚至自己“勒紧裤腰带”，也要满足越南兄弟的海量需求。毫不夸张地讲，没有中国无私援助和毫无保留的帮助，越南实现南北统一则是遥遥无期，更别说战胜法国和美国两个军事强国，最终实现民族独立。饮水思源才能心怀感恩，中国并没有要求越南为中国做什么。坦率地讲，中国不需要越南一寸领土，不然也不会在对越自卫反击战出师大捷后就即刻班师；同时中国也不允许越南侵占中国一丝一毫的领土，无论是陆地还是海上。越南应该知道我们的忍耐，同时也要知道，我们的忍耐不是无限的。

（2014.10）

守住中国核心利益须决胜“中国海”

写此文的目的就是希望我们能更加重视“中国海”。尽管我们的宏大目标是“两洋战略”——太平洋和印度洋，但近在咫尺的中国海是走向“两洋战略”的关键一步，不积跬步无以至千里，道理很简单，万事都需要一步一个脚印。中国如果要践行“十八大报告”中倡导的打造“海洋强国”目标，关键就是要立足中国海，决胜中国海。换句话讲，我们的对手也是希望让中国海“改姓”，让中国海“去中国化”，让中国海成为扼杀中国崛起的海。

中国海是一个地理、地利及地缘政治的综合概念，尽管以前有人提过，但并没有引起足够的重视，这篇文章以中国海命名就是要让中国海成为家喻户晓的专有名词。中国海主要包括三个海，黄海、东海、南海，渤海算中国的内海而不包括在内，当然渤海的重要性不言而喻，只要将黄海和东海的事情处理好了，渤海自然是太平之海了。

中国海之所以极为重要，主要有三点考量：

一是国人缺乏海洋意识，只知道地大物博，物产丰富，但不知道中国还有300多万平方公里的海洋国土，更不晓得中国的海岸线有1.8万公里之长。而这些海洋国土伴随着海洋意识都囊括在中国海的全部内涵之中。叫响了中国海，也就自然让国人知道国家的真正家底了，也才会有国家的海洋意识，之后或许就不会再高枕无忧，可以有了一份无限的牵挂。

二是中国海现在已经是问题颇多，甚至让中国成为被中国海牵制的对象。东海划界、钓鱼岛争端让国人忧心忡忡；南海“六国七方”图谋瓜分中国海洋国土和海洋资源，让中国看似鞭长莫及，又痛心不已；加之域外大国的纷纷介入，中国面临的海洋争端愈演愈烈，甚至有“擦枪走火”的潜在危机和现实危险。这些国家无不是跑到中国海来惹是生非，甚至明目张胆叫嚣对抗中国，扩军备战巩固并扩大既得利益，挑战中国核心利益。尤其是《联合国海洋法公约》生效之日开始，中国海就没有太平过。就连韩国也要在中国东海的家门口抢个“苏岩礁”，命名为“离淤岛”，期待“圈海造地”，夺取中国的海洋国土资源。日本就更不用说了，这个海洋大国一直以来蚕食着中国海的巨大利益，并不断变本加厉，让中国海更加炙手可热，不惜将“钓鱼岛国有化”来挑衅中国底线。如今的中国海矛盾重重，尽管有美国等西方大国不断插手的重要外部因素，但自己技不如人和长期以来漠视海洋权益这些内在因素也让我们吃尽苦头。

三是中国海事关中国崛起战略，不可不重视。美国已经并正在打造“三条岛链”围堵和困杀中国，并纠集中国周边国家一起对付中国。对中国而言，突围困杀实际上就是决胜中国海并走出中国海。中国要想崛起必然将中国海问题提到战略高度。一方面，中国海内包含诸如“三沙”在内的诸多中国领土需要维护和归根，不丢一寸。另一方面，中国海是中国“走出去”战略的两个关键出口。其“东出战略”，走东海穿宫古等海峡到西太平洋，另外“南下战略”，下南海过马六甲、巽他等海峡到印度洋。这两个战略中都需要将中国海牢牢控制在自己手里，不能被对手钳制，否则不仅仅是在军事层面，就连中国经济发展的能源和资源保障都无法兑现，必将被这些“不怀好意”的国家所牵制，当下中国的能源及资源进口依存度越来越高，也越来越依赖“海上丝绸之路”的相对安全。

但客观来看，中国海事关中华民族的命运，并在历史上多次易手他人，让中国近代史上的历朝历代饱受海患之忧。百余年里中国先后遭到列强从海上入侵80余次，入侵战舰1800余艘，入侵兵力将近50万。为控制中国海，日本在二战期间发动了侵华战争和太平洋战争，中国海大片海洋领土丧失殆尽，并成为日本侵略中国和东亚、东南亚国家的重要跳板。同样，二战后的美国和苏联争霸，中国海也是受害者，美军将第七舰队长

给公安大学的学生讲南海问题

期驻扎日本，并派兵进驻韩国，其目标就是盯控中国海。甚至在一段时间，中国台湾也成为美国的军事基地，并号称“美军不沉的航空母舰”。此外，在不同时期，美军也在南海一些国家大建军事基地，如菲律宾的苏比克湾、克拉克空军基地，新加坡的樟宜海军基地，泰国的乌塔堡空军基地等，这些基地看似与苏联争夺对亚洲的实际控制权有关，其本质就是牢牢控制住中国海，不仅仅中国不能出来，苏联也不能进来，包括今天的俄罗斯期待“重返金兰湾”也是美国不欢迎的。如此看来，中国海已经成为地区大国甚至超级大国竞相控制的筹码。如今除了美国，日本、俄罗斯、印度、澳大利亚，甚至北约都想染指中国海，其形势紧迫程度绝非可以再等待和搁置几十年后能解决的。尤其是两个倾向不容忽视。一是鉴于韩日历史问题和领土纠纷，美国期待建立的美日韩三边军事同盟有点难，于是另谋他路地选择了与日本和澳大利亚两国结成三边军事同盟，这样一来，在亚太地区的以“美日澳”为轴心的军事同盟体系建设或许指日可待。为了推波助澜，美国甚至纵容日本和澳大利亚开展“苍龙级”潜艇的技术转让合作，这无疑让日本在走向军事大国的道路上又迈进了一步。二是美国急于让北约发挥更大作用，让其从地区军事集团走向全球军事集团。说穿了，美国从内心里还是感谢俄罗斯和乌克兰危机带来的难得机遇，让北约从有点松散开始走向具备较强的凝聚力。加之北约不断扩展其“和平伙伴关系国”和将这类国家逐步转正为成员国，这就无疑扩大了北约的版图，让其不仅仅局限于大西洋和欧洲等狭小地区。此外，北约与日本签署了“个别伙伴关系国家”，更是将触角伸向了亚太。一旦亚太更多国家正式或变相加入北约，那么北约变成全球性军事组织的那一天就会到来。这恰恰是美国、日本等国的期待，若北约插手中国海，毫无疑问将使中国海的外部环境越发恶劣，更不要提太平洋和印度洋了。

近年来，中国真的开始重视海洋事务了，也开始思考如何守住中国海，因为事关中国崛起成败得失，马虎不得。中国要想守卫好中国海，还需要花大力气并在各个方面做好功课。

第一，整理好历史，宣传好历史。中国海与中国息息相关，因此属于中国海的一定要把古往今来的史迹法典公之于世，让国际社会明白，“自古以来”这句话绝非虚言，一件件一桩桩都是有理有据，有法可依，包括钓鱼岛、琉球群岛、南海三沙岛礁等等。历史印迹不会说话，文物本身是死的，中国不仅要把这些证据放在各个博物馆内展示，更要把实物放到国际社会组展、巡展上，让更多有识之士看到中国拥有这些岛礁主权的铁证。甚至不排除将这些文物资料数字化，以实现多媒体、多渠道及多维展示，让文物和历史印迹“活”起来并“说话”，最终让更多人明白历史真相。换句话讲，就是要打赢一场在国际社会“没有硝烟”的舆论战。包括琉球群岛的归属，归根到底，它不属于日本，相反，日本在琉球群岛犯下的滔天罪行倒是罄竹难书。

第二，学好国际法，用好国际法。这里的国际法主要是指《联合国海洋法公约》。毫不客气地讲，中国真正懂《海洋法》的人不多，会用《海洋法》的人就更少。难怪菲律宾在美国等“高人”的资助和支持下，将中国告到了联合国海洋法法庭。虽然其“状纸”满篇谎言，但也极具欺骗性。中国应该明白一点，要想打赢这场本不该存在的官司，关键在于自己要用好《海洋法》。中国并没有对南海全部岛礁提出主权诉求，我们认定的岛礁全在中国的“U型线”内，以前常说的“九段线”名称不太准确，改称为“U型线”更加符合中国历史和国际法要素。“U型线”是相对封闭曲线，按照《联合国海洋法公约》相关条款，对于一国提出的封闭性历史水域，海洋法完全是保护其主权利益的。此外，围绕历史性水域，海洋法也指出，就算存在水域争端也不能邀请域外国家参与解决，除非全部沿岸国同意。因此，这几点已经很明确将中国的核心利益加以保护。当然，海洋法中还有太多条款都可为我所用，这就需要我们一一提炼、整理和归纳了。

第三，建设好中国海，服务好中国海。“马航MH370事件”说明一点，南海没有服务区，存在不少断点，这就需要南海“U型线”内主权国家的中国发挥其主导作用了，实践也要求我们应在南海大量投资建设连续可接驳的“服务保障区”，既为渔船、执法船、民航飞机等提供综合保障服务，也为其他国家的这类船机，只要遵守中国法律，也都一并提供优质服务。一旦发生天灾人祸或其他不可预测的事件，中国这些建设在南海的“服务站”将会第一时间派遣船机赶赴出事地点实施救援服务。因此，中国需要在这片海域有所为。

第四，管理好中国海，控制好中国海。没有规矩不足以成方圆，管理好这片水域，中国当仁不让。在中国主权范围内，中国需要利用自己的执法力量确保自身利益不受侵犯。中国的岛礁、领海、毗邻区及专属经济区都是我们需要管理好的蓝色领土。美国不断派遣其海上巡逻机“P-8A”、“P-3C”、“RC-135”等打着航行自由的幌子在中国敏感水域活动，这种“抵近侦察”就是公然挑战中国的国家安全。除了执法力量配合驱离之外，中国军队的海空军力量就需要协同赶走这些不速之客，让它们深刻感觉到“这里不安全”。只有如此，美国、日本等国的战舰、战机才能逃离。因此，中国执法力量与军事力量的联动机制建立将是维护中国海利益的绝佳组合。这也要求中国必须强化这两方面力量建设，确保能在中国海利益辖区实现全覆盖、全控制。中国不谋求与任何国家玩军备竞赛，但中国一定会按照自己的技术路线和军事战略来规划在中国海的军事部署。

时不我待，中国希望发展，民族希望复兴，这些都赖于对中国海的有效管控。如果说美军希望控制“全球十六条黄金水道”的话，那中国控制中国海及其周边的重要水道则是必须的，也是必然的。

中国海以前存在很多问题，有经验，更有教训，这些都不可怕，也无从检讨历史。但从现在做起，维护中国海的核心利益则是摆在这代人面前的重要使命。管控中国海是希望这片海真正成为“和平之海”、“和谐之海”，中国也不会限制他国合理合法的自由航行权，但危害中国海主权利益的事情绝不容忍，绝不姑息。

中国是爱好和平的典范国家，但这不等于面对挑衅而无动于衷，只要突破了国家底线就会毫不犹豫地奋起反击。既然中国海如此重要，那利用综合实力决胜中国海，维护国家利益和民族尊严是当仁不让的头等大事。

（2015.7）

从八一五“战败日”到“终战日”的日本模糊战略

又是一个八一五——日本战败日，就在1945年的今天，日本天皇宣布了无条件投降。至此，不可一世的日本侵略者尝到了战败的滋味，当然这个战败绝非心甘情愿的，至少日本军国主义者还要负隅顽抗，还准备在日本本土来一次“抗登陆”，让更多美军阵亡，以换取日本本土的安全。但日本的企图被美军的两颗原子弹彻底摧毁了，不投降就意味着更多的原子弹，当然日本并不知道美国武器库中还有几颗原子弹等待着，此时此刻的投降就成了唯一的选择。由此可见，日本是自觉自愿地终战吗？肯定不是，是战败后的无奈妥协。你见过还有实力顽抗的对手向第三国签署投降书吗？可见这不是什么自觉终战。

历史应该永远记住两个时间，一个是1945年8月15日，日本天皇向全国广播了接受《波茨坦公告》，实行无条件投降的诏书。另一个是9月2日上午9时，在停泊于东京湾的美国战列舰“密苏里号”上举行向同盟国投降的签降仪式，日本新任外相重光葵代表日本天皇和政府、陆军参谋长梅津美治郎代表帝国大本营在投降书上签字。

究竟是终战还是战败，不妨看一下这份投降书的表述吧：

我们谨代表日本天皇、日本政府及日本皇军总将，兹此接受1945年7月26日由美利坚合众国政府、中国政府及大不列颠政府于《波茨坦协定》所拟订的四个条款和及后由苏维埃社会主义共和国联邦提出的附款。

我们兹此宣布日本皇军总将，所有日本陆军部队以及所有日本辖下地区的武装部队向同盟国无条件投降。

我们兹此命令日本皇军将领总部立即向日本陆军部队以及所有日本辖下地区的武装部队的各司令官指令他们必须自发性无条件地投降，确保所有部队受他们监管。

我们兹此颁令所有民事、陆军及海军官员必须服从及遵守由盟军最高统帅所宣布的声明、法令及指令而使投降条款能落实于他们或他们的职能中。除非由他官员提出告退或呈辞外，我们会如旧保留以上官员的原有职级以及会继续派遣他们执行非战略性任务。

我们兹此保证遵守《波茨坦协定》所拟礼待天皇，日本政府及其继任者的条款，无论任何法令及采取任何行动必须得到盟军最高统帅的指令或由同盟国拟定贯彻《波茨坦协定》的制约。

天皇内阁及日本政府必须服从盟军最高统帅将制定实行投降条款的步骤行政以治理国家。

1945年9月2日于日本国东京湾签署，第0904号。

看看这些白纸黑字，字里行间不少“投降”和“《波茨坦协定》”，似乎没有看到“终战”的字眼，这实际已经说明了这场战争最终定性是“日本战败”而不是日本自觉选择了“终止战争”，没有盟军强大的军事攻势和巨大毁伤效应，日本军国主义分子不知道还会让多少盟国士兵和自己的国民丢掉生命，因此深刻认识到自己的“投降性质”和“《波茨坦协定》”的权威性将会有助于吸取战争教训。但事实上日本国内广泛宣传的是“终战日”，感觉是日本军国主义者的善心大发和慈悲普度才让自己国民免受战争涂炭，把自己从一个施害者、残暴者打扮成了一个无辜的受害者和被虐待者，完全是颠倒黑白，混淆是非，让真实历史在日本教科书里不见踪影。

此类模糊字眼其实就是日本否认历史的战略步骤，其目的不难看出今天的日本政客几种心态：

一是指鹿为马，混淆视听。虽然承认是自己打过一场仗，但结果是日本主动善意地终止了这场战争，让“侵略者”无法占领日本。

二是日本败得不心甘。就连东条英机都认为失败是因为“力不如彼”，至于是否侵略和发动非正义战争则一概不予承认，心理上根本就不认为自己有错。

三是卧薪尝胆。自己彻底被征服，再没有机会，不符合日本人性格，可以苟且偷生，积蓄力量，以便找新的机会东山再起。

四是让历史渐渐被淡忘，让日本新人轻装上阵。我们说不是中国要纠缠历史旧账，问题在于日本不承认这段历史，甚至颠倒黑白为历史翻案，这是任何一个受害国都无法接受的。中国人民已经足够大度了，如果真的小肚鸡肠的话，估计日本就算“倾国倾城”也赔偿不起对中国长达十几年侵略所造成的巨大生命和财产损失。

历史是什么？就是还原事实，只有这样才能记住历史教训，不至于再次重蹈覆辙。记住历史是惨痛的，是被奴役和压迫的历史。日本蓄意的模糊不等于我们就可以跟随其模糊，最终导致不明不白地认可了对方编造的历史事实。

在此，我们大声说：“终战日”可以休矣！

（2015.8）

中国军舰钓鱼岛巡航常态化又何妨

2016年6月9日凌晨，中国海军的一艘护卫舰驶向钓鱼岛附近海域，并与日本海上自卫队军舰进行了对峙。日本防卫省据此表示，中国海军军舰进入钓鱼岛附近的毗邻海域尚属第一次。日本外务省事务次官斋木昭隆召见中国驻日大使程永华，就中国海军在钓鱼岛附近海域航行提出抗议。对此，中国驻日大使程永华坚称，“中国军舰驶入毗连区是正当的”。中国国防部新闻局也就海军军舰出现在钓鱼岛附近海域表示，“钓鱼岛及其附属岛屿是中国固有领土，中国军舰在本国管辖海域航行合理合法，他国无权说三道四”。

其实中国军舰进入钓鱼岛海域早已有之，早在2012年9月19日晚，中国海军两艘军舰就曾进入钓鱼岛西偏北80海里处海域进行巡航。随后，中国国防部新闻局也表示，“钓鱼岛及其附属岛屿自古以来就是中国的固有领土。中国海军舰艇在中国管辖海域内进行例行战备巡逻和训练，是完全正当的、合法的”。事实上，中国军舰进入钓鱼岛海域已经不是什么新鲜事，每次前往西太平洋的中国海军舰艇编队也会多次途经钓鱼岛附近海域。随着中国海警执法船已经常态化巡航钓鱼岛附近海域，中国军舰常态化巡航钓鱼岛附近海域，尤其是进入毗邻区和领海海域就再正常不过了，毕竟中国对钓鱼岛拥有无可争辩的主权，因此，我们的舰机可以去想去的钓鱼岛任何空域和海域执行巡逻任务，这才是领土主权的象征。

就在中国军舰进入钓鱼岛毗邻区时，遭遇到了两艘日本海上自卫队护卫舰的拦截，这说明日本在中国钓鱼岛海域也已经实现了常态化巡逻。同时，日本首相安倍晋三在凌晨被吵醒，在第一时间下达了三条应对指示，显示日本方面正在启动所谓的钓鱼岛应急预案。这一切也说明了日本对钓鱼岛的军事管控一天也没有放松过，这对于中国维护钓鱼岛主权势必带来极大的困难。所以，我们只有以舰机常态化巡航应对日本自卫队的常态化巡航，才能在维护钓鱼岛主权上“变被动为主动”。

近期，日本在中国南海不断惹是生非，加紧挑衅中国核心利益。一方面积极配合美国“亚太再平衡战略”，打着“自由航行”、“自由飞行”的旗号实施对南海的围堵管控，并美其名曰“维护一千海里海上生命线”需求，另一方面积极扶持包括菲律宾、越南等南海国家来集体对抗中国。其所作所为都表明了日本决心与中国对抗到底，并将分歧从东海、钓鱼岛引入南海，在东海、南海两头来牵制中国，让中国首尾难顾，腹背受困。再有一方面就是日本不断利用国际法来打压中国，支持菲律宾对中国仲裁诉讼案。这就是日本的“如意小算盘”，但这个算盘也未必能打得响。日本的“软肋”在东海，东海的暂时平静让日本有了更多心力来插手南海事务。于是中国舰机频繁前出到西太平洋，不断加大对钓鱼岛的执法管控，加大对东海油气田的开采作业，常态化对钓鱼岛毗邻海域的舰机巡逻，是我们以牙还牙的战略抉择，也是被逼到了这一步。

针对中国对钓鱼岛管控力度的加大，日本也开始不断炒作中国海警船的质量和数量已经强于日本海上保安厅，同时也担心中国海军快速发展会危及日本海上自卫队的自身安全。看来日本的这些担心恰恰说明了中国目前做的事情完全正确，面对中国军舰进入钓鱼岛海域，日本首相安倍晋三第一时间就通报给美国希望予以支援。次日，美国国务院副发言人托纳在当天的记者会上指出“美国政府‘对主权归属不持特定立场’，但同时重申钓鱼岛属于规定美方对日防卫义务的《日美安保条约》适用范围”。但话又说回来，美国国务院发言人的“对主权归属不持特定立场”很值得玩味，就连日本自卫队很多高官及自民党部分人士都认为“美军协防钓鱼岛就是一张‘空头支票’，完全指望不上，关键时刻还要靠自己”。

不管美军如何动作，作为中国来讲还是要做好对东海的整体管控能力建设，不仅仅是执法能力，更要做好军事斗争准备，既要看到与日本的摩擦升级，也要着眼于美军的强力介入。中国自从2013年11月23日正式宣布建立“东海防空识别区”以来，就已经实现了对东海及钓鱼岛的全监控、全覆盖、全管控，并做到了对飞行器“看得见、拦得住”，尤其是对“不通报飞行计划”的外国飞行器实现了常态化“查证、识别、驱离”。因此，在中国已经全面管控东海之际，强化对钓鱼岛海域的日常军事化管理也就顺理成章、水到渠成了。

前些时候，美军“EP-3”电子侦察机和“RC-135”战略侦察机分别在南海和东海对中国海域实施“抵近侦察”，并且都先后遭到了中国多架战斗机的抵近拦截，最终无功而返。这些也充分说明中国对维护国家主权和核心利益的坚定决心与战斗意志。

无论是从国际法，还是从历史上来看，钓鱼岛都是中国的固有领土，在维护国家主权问题上，中国政府的立场是坚定的，凡是涉及主权问题不容商量，尤其在日本不断加大挑衅中国的今天，只有中国总体实力强于对手，日本才不敢擅自挑衅和自找麻烦。至少就目前而言，中国综合国力和军事能力已经今非昔比，加之解放军正在如火如荼地进行深层次军事体制改革，“能打胜仗”已经成为练兵习武的标称，强化各军种联合作战能力，并在战区统一指挥下完成军事斗争准备，这一切都让解放军变得更加自信。相信随着更多先进武器装备的陆续投入现役，解放军在东海、南海“敢打必胜”的决心和信心将会更加满满，这也会极大增强中国军队在平时常态化管控包括钓鱼岛在内的东海海域能力。因此，中国军舰到钓鱼岛的常态化巡航才刚刚开始，当我们去的次数多了，某些国家也就见怪不怪了。

（2016.6）

“伪仲裁”变不了南海的天

为了打赢一场所谓的“仲裁”，菲律宾阿基诺前政府重金聘请了8名律师并为其团队支付了3000万美元。此外，这个所谓的临时仲裁庭的5名仲裁员的服务是有偿的、挣钱的，挣的是菲律宾的钱。这些菲律宾纳税人的钱最终换来了一堆废纸。事实充分证明，菲律宾在美国、日本的怂恿下提交的伪仲裁完全是一场闹剧，也是一场悲剧，甚至连菲律宾相关人士都认为美国、日本应该为这笔巨额仲裁费埋单，毕竟这个结果就是美国和日本想得到的，可以恶心和借题发挥指责中国。毫无疑问，菲律宾是最大的输家，赔了夫人又折兵，渔船跑到了黄岩岛照样被赶出来，“南海的天”没有因为这场闹剧有丝毫变化。

为什么中国不接受所谓的法律仲裁呢？抛开这个仲裁庭的非法性不谈，就其本身来讲，这个仲裁案就不符合国际法，完全是美国和日本把菲律宾当作“提线玩偶”，导演了一场傻子都清楚的阴谋罢了。

“阴”在哪里呢？“阴”在它们做了精心的包装，把原本属于历史性水域和岛礁主权问题“包装”成了海洋权益争端问题，确实是“某些西方行家”在指导菲律宾或者就是自己写了几千页的诉讼材料，力求实现颠倒黑白、混淆视听、指鹿为马。本来在《联合国海洋法公约》中的第298条就清清楚楚写得明白，涉及岛礁主权问题，公约是管不了的，《联合国海洋法公约》只是管海而不管陆地和岛礁争端，尤其是涉及其他国家的主权问题，更是不能涉及并干涉。但这样一个仲裁庭罔顾非常清楚的法律条文要旨，一意孤行，只能说明这些仲裁员不懂海洋法或有意而为之，缺乏公正、透明，暗箱操作，怀有敌意，只能失去信任和信誉，真是搬起石头砸自己的脚。从伪仲裁结果来看，不讲岛礁主权，只说专属经济区和岛礁性质，但其本质就是否认中国南海的U型线及其内部的岛礁主权性质，并妄图“以岛变性为礁”之方式抹杀中国对南海专属经济区的权益。

中国不参与仲裁而是建议通过对话与谈判和平解决海上争议的主张符合国际法和相关国际实践。仲裁不是解决国家之间争端的唯一方式，国家之间和平解决争端的最主要、最优先的方式仍然是当事国直接谈判而非仲裁。这次伪仲裁从本质上讲就是要破坏中国完整的南海历史及南海历史性水域相关权益，也就是U型线的合理合法性必须得到国际社会的充分权益保证。就算是《联合国海洋法公约》中的诸多条款也都是明确对历史性水域予以保护，不能抹杀历史痕迹和正当权益，这些都是我们必须坚决维护的利益底线。

同时必须强调的是，在1996年全国人大批准签署《联合国海洋法公约》时，中国政府也阐明了自己是有条件签署《公约》的。这些条件是全国人大以声明的方式发布，其中第三条就是中华人民共和国重申对1992年2月25日颁布的《中华人民共和国领海及毗连区法》第二条所列各群岛及

思索与展望

岛屿的主权。《中华人民共和国领海及毗连区法》强调："中华人民共和国的陆地领土包括中华人民共和国大陆及其沿海岛屿、台湾及其包括钓鱼岛在内的附属各岛、澎湖列岛、东沙群岛、西沙群岛、中沙群岛、南沙群岛以及其他一切属于中华人民共和国的岛屿。"这一声明已经很明确地说明了包括中国南沙群岛在内的历史性权益需要得到国际社会的保护。这里面包括两部分，一是包括南沙群岛在内的主权权益，二是U型线及历史性水域的合法性。这些毫无疑问都是中国的红线、底线，是谁也碰不得的！这不是不讲道理，完全是中国领土和海洋权益权利的体现。中国不是美国，不谋求海洋霸权，但我们制定海洋强国战略，谋求属于自己的海洋权益，也是很多国家的基本追求。但中国也不是伊拉克，不是任人宰割的对象。中国不参与、不接受仲裁是因为这个仲裁不合理、不合法，忽视了《公约》对其他国家历史权益的承诺。既然如此，中国恕不奉陪！

但山雨欲来风满楼，美国和日本等国家不会就此善罢甘休，还会拿着伪仲裁结果当"圣旨"四处游说国际社会支持菲律宾，共同谴责中国在南海的所谓"非法行径"。但至少日本在2016年欧亚会议上的努力失败了，曲高和寡、无人捧场。同样美国也不是省油的灯，如今日本自民党也在策划把东海油气田伪仲裁提交所谓仲裁机构再次刁难中国，这也是美国计划实现"三海联动"制约中国的又一潜在举措，期待"南海、台海、东海"一起发力，但这一切的一切也都只是一场场闹剧罢了，最多就是给我们"添点乱"。中国不是不讲国际法，但这个法必须是客观公正权威而不带歧视，而不是某些国家的私家"国际法"、"霸权法"。中国不是不讲道理，但这个道理必须符合历史和现实情况而不是肆意杜撰。中国拥有五千年辉煌的历史，南海是中国灿烂历史中的一部分，谁也无法篡改和抹去这段历史痕迹。如今，南海依旧是那片天、那片海，伪仲裁这片云带来的雨滴丝毫改变不了南海的天，昨天改不了，今天也改不了，明天更改不了。我们海警的执法船、我们海空军的强大军事力量依旧巡弋在这片本属于我们的"蓝色国土"上。我们讲理，也讲法，同时也坚决用各种手段捍卫中华民族的南海祖产。这一点毫不动摇！

（2016.7）

杜特尔特在驻军问题上给美国点颜色

杜特尔特遇到特朗普，又是两个“特”总统，看谁更特别!

从奥巴马时代开始，上台的杜特尔特就开始刁难奥巴马，甚至威胁要让美军尽数滚出菲律宾。近期，杜特尔特再次放话要求美军要小心，不要在菲律宾建设军事基地，否则将违反菲律宾宪法，杜特尔特甚至会废除阿基诺三世签署的《美菲增强军事合作协议》，让美军再次滚出菲律宾。至少从1992年到1999年期间，美军真的是“滚了出去”，原因是阿基诺三世的母亲耐不住国内的坚决反对，被迫让美军撤离，还修宪不允许外国在菲律宾驻军。

那么这个杜特尔特究竟葫芦里卖的什么药?

现在看来有这么几味药:

杜特尔特可以废除《美菲增强军事合作协议》，甚至废除《访问部队协议》，但不会废除《美菲军事同盟条约》，因为菲律宾的国家安全要靠美军，这一点杜特尔特不傻，而且真的要废除这个条约，估计自己的总统位子也坐不稳了，撼动的利益太大，甚至会被美国人搞掉，杜特尔特能想到这一点。

杜特尔特现在渴望的是谋求经济发展，不想为了与他国（包括和中国）的争议问题影响合作大局，国内稳定对于杜特尔特是第一位的，国家外部安全问题已经不那么重要，因为只要自己不招惹中国，其他国家和菲律宾兵戎相见的可能性很低，只有阿布沙耶夫等恐怖分子是目前的心头大患，但美军对此并不会替菲律宾考虑，尽心去替菲律宾反恐。或许只有中国和俄罗斯能在这方面给予帮助，因此不能单单依靠美国一家了。

杜特尔特也算是个有经济头脑的总统，当过地方的长官，更接地气，有点类似特朗普，比较务实。既然特朗普要求日本、韩国、北约等国家或组织增加“保护费”，那么菲律宾如果把基地借给美军使用，怎么能无偿使用呢？其实杜特尔特已经表达了类似的意思，就是要美军掏钱租用军事基地。在阿基诺夫人时代，每年从美国手里获得了几亿美元的租金，让菲律宾得到了甜头，甚至还产生了变态的“军事基地效益”——服务于美军，造福于菲律宾地方经济。可是阿基诺夫人的这个不肖的儿子却要无偿把基地给美军，换来的就是每年5000万美元的所谓军援，还要用二手军事装备来冲抵，更是可悲至极。杜特尔特当然不服，怎么可能会如此便宜了美军，显然“讨价还价”将成为杜特尔特和特朗普之间的一笔交易，在商言商。包括自己的对岸越南都在之前的军事基地实现商业化，如岘港、金兰湾等，俄罗斯、美国、日本，甚至中国，想来都可以，只要交钱即可！那么经济窘迫的菲律宾更是如此，希望多谈钱，不谈别的。这或许就是杜特尔特不同于愚蠢的阿基诺三世的精明之处吧，所以，给点颜色是应该的。

（2016.10）

韩日《军事情报保护协定》拖谁下水?

2016年11月23日，韩国国防部长韩民求和日本驻韩大使长岭安政分别代表两国在韩国国防部办公大楼签署《军事情报保护协定》。之后双方将以书面形式相互通报，届时协定即刻生效。《军事情报保护协定》是特定国家间为共享军事机密而签署的协定，此次协定涉及提供机密的方法、保护原则、销毁方法及丢失对策等计21项。协定签署后，韩日双方不必经过美国便可迅速进行情报共享。

目前，日美、韩美之间分别缔结有《军事情报保护协定》。2012年韩国政府曾计划与日本签署《军事情报保护协定》，但迫于国内强烈反对，在签署当天紧急叫停。今年10月底，韩方宣布和日方重启《军事情报保护协定》谈判，并在不到一个月的时间内完成签署程序。

在近期“亲信干政”风波不断发酵的情况下，韩国政府这一仓促决定遭到在野党和韩国民众的集体反对，抗议协定的签署，并要求总统朴槿惠下台。同时韩国民众比较担心，朴槿惠政府是否会趁乱继续推进韩日《军需相互支援协定》，继续强化韩日军事合作关系。

之所以在2012年李明博政府在签署相关协议时受挫，多是因为韩日之间存在独岛争端和慰安妇等历史问题无法释怀。但在朴槿惠政府妥协下与日本针对慰安妇达成所谓的谅解和共识，于是认为时机成熟即趁势推进协定的签署。但这样一份协定的签署本质是违背广大韩国民意的，朴槿惠也就被韩国在野党和民众斥之为“卖国总统”！

说起来，韩国究竟看中了日本什么，如此迫不及待地要与日本签署这份协定？甚至连领土争端和历史问题都不顾，究其原因是多方面的。

一方面是迫于美国的压力。目前美韩和美日分别签署有军事情报的保护协定，但韩日之间的军事情报交换需要通过美国第三方，无助于美国所期待的美日韩三国强化情报共享的初衷。美国是要在情报共享的基础上，继续强化三国之间的反导系统共享、后勤保障资源共享，最终实现在亚太地区打造美日韩三边军事同盟的战略目标，因此情报保护协定的签署是迈向“三国军事同盟”重要一步。

另一方面就是日本和韩国情报能力各有优势，需要取长补短。日本在技术情报能力上很强，包括在美国协助下具备很强的反导预警能力。日本已经发射并部署了多颗间谍卫星，包括“雷达”卫星和“光学”卫星，并形成“2+2”侦测天基体系；日本在东亚地区拥有最大的预警机机群，包括“E-2J”战术预警机和“E-767”大型战略预警机，可以提供空天一体化的导弹预警能力；日本拥有较大规模的陆基和海基导弹预警能力，包括“FPS-3”、“ FPS-5”和“FPS-7”陆基预警雷达、“金刚”级和“爱宕”级导弹驱逐舰上携载的“宙斯盾”系统，并在日本的青森和京都府部署有美军的两部X波段早期预警雷达；此外，日本针对东亚国家，如朝鲜、中国和俄罗斯，还拥有强大的电子侦听能力，主要是利用空中的电子侦察飞机和地面、海上的大量侦听站。这些强大的预警和侦听能力都是韩国希望可与日本共享的重要情报资源。韩国除了具备一定的技术情报资源外，人工情报资源相对较强，即谍报资源，毕竟韩朝两国同宗同族，可以通过此类非常规手段获取大量朝鲜核武器和导弹武器的情报资源，这些也都是日本渴求获取的重要资源。日本为了防范朝鲜导弹攻击，迫切需要掌控朝鲜这些武器的基础性能和研制状态，以便做好及时应对。因此，韩国与日本签署协定看似是要把日本拖下水，其实也是日本自身利益需求自觉自愿下水。

第三方面就是强化韩日双边军事合作关系有助于美军“亚太再平衡战略”。尽管特朗普上台后的亚太战略还有待观察，但强硬应对朝鲜，甚至中国，或是美国军方和国会中不少人的政治诉求，强力遏制中国崛起，避免朝鲜事实拥核，一直是美国既定战略目标。这样一来就需要美国增加军费、扩充军力，更需要强化盟国协作的“巧实力”军事外交。一旦美国的两个盟国日本和韩国能够冰释前嫌，齐心协力对抗美国的假想敌，自然能够让美国减少不少压力。花盟国的钱，办美国的事，就是一种“巧实力”。美国打造的亚太反导体系就是以保护美国利益为目标，稍带保护日韩的利益。无论是韩国还是日本，都在积极引进“标准”导弹和“爱国者”导弹，甚至也要独自引进“萨德”导弹系统，这都是美国人乐见其成的好事。

现在，韩日《军事情报保护协定》签署刚开个头，后面的事情还更多。如果要说谁想拉谁下水，归根到底就是美国要拉盟国下水，韩国毫无自主权只能被动下水，日本为了遏制中国则是兴高采烈地下水，只有美国自己可下可不下，关键是符不符合美国利益了。不管如何，中国要警惕，更要备好应对之策！

（2016.11）

老祖宗留下的祖产一寸也不能丢

70年前的今天，中国政府和海军收复了被日军强占的西南沙岛礁，并于次年划设了南海U型线，宣誓南海岛礁主权。

从历史的角度，美国送给中国政府四艘军舰“太平”、“中业”、“中建”、“永兴”，执行收复南海岛礁主权任务，所以美国人最清楚南海历史归宿。南沙群岛自古以来是中国固有领土，这一点毫无疑问。二战期间签署的《开罗宣言》、《波茨坦公告》也见证了中国拥有南沙岛礁的历史。这一点美国更是心知肚明。

从国际法角度来看，《开罗宣言》、《波茨坦公告》既是南沙群岛主权在我的历史铁证，也是主权在我的国际法见证，还是战后秩序的有力见证。南海周边国家也纷纷以地图、声明、照会等方式对中国南海诸岛主权予以承认。但随着时间的推移，越南、菲律宾等国公然侵犯中国南海主权，违反国际法上的“禁止反言”，出尔反尔。

从军事斗争准备角度来看，中国政府和军队分别在1974年和1988年打了两次海战，最终夺回西沙群岛全部岛礁和南沙群岛部分岛礁。如今，解放军紧锣密鼓做好军事斗争准备，为彻底解决南沙群岛被占岛礁问题强化多军种联合作战能力。

中国政府多次提出南沙问题可以双边谈，也可以搁置争议，甚至共同开发，但前提是主权在我，这一点毫不含糊。中国政府积极谋求南海的和平与稳定，但绝不以南海岛礁主权做交易，这是底线和红线。

习近平指出：南海诸岛是老祖宗留下来的，我们一寸也不能丢！

70年前，中国政府在一穷二白的条件下，毅然决然收回南沙岛礁；今天，解放军完全具备收复岛礁的军事能力，收复南沙群岛只是时间和时机问题。

南海诸岛是中华民族的共同祖产，一丝一毫也不能丢，两岸中国人携手维护南海祖产也是民族之大幸。中华民族的伟大复兴离不开南海问题的彻底解决，我们也期待这一天的早日到来，不辜负70年前收复南海岛礁的那些英雄们！

（2016.12）

两年推出七款新型导弹，朝鲜震惊世界

2015年10月10日，朝鲜举行了盛大阅兵，展示了几款国际社会比较熟悉的弹道导弹，包括所谓的新型弹道导弹KN08和KN14。

但时隔两年当刮目相看，朝鲜在2017年4月15日光明节阅兵中突然展示了七款令世人惊诧的新型导弹：

一是新型“火星”短程弹道导弹（疑似固体）；

二是新型“固体”潜射“北极星1型”导弹（朝鲜版的“巨浪1号”）；

三是新型“固体”陆基“北极星2型”导弹（朝鲜版的“东风21”）；

四是“火星-10”液体中程导弹升级版；

五是新型“疑似固体”的陆基中远程导弹（朝鲜版的“东风31”）；

六是新型液体的陆基远程导弹（“大浦洞2”导弹改进型，主要用于发射卫星）；

七是新型疑似固体的陆基远程导弹（朝鲜版的机动“白杨M”）。

如果从2015年大阅兵算起来，朝鲜用了不到两年时间就完成了七款新型导弹的研制工作。这个“朝鲜速度”是全球第一，毫无疑问，就连美国也没有这个研制能力，中国和俄罗斯也做不到。美国研制“民兵”导弹的研制周期都以10年计算，俄罗斯在“白杨”导弹的技术基础上研制了“白杨M”导弹，前后耗时也将近10年，从“白杨M”导弹再到“亚尔斯”导弹又用了将近8年时间，从“亚尔斯”再到“边界”导弹依旧花费了5年以上的时间。同样，中国在“东风21”导弹研制中花的时间也都在10年，“东风31”导弹也不例外。

如果朝鲜上述导弹都已经形成了战斗力并批量服役，这只能说明其他核大国确实已经到了“技不如人”的地步，就算是美、俄、中、法四个核大国（英国可以忽略）也没有能力在两年或四年之内研制出类似的七款先进导弹，确实让这些国家汗颜不已。再说说印度吧，“烈火”系列导弹、“大地”系列导弹，从研制到列装已经几十年了，但至今“烈火5”还没有服役，“烈火6”还在研制计划中，要知道印度是“要风得风、要雨得雨”，顺风顺水，依旧没有这个能力。确实可以认为朝鲜人比较刻苦，比较聪明，比较务实，比较较真，但科学毕竟是科学，来不得半点马虎，因此，朝鲜这些导弹的亮相让国际社会惊诧之余更多开始理智思考了。

技术问题就不多说了。还是来说说钱吧，也就是军费。朝鲜每年的GDP在300亿美元左右（连准确的GDP数字都是“谜”），由于“先军政治”的要求，每年军费开支约占GDP的四分之一，也就是约为75亿美元。朝鲜需要养活110万军队，还要维持军队的正常运作和日常训练，也就是朝鲜每年能拿出来研制武器装备的费用最多也只有30亿美元，还要研制耗资巨大的核弹。就算是朝鲜人工成本很低，导弹本身也需要耗费巨资来研制和试验，研发一枚先进导弹耗资都在十几亿、几十亿美元，因此，朝鲜捉襟见肘的军费或追加的科研经费并不足以支撑朝鲜快速研制和列装大量新型导弹。事实上来看，朝鲜导弹试验次数极为有限，也与经费不足有很大关系。

那么，接下来需要关注的便是朝鲜是否大量试验新型导弹，如果没有这些试验，一切都不靠谱。

（2017.4）

美军航母“爽约”朝鲜半岛

“卡尔文森”还没到朝鲜半岛相关海域，让国际社会十分不满，怎么还没有来，难道是“卡尔文森”航母爽约了吗?

不是！是国际社会太着急了，有种“皇帝不急太监急”的感觉。

为什么国际社会都希望美国航母快点去朝鲜半岛，有两个诱因：一个是在2017年4月8日，美国海军利用“战斧”导弹打击了叙利亚军事目标，全球目光就即刻瞄准了朝鲜，看特朗普是否会军事打击朝鲜核导目标。另一个是又过了几天，美军再次出手对阿富汗的恐怖分子目标使用了“炸弹之母”，让全球目光再次集中在了朝鲜，看“炸弹之母”什么时候会光临朝鲜。

很自然，叙利亚的处境会被人联想到朝鲜。此时传来美国“卡尔文森号”航母将从澳大利亚海域掉头前往朝鲜半岛海域执行军事任务。这个“消息传来”的时间相隔10天左右。

航母战斗群不是一艘航母那么简单，还要配合有攻击性核潜艇、巡洋舰、驱逐舰、综合补给舰等，如此庞大的舰队速度多是“就低不就高”。战斗群里航速最慢的是补给舰，约为最高航速26节，每节是1.852公里，其他战舰的最大航速都超过30节，也就是55公里。但在非紧急战斗任务期间，未必会用最高时速疾驶，多是采用经济速度，控制在20节以下。因此，“卡尔文森号”航母战斗群前往朝鲜半岛不需要用30节的极限速度赶路，而是走走练练，这才更符合美国海军的训练规则，如此会让美军航母战斗群的路途时间更长了。单单美军从西海岸，如圣迭戈，调动航母到朝鲜半岛所需要的路途时间大概是2周，约15天。因此不要把航母当成是飞机，一天就能飞过来。因此，“卡尔文森”航母不是爽约，而是还在路上。

此外，“卡尔文森号”航母就算来了，也是建立防御体系，而不是进攻体系。要知道一艘航母的出现，不足以对朝鲜形成完全军事优势，这就需要美军派更多航母来驰援。

为什么媒体都在疯传美军会有至少三艘航母集结朝鲜半岛附近海域，这还真不是美军发言人说的话，而是媒体的军事评论人员的臆测罢了，也就成为媒体质疑“美军何时派遣更多航母”的借口了，毫无疑问的是“美军躺着就中枪”了。

还是先来看看美军的航母状态吧，这样可以明白四五月份的美军航母的种种表现。

“基辅号”航母

经查询美国海军官网，美国海军现役10艘航母的位置如下：

1.“尼米兹号”航母（CVN68）：4月17日官网报道目前位于美国西海岸附近海域继续开展部署前合成训练演习，其母港为华盛顿州的布雷默顿基地。隶属于太平洋舰队，可用。

2.“艾森豪威尔号”航母（CVN69）：4月12日报道该航母日前完成了实战前战备保持演习，目前已经返回弗吉尼亚州诺福克海军基地待命。隶属于大西洋舰队，不可用。

3.“卡尔文森号”航母（CVN70）：4月15日穿越印尼“巽他海峡”。隶属于太平洋舰队，可用。

4.“罗斯福号”航母（CVN71）：4月17日正在加利福尼亚外海开展舰载机起降训练。隶属于太平洋舰队，可用。

5.“林肯号”航母（CVN72）：位于弗吉尼亚州纽波特纽斯港，目前正在港内进行为期4年的燃料加注和船体综合维修，预计2017年年中完成。隶属于大西洋舰队，不可用。

6.“华盛顿号”航母（CVN73）：该航母最近一直停靠在美国弗吉尼亚州诺福克海军基地，计划5月份开始换料大修，预计2021年完成。隶属于太平洋舰队，不可用。

7.“斯坦尼斯号”航母（CVN74）：航母停靠在其母港华盛顿州的布雷默顿海军基地进行6个月的小修，最早8月底出港。隶属于太平洋舰队，暂不可用。

8.“杜鲁门号”航母（CVN75）：母港位于诺福克海军基地。目前正在基地内进行维修计划，今年8月份出港。隶属于大西洋舰队，暂不可用。

9.“里根号”航母（CVN76 ）：位于日本横须贺基地，2017年1月10日进入船坞进行检修，计划5月份完成，实战化部署需要6月份以后。隶属于太平洋舰队，暂不可用。

10.“布什号”航母（CVN77）：根据美国海军官网3月27日报道目前该航母正在中东执行打击“伊斯兰国”的行动。隶属于大西洋舰队，不可用。

11.“福特号”航母（CVN78）：4月14日海军官网报道其完成海上测试返回诺福克海军基地，计划这个春天交付海军部队。隶属于太平洋舰队，暂不可用。

以上不难看出，现在不是美军用兵的最佳时机，所以特朗普巧舌表白，和平解决朝鲜核问题也是一个选项。

（2017.4）

五

装备科技

ZHUANG BEI KE JI

靠自主发展才不会受制于人

日本政府2014年4月决定扩大对中国禁售高科技产品技术黑名单，禁售名录中涉及航空航天、生物制药、精密仪器等高科技行业，被制裁名单中多为中国高校、研究机构及企业，范围之广令人震惊。其中日本最想制裁中国的就是航空航天等高科技领域，在日本政府看来，中国航空航天技术之所以有今天的巨大成就，如“歼-20”和“歼-31”隐身战斗机频繁试飞，“嫦娥奔月”和“玉兔落月”，“神舟”载人飞船翱翔天宇，这一切似乎都与日本“提供”给中国的诸如精密仪器和航空航天技术有关，这就是日本“制裁”中国的怪异逻辑。尽管日本精密仪器和电子工业十分发达，并在国际市场上有一定的占有率，但能卖给中国科研院所和企业的多为民用产品，最多也就是工业级产品，这些产品完全满足不了军用及航空航天等高科技产品使用。日本等西方国家也不可能将这一类敏感的电子元器件，尤其是军用级别的产品外销给中国。因此，日本对中国进行的所谓制裁不会对中国高精尖产品的发展带来任何实质性影响。

对中国不断实施技术制裁的国家主要是美国，尤其是涉及航空航天、高性能计算机等，美国更是变本加厉加大制裁力度，让中国从美国能买得到的高技术产品也就剩下波音公司的民用客机了。但美国的制裁并没有妨碍中国这几十年的科技进步，尤其是航空航天领域的巨大进步。20世纪80年代，美国格鲁门公司本来要和中国一起研制“超-7”战斗机，利用中国“歼-7”和美国“F-20”战斗机联合起来成为“超-7”。但美国公司后来的“爽约”让这项计划下马，后来中国在俄罗斯动力系统的帮助下，依靠

体验武器装备研制的艰辛历程

自己的力量短短15个月就让这一下马的项目成为现实，这就是后来的“枭龙”战机。目前这款战机已经成为巴基斯坦空军的主力战机之一。

同样对中国制裁较多的就是欧盟，在美国、日本的怂恿下，欧盟对华进行了长达几十年的武器禁运，但结果呢？绝不是欧盟赢得了制裁，而是不少欧盟国家都在期待向中国技术解禁，因为再不解禁，自己的技术对中国就没有什么吸引力了。从目前来看，欧盟已经没有什么大宗武器等高技术产品值得中国青睐了，看似比较先进的“台风”战斗机在中国失去竞争力，至少中国的“歼-20”就比它强得多。也许能吸引中国目光的也就是德国的某些制造技术，中国作为一个制造业大国需要更多成套精密仪器设备，对于中国和德国而言也是双赢的结果。因此，中国科技进步对欧盟绝对是机会而非挑战。

日本则是一个另类国家，自身资源不丰富，短板颇多，但就是依仗创新能力强，力争在亚太乃至世界范围内发挥主导作用，但这也是日本的一厢情愿。至少在中国“北斗”核心系统中没有日本的关键技术，在中国的“运-20”工程中没有日本的关键技术，在中国的“辽宁号”航母中没有日本的关键技术。毕竟这些产品都事关国家安全，尤其是重要的核心部件不可能会有其他国家的关键技术在里面。

中国一直在谋求航空航天高科技领域的自主发展，因为这些核心技术只有掌控在自己手里才能心里踏实。经历了长达几十年被西方技术封锁的中国对此是深有感受，手中有粮心中不慌，只有立足于自主发展才能更好地服务于综合国力提升，也才能更好地实现均衡发展。如果西方国家愿意与中国在高技术领域合作，当然是锦上添花的好事情，也是互利双赢的好事情。

（2014.4）

二炮“九三”阅兵排山倒海并气势如虹

这场声势浩大的“九三”阅兵亮点纷呈，无法一一圈点，但就最大阵势梯队和方队来看，无疑是天上的空中梯队和地面的二炮装备方队。但就空中梯队而言还包括了三个兵种，即空军航空兵、海军航空兵和陆军航空兵。而二炮则是一个兵种就撑起了庞大的地面导弹方队，让人眼花缭乱，大呼过瘾，感叹气势如虹，阵势如排山倒海。

要说这次亮相的二炮导弹装备的最大亮点无疑是新导弹层出不穷，很多之前没听说过的“东风-16”、“东风-26”、“东风-5B”导弹悉数亮相，让国人和国际社会咂舌，感叹中国导弹武器发展神速。此外，一直传说中的反航母导弹“东风-21D”业已实至名归，由官方媒体首次高调证实。就连“老兵”“东风-5B”也是出乎很多人的意料，“老兵”这个大家伙时隔31年重出江湖，并展示了最新的技术改进型，重新焕发了勃勃生机。

这次战略导弹部队集中展示的七种型号各异的导弹武器，既有战役战术导弹，又有战略导弹，还有巡航导弹，这些导弹在整体作战体系中各自发挥着重要作用，如战役战术导弹“东风-15B”、“东风-16”就属于中近程弹道导弹，采用了复合制导方式，可以对1000公里的目标实施精确打击，毫厘不差。由于采用了常规战斗部，因此可以在军事冲突中发挥巨大的“点穴战”独特效力。“东风-21D”导弹比较特殊，虽然也是战役战术导弹，但其打击目标是海上慢速移动目标，而不局限于固定目标，因此其指向性极强。战略导弹就包括“东风-26”中远程导弹、“东风-31A”和

"东风-5B"两种洲际弹道导弹。不同于战役战术导弹，战略导弹奉行的是核战略威慑能力，因此其战斗部以核武器为主，也算是中国军队的绝对"大杀器"了。还剩下一种导弹就是大名鼎鼎的"中国版战斧"——"东风-10A"导弹武器系统，它的再次亮相不仅让其技术状态极大升级，更是让二炮部队由单一的弹道导弹形态转变为"巡航"和"弹道"相结合的极佳武器搭配模式。这些导弹武器由于广泛采用了高精尖的惯导系统，甚至采用了复合制导方式，因此其打击精确度和威慑能力都有了大幅增强。

中国二炮部队自从1966年组建以来，走过了极为不平凡的坎坷道路。这支部队的第一次公开亮相是1980年向南太平洋所罗门群岛海域发射运载火箭的重大科技事件。之后在1984年，中国二炮已经服役的"东风-3"、"东风-4"、"东风-5"型导弹让国际社会深刻认识到了中国"不好惹"，已经有了可以保障国家安全的杀手锏利器。到了1999年，导弹变小了，这是当初的口头禅，也说明了中国第二代固体火箭发动机的导弹武器已经日趋成熟。再到了2009年，情况又发生了重大变化，二炮导弹方队展示了新型"东风-31"改进型导弹，并多次强调"核常兼备"，强调打赢战争的基础能力。这次大阅兵就是近些年军事发展成果的集中展示，不怕新，就怕不新，展示新型也是充满自信的表现。总而言之，中国二炮部队

在新华社做"九三"大阅兵情况介绍

已经具备很强的战斗力和保障力，可以在可预见的军事斗争中强化“首战用我，用我必胜”的能力建设。

比较值得一提的就是“东风-21D”反舰弹道导弹，它的亮相惊艳全世界，让某些国家感觉到了巨大的威胁。这是目前世界唯一的中程反舰弹道导弹。多年以来，外界有过大量的猜测，一直都想证实它的真实存在。“东风-21D”中程反舰弹道导弹是中国专门为应对大型水面舰艇威胁而研制的打击海上移动目标的导弹，也是世界第一种反舰弹道导弹，号称“航母杀手”、“航母克星”，具有攻击大型水面舰艇的能力，其特点是可以在打击过程中改变飞行轨迹以避开反导拦截。“东风-21D”具有不少突出特点。一是精确度高。弹道导弹达到巡航导弹的精度。二是变轨能力强。弹道导弹飞行末段采用末段制导，可主动变轨，提高命中率，适合打击机动目标。三是突防能力好。再入速度快，配合诱饵弹头，规避“宙斯盾”系统拦截。四是机动能力强。采用车载式路基发射平台，具有很强的机动性。

另一个比较值得一提的就是“东风-5B”洲际弹道导弹，它的压轴亮相同样惊艳了世界，让个别敌视中国的国家感觉到了莫大的威胁。“东风-5B”洲际导弹是采用液体火箭发动机的重型洲际导弹，主要安置在陆基固定发射井内发射，是目前中国唯一一种能直接打到美国全境的洲际导弹。“东风-5B”导弹同1984年国庆阅兵中亮相的“东风-5”导弹相比，性能已经发生显著变化。它是我国目前最先进的分导式多弹头液体洲际战略导弹，具有携带弹头多、打击目标广、突防能力强、毁伤威力大的特点。此“东五”非彼“东五”，两者不可同日而语。

至于之前有外媒不断评论说，中国举行阅兵以及亮相武器装备是在震慑某些国家。其实这里面有几个考虑，一是中国作为二战战胜国举行胜利日阅兵合理合法，毫无被指责的丝毫借口可言。二是这次阅兵主题就是抗日战争胜利70周年，确实是针对“旧日本军国主义”复活的潜在威胁，如果这些国家还想继续发展，就需要安倍政权停止走军国主义的老路。以史为鉴，不要让历史的悲剧重演。

轰六K“战神”轰炸机

既然说到了世界范围内的导弹水平和现状，就不妨看看其他主要国家的战略打击力量，就以美国和俄罗斯为例。美国和苏联自从销毁全部中程导弹后，就重点发展“两头”，一个是洲际导弹，如现役的“民兵-3”型导弹、“巨浪-1”导弹；一个是射程小于300公里的战役战术导弹，如美国陆军大量装备的陆军战术导弹系统。俄罗斯也是同样的道理，洲际导弹有很多种，“白杨”、“白杨M”、“亚尔斯”、“边界”、“萨尔马特”等等；说到战役战术导弹，那就不得不提一提俄罗斯武器库里面大名鼎鼎的“伊斯坎德尔”导弹。而中国导弹，门类齐全、种类繁多，制导系统多样化，而且有相当多的导弹对于美国和俄罗斯这样的大国依旧是暂时的空白。

（2015.9）

也谈中国中段反导技术

反卫星武器与卫星技术同步，如何理解这句话？研发反卫星武器更多是美苏在冷战期间一个博弈点。在近几年，除了美俄两国，很多国家都对反卫星试验表现出兴趣，比如中国、印度、伊朗和朝鲜等国家。为何研发反卫星武器越来越被重视？

在太空有了军用卫星之际，世界主要军事强国也就开始研发相应的反卫星武器，要知道，太空的军事侦察、通讯、导航等卫星对其他国家是一大威胁，只有把这些卫星打掉才能让自己的国家安全得到保障。尤其是世界主要发达国家对天基卫星的依赖越来越重，这些卫星对地面构成的威胁已经从之前的防御性转向了进攻性，要想遏制这些国家强大的军事能力，就有必要对其严重依赖的卫星系统予以清除，只有通过多种反卫星能力的建设，才能最终取得“制天权”的胜利。

许多国家都以弹道导弹防御试验为借口进行反卫星武器试验。导弹防御试验与反卫星武器试验两者为何总被外界联系到一起？

从目前来看，弹道导弹防御与反卫星武器试验有十分密切的技术联系，尤其是处于中低轨道运行的卫星与飞行中段的弹道导弹具有很多的相似之处，如飞行轨道、目标特性等，因此，只要具备中段拦截能力的拦截导弹就可以实施对卫星和弹道导弹的有效拦截，不过技术核心在于需要具备很强的高速飞行目标的跟踪和识别能力。

现在各国愿意使用激光技术摧毁太空中的目标。激光武器有哪些优势让它受到了追捧？有美国媒体报道说，“中国正在发展一些反卫星武器，包括可致盲卫星光学器件的陆基激光器。这些武器可能被部署在不会遭到外军打击的中国腹地，从而能对敌国的太空军事系统实施威慑”。如何评价中国的陆基激光器？它能对美国的侦察卫星造成威胁吗？

激光武器是定向能武器之一，最大优势是“指哪打哪”，不需要“飞行”时间，可瞬间摧毁或干扰高速飞行的各类太空飞行器，尤其适合于在外太空作为攻击性武器。高能激光武器除了能彻底摧毁太空目标外，也能对目标实施致盲性打击，让其暂时失去功能，是世界各军事强国今后武器发展的技术潮流和重点方向。中国发展激光武器并不晚，也具备很强的技术优势，尤其是在高能激光武器方面具备一定的实力，它本身就可以作为反卫星武器的一个重要选择。

美国为了保持在太空中绝对的军事优势，全力开发和研制天基（陆基、海基）反卫星武器系统。美国的反卫星技术在全球是否最成体系最具实战力？有说法称，太空是美国“最致命的软肋”。

不可否认，美国是反卫星武器发展最强的国家，特别是“星球大战计划”让美国实施了大量研究工作，并产生了很多实际的应用成果，如“智能卵石”等。如今美国的陆基和海基反卫星能力已经具备一定规模，包括采用定向能武器，如激光武器等反卫星的能力也都很强，最典型的是“标准-3”导弹多次试验，已经具备了较强的实战能力。

但确实美国的卫星系统有其“软肋”，美军太依赖于太空技术的支持了。这也是为什么美军强调保护其太空资产的重要原因。从美军现有太空系统来看，多具备较强的抗干扰能力和抗毁伤能力，此举也是美军今后太空技术发展的重点。

近几年美国日本等国家不断渲染中国的反卫星试验，认为中国的这一举动加剧了太空军备竞赛。

中国反卫星技术能力与美国相比差距很大，包括拦截技术、试验次数和实战能力等，中国试验反卫星武器只是谋求掌握维护国家安全的“杀手锏”，对挑衅中国的强敌“一招制敌”，绝无挑衅他国的目的。尽管招致美国等西方国家的无端指责，我们也要搞下去，直至成功！

（2016.6）

比翼齐飞的飞机制造业

中国飞机生产企业不少，西飞、陕飞、成飞、沈飞、贵飞等等，但能生产歼击机、攻击机、歼击攻击机等一线作战飞机的企业不多，西飞主要是运输机、轰炸机、歼击攻击机（战斗轰炸机）等，陕飞主要是研制运输机、特种飞机等。只有成飞和沈飞是以研制生产歼击机为主，并形成了国内“两足鼎立”军工企业。

一般而言，提到西飞、沈飞，这都是笼统的称呼，实际上都是研究所和制造厂的合称。研究所负责飞机设计，制造厂负责生产产品，并做产品配套、集成。

沈飞是老大哥，早期的歼击机都是以沈飞仿制为主，一直到了“歼-8”系列战斗机，直到引进了“苏-27”和“苏-30”机型后，沈飞才发现自己的差距如此巨大，并在授权之下开始仿制并组装“苏-27”战机。随着不断消化吸收，沈飞基本上形成了以“歼-11”为主的生产模式，无论是“歼-11”改进型号，还是“歼-16”重型战斗型号，舰载型号“歼-15”等等，都是以“歼-11”基础为主。现在沈飞基本上把“苏-27”吃透了，玩精了，并且具备了很强的独立升级改进能力。作为一款双发重型歼击机，比较符合部队的胃口，大有大的好处，战斗力强，震慑力也很强。此时的沈飞已经基本上脱离了原有飞机设计轨迹，原来的宝贝“歼-8”基本上简单维持已有的规模。至于说到“FC-31”，不得不说它是沈飞的技术结晶，也算是沈飞拿出来的第一种隐身设计飞机，但这款飞机毕竟没有纳入计划，这就导致研制经费不足，需要自筹，研制效果就不如“歼-20”那

在成都飞机制造公司谈周边热点局势

么明显。今后沈飞不仅仅靠引进吸收，还要不断加强自主创新能力。

成飞是小兄弟，从沈飞分家后把“歼-7”这个型号带走了，“歼-7”脱胎于“米格-21”，20世纪60年代的技术产品，成飞推出来的“歼-7”改进型特别多，既有海空军自用型号，还有大量出口国外的型号，正是这个“歼-7”让成飞人学到了很多东西。还有“歼-10”，这个型号让成飞知道了全流程设计飞机，这款歼击机也算是中国航空工业第一款独立设计的歼击机，意义重大就在于此。尽管由于引进“苏-27”造成资金紧张，有些人认为应该搁置“歼-10”而重点仿制“苏-27”，但最终的决策还是保住了“歼-10”这个工程，让中国航空人第一次扬眉吐气了。如果要说成飞很牛，就牛在“歼-10”的诞生。既然可以独立研制先进三代机了，那么一年时间就研制出来“枭龙”就不难理解了。以后的日子里，成飞人越战越勇，在研制“歼-20”隐身四代机时，全力投入，争取让四代机早日服役。

沈飞和成飞，它们正比翼齐飞！

（2016.7）

中国跻身军用大型运输机强国

2016年7月6日，“运-20”运输机在空军航空兵某基地举行了飞机授装接装仪式，首批两架“运-20”运输机正式加入现役。这意味着中国军工又填补了一项国产武器空白，为中国实现自主国防再下一城。过去很长一段时间，中国空军长期靠“肚量”不大的“运-7”和“运-8”作为主力运输机，尽管这两款运输机改进型不少，但运载能力小、航程短，严重制约了解放军的机动能力，难以满足中国军队的实际需求。而对于大型运输机，只能寻求从俄罗斯等国购买二手的“伊尔-76”来满足应急之需。随着“运-20”的服役，解放军从此将逐渐告别依赖“伊尔-76”机型，而“运-20”更优异的性能将为中国军队战略转型插上强劲的钢铁翅膀。

大飞机研制生产本并非易事，尤其是200吨级以上的大型军用运输机研制更是难上加难。就目前而言，能研制生产大飞机的国家很少，也就美国、俄罗斯、欧洲个别国家、中国、日本等，但如果是独立自主研制大飞机的国家可能只有美国、俄罗斯和中国了。

按照现代军用大飞机的标准，200吨级算是大飞机正常的初级标准，美军的“C-17”“环球霸王”接近300吨，美军的“C-5”“银河”和苏联的“安-124”则接近400吨，而目前世界上最大的运输机是苏联研制的可达到600吨的“安-225”“梦想”大型运输机。但也并不是越大越好，“安-225”用途就十分有限，经济性较差，但可作为特种用途使用，比如驮着航天飞机转场，但应用和使用量有限，不如200吨、300吨级的运输机方便好用，中国的“运-20”就是运输机的主流产品之一。

“运-20”运输机是中国自主研发的首款战略运输机，2007年立项，2013年1月26日首飞，2014年11月在珠海航展上首次公开亮相，2016年7月6日就正式入列服役。“运-20”可在复杂气象条件下执行各种作战物资、装备和人员的长距离航空运输任务，它装备四台大推力涡扇发动机，如果满载66吨物资，飞行距离为4500公里，在载重40吨的情况下，其飞行距离可扩大到近8000公里。据称，“运-20”装备部队的总数量将超过百架。由于“运-20”是一款战略性装备，将来装备部队后，对改善我军装备现状、保卫国家安全有着不可替代的重要作用，同时“运-20”作为特种飞机的改装平台，可以有效改装成为加油机、预警机和电子侦察机等，它们的先后服役也将推动中国空军向战略空军迈出坚实的一步。

“运–20”“鲲鹏”展翅

与俄罗斯的“伊尔-76”相比，两者同属于200吨级的大型战略战术运输机，但是“伊尔-76”的最大起飞重量为190吨，而“运-20”最大可达220吨。“伊尔-76”系列最大有效载重在50吨，而“运-20”最大载重可以达到60多吨，而且货舱尺寸比“伊尔-76”要大。简言之，“伊尔-76”能干的活，“运-20”都能干而且干得更好。比如，“伊尔-76”就装不了“99式”主战坦克，“运-20”就没问题。

与日本的“C-2”和欧洲“A-400M”相比，“A-400M”最大起飞重量137吨，采用四台涡轮螺旋桨发动机，由于它设计目标是快速部署轻装部队，只运送人员和轻型装甲车辆，其最大载重仅37吨，但对可用的机场要求较低，是块平地就能降落。除了战术起降能力外，多数性能指标都低于“运-20”。也难怪德国《世界报》网站发表文章称，如果看下中国的新军用运输机，欧洲的空军司令官们可能会十分嫉妒。与欧洲的相应机型“A-400M”相比，“运-20”66吨的载运量几乎是“A-400M”的两倍。不仅如此，中国首架“运-30”飞机将于2020年升空，该机在外观上与“A-400M”惊人的相似，一旦中国“运-30”成功首飞，又会让欧洲人嫉妒不已。

至于日本新近研制的“C-2”运输机，最大起飞重量也就140吨，最大运载重量不到38吨，运输能力有限，但基本上符合日本在所谓离岛间战术运输的实际需要。但客观讲，日本的“C-2”运输机有点“大马拉小车”，其两台发动机选型与波音-767相同，单台推力就达到了26吨以上，因此“C-2”的运输能力将有进一步提升的潜力。

与美军的“C-17”大型战略战役运输机相比，“运-20”还有些差距。“C-17”具备战术运输机起降能力，该运输机采用4台超过18吨推力的发动机，最大起飞重量可达272吨，而“运-20”是购自俄罗斯的4台“D-30KP-2”发动机，单台推力仅12.5吨。这是“运-20”与“C-17”差距最大的地方。此外，“运-20”毕竟是我国自行研制的第一款200吨级飞机，在结构设计、复合材料运用方面与“C-17”不在一个水平线上。但航空电子方面，包括航电系统和飞控系统等，“运-20”与“C-17”没有差距，这些都得益于我国近年来不断飞速发展的电子工业。与“C-17”优异的战术性能类似，“运-20”也具备很强的起降场地适应能力。由于“运-20”采用液压可收放前三点式起落架，能依靠重力应急自由放下，使之对起降场地的适应能力增强，短跑道起降性能优异。总之，与“C-17”相比，“运-20”的内部空间高度比“C-17”高出很多，有利于按最大机舱高度装载单件超限货物，能够运输“C-17”不能装载的超高货物，也能够运输“伊尔-76”无法顺畅载运的主战坦克等重型超宽装备。这一独特装载性能，使之可以运载我军绝大部分大型车辆与其他货物。

以上是对比飞机的性能，若从飞机设计和制造角度来看，“运-20”实现了计算机仿真的全数字化设计、3D打印等先进技术，设计和制造周期有较大幅度降低，这也就促成了“‘运-20’立项晚，但首飞并不晚”的实际情况。令人欣喜的是这个设计团队人员年轻，有能力、有干劲，难怪让国外同行纷纷咂舌。

客观地讲，“运-20”设计起步晚，可以更好地借鉴先进经验， 后发制人，就此而言，“运-20”运输机的气动效率要比俄罗斯的“伊尔-76”和美国的“C-5”都先进得多，材料工艺水平也比“伊尔-76”要好。毕竟“伊尔-76”和“C-5”都是设计于20世纪60年代。因此，“运-20”得益于时代的进步，使用了超临界翼型、电传操纵系统，气动设计的水平和效率远远优于这些前辈机型。而在新材料、新工艺的应用上，包括大量复合材料结构部件的应用、超高强度钢起落架、碳碳刹车等，“运-20”也远远比“伊尔-76”要强得多。可以说正是“时代造就了‘运-20’的先进性”。

但“运-20”存在的最大短板是发动机还不能自主生产，暂时还要依赖进口。另外，俄罗斯的“D-30KP-2”发动机与“伊尔-76”所用的一模一样，单台推力仅12.5吨，4台加起来也就勉勉强50吨，这就让身板强健的“运-20”少了一颗更为脉动强劲的心脏。现在，我们正在研制自己的大推力发动机，只要这个唯一的短板尽快补齐，那么中国的“运-20”整体技术性能还将有一个很大的提升，与美军的“C＝17”差距也将进一步缩小。

大型军用运输机是21世纪军事强国的名片，也是衡量一国是否具备战略空运能力的重要标志。因此，各军事大国都十分重视大型运输机的发展。作为战略空军的基石，“运-20”装备中国空军后，将使中国空军开始具备强大的战略投送能力，也可以更好地保卫我国和地域安全，参加地区和国际安全合作，维护世界和平。

（2016.7）

“似曾相识”的俄罗斯“舞会”反舰导弹

20世纪90年代末，莫斯科机械制造设计局牵头研发了新一代产品——“舞会-E”机动式岸防导弹系统(以下简称“舞会-E”)。2004年9月，“舞会-E”顺利通过试验。2011年11月，该系统被正式编入里海区舰队岸防导弹分队的作战序列。

每套“舞会-E”系统包括：4辆“玛兹-7930”型导弹发射车、2辆指挥控制车、4辆运输装填车、1辆通信车及配套的雷达设备。每辆发射车上安装有8联装导弹发射管，一次可齐射8枚“Kh-35”“天王星”反舰导弹。按此计算，4辆发射车可在几秒内齐射32枚导弹。此外，4台运输装填车还携带有32枚备弹，用于二次发射。该系统发射准备时间只需5分钟，一次齐射完毕后装填弹药至第二次发射，只需30分钟。

2003年开始服役的“Kh-35”是俄新星设计局于20世纪80年代研发的通用型反舰导弹。该弹不仅可从陆基发射车发射，还能从水面舰艇、舰载直升机或战斗机上发射，能有效打击5000吨以下的水面舰艇。该弹的外形与美军“捕鲸叉”反舰导弹十分相似，弹长3.85米，弹径0.4米，弹体采用常规气动布局，十字形折叠翼外加长尾翼，弹体下方采用梯形进气道，其动力系统采用涡扇发动机，尾部还串列配置一台固体燃料助推器。

“Kh-35”最大射程130公里，最大飞行速度0.8马赫，搭载145千克成型装药高爆弹头。该弹采用“惯性制导+末段主动雷达制导”复合式制导系统，在弹体头部安装了一台“ARGS-35”型X波段主动雷达，用于探测和锁定目标，还能确定其方位角、高低角及距离等坐标参数，向制导系统分发相关信息。由于还安装有高精度无线电测高仪，“Kh-35”在弹道中段的飞行高度仅为5米至10米，具备较强的掠海突防能力，非常适合攻击高速航行中的水面舰艇。

（2016.8）

中国高端武器出口路在何方?

20世纪50年代，在我国开始建设国防工业的时候，毛泽东主席曾经说过：我们不当军火商。在这种思想指导下，1978年以前，我国的对外军事援助都是无偿的。前后20年中，曾向朝鲜、越南、阿尔巴尼亚、罗马尼亚、巴基斯坦、孟加拉、柬埔寨、尼泊尔、埃及、赞比亚、坦桑尼亚、苏丹等10多个国家无偿援助了大量武器装备，仅作战飞机就多达1153架。

随着国际形势的变化，1978年，邓小平同志考虑到引进国外先进军事技术时极度缺乏外汇，就特别指出：看来不当军火商不行了。1979年1月2日，中央批准对外军事援助由原来的全部无偿改为收费、以货易货和无偿援助三种方式。修改援助政策后的第一单就卖给了埃及。1979年5月，中国向埃及出口“歼-6”型飞机44架、“歼教-6”飞机6架等，总成交额为1.67亿美元。之后，中国武器就开始在亚非拉等一些第三世界国家中普遍存在，尤其是两伊战争期间，中国武器在中东地区取得了良好的国际声誉。特别是中国在80年代末与沙特阿拉伯完成了中程弹道导弹武器的销售，更是让中国导弹武器在国际市场上知名度越来越高。

但随着冷战结束，中国开始从美国的重要朋友转变成了重要对手和潜在敌人，加之美国裹挟欧洲一些国家开始对中国实施严苛的武器技术和贸易制裁，中国在国际军售市场不断遭遇到美国、日本等国家的打压。一是封锁住中国军事技术的合作通道。自己不卖，也不允许盟国卖，就连中国和以色列的预警机和无人机合作都要横加干涉并彻底搅黄。二是堵住中国武器出口的渠道。一方面对于自己阵营的盟国购买中国武器说“不”，最典型的就是土耳其通过国际招标，希望选择中国的“红旗-9号”导弹；对于另一盟友泰国想购买中国常规潜艇一事，美国也大为恼火，甚至施加压力希望此单“泡汤”。另一方面对于其他非美国盟国购买中国武器，美国依旧是要么搅局，要么参与竞争。总之，就是希望把中国武器赶出国际市场。但遗憾的是美国的如意算盘并非总能打响，之前，中国竞标了科威特的远程火炮项目，美国也积极参与并希望排挤中国，但最终中国武器还是落户了科威特。同样，土耳其在美国的压力下也先后购买了中国的远程火箭炮系统和战役战术导弹系统，这也说明了中国高端武器还是极具竞争力的。除了上述两款武器之外，“枭龙”战斗机、“K-8”教练机、“L-15”教练机、“VT-4”主战坦克和各类战术导弹武器也都被一些国家看好。这充分说明了中国武器已经摆脱了以价格取胜的竞争阶段，更加看重性能的提升。

从另一层面来看，中国武器出口也需要有所突破，才能完全占领国际市场。

一是要立足国产，实现整装出口，不受制于人。最典型的就是航空发动机，“枭龙”战机不能总是装着俄罗斯的发动机抢占国际市场，要有自己的核心部件，这样才能摆脱方方面面的限制。

二是要立足于强化出口武器装备的“技术含金量”，走中高端武器出口的道路。就以航空武器为例，不能总是把销售“歼-7”战斗机作为市场目标，要有更好的产品，除了目前主打的“枭龙”战机之外，也需要把“歼-10”战机作为高端机型出口，并把“歼-31”隐身战斗机作为潜在销售对象。让购买国对中国的战斗机有所期待。有了高中低系列武器装备才能让这些国家心里踏实，选择余地大，继承性强。

三是不怕竞争，敢于同美俄欧等强国在军售上叫板。中国武器不妨多参加一些武器采购的招标工作，既是学习，也是宣传自己，不要怕自己做不好。

四是不怕武器上战场，真金还需要火炼，淬火后的武器才是有用的武器。美国为了验证武器性能，总是拿局部军事冲突作为试验场，边打仗边试验边改进，仗打完了，武器也成熟了。为了对付ISIS军事力量，美军派遣了从未打过仗的“F-22”“猛禽”隐身战斗机。同样，法国为什么在打击利比亚冲突中充当“急先锋”，就是为了让“阵风”战斗机能有实战经验，在国际市场争得口碑，接到大单。

中国武器出口如今已经走向了良性轨道，中国军工技术也在突飞猛进，尽管困难不少，人为阻力更大，但只要路子对了，技术强了，经验足了，那么中国武器出口的快车道就在自己的脚下。

（2016.10）

珠海航展给了我们自信

珠海航展正在如火如荼地进行，吸引了无数海内外专业人士和军事爱好者的目光，他们每个人都在以赞誉和审视的态度对待这一届在珠海举办的新中国航展，因此这届航展无疑已经成为举世瞩目的焦点。既是中国集中展示航空工业发展成果的一次盛会，也是一次集中国防务高科技各领域于一身的综合性军工展览，更是一次吸引包括俄罗斯、美国、英国、法国等航空大国展示自身实力的高技术装备国际交流和军工商贸博览会。从每届都不断攀升的实际交易额来看，珠海航展作为中国最重要的防务交流盛会已经成为亚太乃至全球最具吸引力的防务展览。

军事科普可以借助微博

在关注今年珠海航展时，或许各位朋友都还在迷恋中国“20系列”所带来的巨大震撼，尤其是“歼-20”隐身战机的珠海首秀，一方面是官方首次公开证实“歼-20”战机的存在，另一方面则是军方首次证实这款先进战机已经走进空军部队，让中国空军首次跨入隐身飞机时代，与美国空军并驾齐驱。“歼-20”战机在珠海的亮相并不意味着要把它投入国际市场，至少在相当长一段时间内还都是我军核心装备只限于“自用”，但“歼-20”战机的亮相毫无疑问是大国实力的充分展示，这并不是炫耀，而是在国际军事格局纷繁复杂多变的今天，展示核心实力就是要打破垄断，实现大国之间的核心军事能力平衡。

除了这些航空装备外，其实本届珠海航展还有一个最大的亮点，那就是中国航天人展示出来的无比技术自信，这里我们可以简要盘点一下这届航展上的航天人带来的那些“宝贝”。

最先进入眼帘的就是中国 “航天快速发射系统”。一是“长征六号”液体运载火箭，二是“长征十一号”固体运载火箭，还有上届航展已经亮相的“快舟”快速发射系统。这些系统有一个共性，就是“快速发射”。无论是在战时还是在大灾大难面前，快速发射系统都显得至关重要。一旦自己的天基卫星体系被战争或自然灾难大规模破坏，就可以利用这些快速发射系统将通信、导航、侦察等小卫星打入轨道实施战时或应急保障。如今美国和俄罗斯都在这方面做了大量的努力，甚至将原来的洲际导弹改装为快速卫星发射系统，就连我们的近邻日本也在发展“艾普西龙”固体运载火箭，实施快速高效发射任务。中国航天在这方面有充分的技术积累和实践经验，“长征六号”、“长征十一号”、“快舟”等快速发射系统就因此而应运而生了，并经历了实际发射检验，完全达到了国际先进水准。

再有就是航天人搞出来的各类导弹武器琳琅满目，令人眼花缭乱。防空导弹中的“红旗”飘飘，“FD-2000”颇为抢眼。这款“红旗-9”导弹的外贸产品已经在不少国家安家落户，随着中国防空导弹实力的不断提升，“FD-2000”导弹已经从之前的“防空型”向“反导型”跨越式转变，也让不少客户自选择中国“ FD-2000”产品后即可形成本国的战区导弹防御体系。反舰导弹中的“CM-302”最为夺目。这款导弹似曾相识，在2015年“九三”大阅兵中，大家看到了令人瞩目的“鹰击-12”超音速反舰导弹，超音速冲压发动机、三马赫速度、多模式复合制导、300公里远射程，这些关键词就已经让“CM-302”导弹成为明星导弹，也会让那些担心航母和大型水面舰艇近海抵近威胁的国家找到了克敌制胜的“法宝”。

此外，航天人带来了具备实战经验的“彩虹”系统无人机，如首次披露的“彩虹6”、“彩虹7”，但这次展示最夺眼球的还是“彩虹5”无人机。“彩虹5”绝对是大力士，载荷能力达到了1吨重，可以挂载16枚小型对地攻击导弹，威力可见一斑。“彩虹5”具备40小时的长航时，航程足以覆盖6500公里，其综合性能不亚于美军的“死神”无人机，可以完全“无视”美军的“捕食者”无人机。另一款“彩虹”太阳能无人机也引起人们注意，它是世界上第二款太阳能无人机，飞行高度超过2万米高空，站得高看得远，目前的留空时间长达24小时，但设计指标则是留空时间几个月，这样就可以低成本并广泛用于对陆地和海洋不间断侦察、数据中继、高速通信等工作。

还有一款航天人推出的缩微版的“B-2”隐身轰炸机，看似抢了航空人的“饭碗”，尤其是西方人的“饭碗”，其实不然，这款缩微版的“B-2”隐身轰炸机采用飞翼布局、高速飞行、隐身设计，看似都是很“高大上”，但这次它仅仅是作为靶机让防空武器“练手”用的。由于其雷达反射截面积只有0.01平方米，达到了美军“F-22A”“猛禽”战斗机的隐身技术水平，高于美军“B-2A”“幽灵”隐身轰炸机，因此可以配发给各个防空阵地，用来训练雷达和地空导弹部队，做到先机发现、先机拦截。

对于中国航天人来讲，没有啥不能做的，不光可以搞出来“箭、星、弹、机”，还可以搞出来“炮”。可见中国航天凭借高技术优势也在“跨界”发展，由于技术底子厚，实力强，想搞啥都不是难事。大名鼎鼎的“卫士”系列多管火箭炮，俗称“远火”，就是航天人的得意之作。在外人眼里，航天人应该做好正业，别不务正业，比如把“东风”弹道导弹和“长剑”巡航导弹做好，但这两类导弹成本太高，关键目标可以使用这些精确制导武器“点穴战”，那些欠高价值目标或近距目标则可以换成“远火”来对付，成本会大大降低。尤其是航天人搞导弹有丰富经验，也就可以把导弹技术经验嫁接在“远火”上，比如简易惯性制导、“北斗”卫星导航、火箭发动机等技术，这可以实现“远火”远射程、高精度打击，算得上是一款廉价的弹道导弹吧。另外，航天人也在搞“弹炮合一”系统，实现了类似美国陆军“M-270”多管火箭炮与陆军战役战术导弹的有效融合。对付远距离高价值目标可以利用战役战术导弹，对付近距离一般性目标则可以用大口径的“远火”弹。

本届珠海航展所看到的航天产品还只是那些能出口的“一小撮”，但仅此就足以让人自豪了。相信，造访珠海航展，大家不仅会为天上的飞行表演叫好，也会为展馆中的航天兵器点赞，这就是中国航天人带给国人的信心和实力。

（2016.11）

逃不过美军预警监控体系的“火星”

为什么朝鲜“火星”导弹逃不过美国人的法眼？

美军监控这个星球有很多手段：

如果想看一看对方，就可以用侦察卫星。如果想听一听对方，就可以用电子监听卫星。

如果想掌握海洋环境，甚至对手的核潜艇，可以利用海洋监视卫星。

如果想了解对方的实时天候，这就需要气象卫星大显身手。

由此看来，要想监控全球，这几类卫星必不可少。

一般在讲侦察卫星时都会提到两个技术指标，一个是空间分辨率，一个是时间分辨率。世界主要航天大国都在努力发展高分辨率的侦察卫星。组网卫星越多，时间分辨率就越高。

监控这个星球的手段很多，但有一种监控很特殊，也从冷战至今仍然在发挥重大作用，这就是美军弹道导弹全球预警监控体系。这套系统基本上做到了实时监控，朝鲜不断发射各个射程的“火星”弹道导弹，这些导弹发射情况也都被美军弹道导弹全球预警监控体系完全监控。

之所以美军这套系统能看到“火星”，主要是这些导弹在飞行过程中都会有强烈的红外辐射或紫外辐射，这些辐射源将成为天基卫星捕获的目标，沿着这个辐射源就可以“看到”导弹的连续飞行轨迹，这就是美军弹道导弹全球预警监控体系的工作原理。

这套系统包括三部分，一个是已经工作了40年的DSP，也就是国防支援卫星；另一个是比较新的SBIRS，即天基红外探测卫星系统；第三个是

STSS，即空间跟踪与监视系统。这三套系统在地面和海上指挥控制中心的配合下实时监视着地球上的所有战略导弹武器发射。

国防支援卫星是美军最早发展的弹道导弹预警系统。这类卫星部署在3.6万公里的地球同步轨道，是北美防空防天司令部和战区预警系统的核心，能侦测到弹道导弹火箭发动机的尾焰，或大气层核爆炸。虽然这套系统已经黄花老去，但依旧老当益壮。

天基红外探测系统是更为先进的太空监视与导弹预警系统，主要用于战场空间描述与技术情报搜集。从代次上讲，它将是DSP的接班人，尤其重点加强对全球各区域的中短程弹道导弹的监视预警，并为美军在全球各个战区提供预警服务。

空间跟踪与监视系统可以算是SBIRS的一部分，目的是跟踪飞行中的弹道导弹，识别弹头和其他物体，比如诱饵弹头和火箭箭体残骸等。但由于经费不足，项目被削减后变身成了STSS。

正是这些“天眼”让朝鲜导弹无所遁形。但这些基本上都算是战略战役侦察。如果需要更精准的战术侦察，还需要依靠就近的各类陆基和海基雷达来锁定“火星”导弹发射轨迹。加之美军部署在日本的两部海基X波段雷达，基本上做到了时刻都能窥视朝鲜的动向。

（2017.2）

国产航母下水不搞“献礼工程”

万众瞩目的首艘国产航母在大连完成即将下水，由于完工时间与2017年4月23日“海军节”十分接近，于是媒体广泛猜测国产航母将会在“海军节”当天正式举行下水仪式。但事实证明并非如此，因为某项大的工程建设并不会为某个节日、纪念日“献礼”。大工程建设自有其建设周期，不能因为赶“献礼工程”的政治需要而罔顾技术和工程进度的客观规律，要知道违背客观规律是要吃大亏的。

中国海军第一艘航母“辽宁号”并不存在真正意义上的下水，2009年陈旧的“瓦良格”船体被拖进船坞，从此开始了现代化改装工程，前后历经三年多施工。时间到了2011年，“辽宁号”航母面临选择“海试”和“入役”两个大日子。

2011年7月27日，中国国防部首次确认中国正利用一艘废旧航母平台进行改造，用于科研试验和训练。当时就有媒体预测作为“八一建军节”献礼工程，航母将会在8月1日首次海试，但实际上的首次海试时间是在8月10日。同样，对“辽宁号”航母“入役”的大日子也有很多猜测。一说是“八一建军节”，再说就是“十一国庆节”，都是考虑到作为“献礼”，但最终选择了2012年9月25日。这个选择不是“政治献礼”，而是海试结果的技术选择，也是科学决策的重要体现。要明白一点，中国航母从来都不是“献礼工程”，“献礼工程”的“旧思维”已经不管用了。

1960年10月24日，苏联发生了一次世界上最惨烈的导弹爆炸事件。在场的苏联导弹部队司令涅杰林元帅和160名苏联科学家和技术人员全部遇难。这个时候正值赫鲁晓夫一行到达美国。为向美国人示威，赫鲁晓夫给涅杰林元帅下达任务时说："当我赴美国谈判，我的脚踏上美利坚合众国的土地时，你要给我放一枚导弹，吓唬吓唬美国人。"正是这样一个"政治献礼工程"，在火箭出现故障却依旧坚持发射时导致箭毁人亡。

不可否认，在新中国成立以后，"献礼工程"此起彼伏，有卫星发射，有阅兵需求，有大型活动，也有不少大型城市建设。其中，"跃进号"万吨货轮就是惨痛教训一例。"跃进号"自1958年9月开工建造，从船台铺底，到船体建成下水，只用短短58天时间，可谓是创了世界纪录。但就是这样一艘创纪录的万吨轮于1963年4月30日首航，第二天就在苏岩礁附近触礁沉没。确实这么多年来，我们听到的很多了，向国庆献礼，向奥运会献礼，向某某节日和纪念日献礼，却从来未曾听过一句，向安全献礼，向品质献礼。如果真要献礼的话，那就是安全和品质才是对节日、纪念日最好的"献礼"。要知道质量是工程建设的永恒主题，尊重科学和客

在"辽宁号"航母上

观规律更是远远高于“献礼”的实际意义。中国航母从来就不信奉“献礼工程”，关键要的就是尊重科学、尊重事实。

航母属于特大型水面舰艇，其下水仪式在西方国家尤其是美国备受重视，一般都会邀请航母舰名命名本人或家属来剪彩和“砸香槟”，希望航母有好运，同时也会邀请社会各界代表来观摩这一盛大的海军盛事。“尼米兹”级第九艘“里根号”航母下水时就邀请了里根夫人参加仪式并亲自“砸香槟”。“福特号”航母下水时，前总统福特的女儿苏珊·福特也亲临现场启动注水按钮并“砸香槟”。可以说，航母下水是一件军事上的大事件，举行下水仪式也是西方国家的普遍惯例。

舰船下水是船舶建造的一个重要步骤，是指船体完成后就可将船只从船台或者船坞等建造平台移动到码头建造平台，完成后续的设备安装和调试等作业，以便船坞和船台开始下一艘舰船的船体建造工作。下水方式通常有三种，重力下水、牵引下水和漂浮式下水。前两种需要在船底建造滑行轨道，船体在自身重力或者外力牵引下，沿着轨道滑入水中。这两种下水方式对潮汐水位有一定依赖，需要选择合适的时机入水才会顺畅安全。

漂浮式下水则是用水泵或者重力自流方式将水注入干船坞，使船体依靠自身浮力将船浮起下水。这种方式适合于航母等大型船只的建造，但干船坞投资大，一般国家船厂都承担不起。漂浮式下水是现代航母建造中普遍使用的下水方式，无论是美国的“尼米兹”级、“福特”级、英国“伊丽莎白女王”级航母，还是中国首艘国产航母都是采用这种方式下水。由于经费原因，就算是建造“乌里扬诺夫斯克号”核动力航母，苏联也是采用船台建造方式，后来因为苏联解体并被西方不断“忽悠”，最终导致第一艘核动力航母被拆解报废。

就在这几天，军迷和各大媒体记者齐聚大连，“长枪短炮”都对准了国产航母所在的船坞。从现场披露出来的照片不难看出，国产航母的设计水线低于外部海平面，而航母现在仍有大量的设备尚未安装，船体重量很轻，该航母设计满载排水量在6万～7万吨，但此时“空壳”状态下估计不足5万吨，因此实际吃水深度还远达不到水线位置。对比低潮的4月25日和高潮的4月29日水面高度，其差别最大也就在1米左右，而这艘航母的满载吃水高度约为9米，在“空壳”状态下的航母吃水深度估计不到6米。因此潮汐带来的1米“海水差”应该不会妨碍航母的正常下水。但航母的准确下水时间，应该是取决于航母本身的工程进度内部因素和下水仪式准备进度外部因素这两方面。可以看看，“福特号”核动力航母是在2013年10月11日就实施了干船坞注水，但直到11月9日才正式下水，前后准备了将近一个月的时间。

据媒体披露，2017年4月23日上午9时，干船坞开始注水，这也算是下水前的准备工作。我们不同于西方庆祝的惯例，注水前要“砸香槟”，但也会用自己的方式来庆祝航母“下水”这一盛事。“下水”通常意味着航母的主体建设已经完工，完成“粗装修”的航母将离开船坞进入水中漂浮，但此时航母并不具备动力，要由拖船将其拖带到舾装码头，才能做进一步舾装工作，也就是电子设备、武器系统等的精密布置工作，就是通俗讲的“精装修”。按照国际惯例，“下水”时应该举行盛大的庆典仪式，对百分之百“中国制造”的新航母来说，也算是首次公开亮相。但给船坞注水也要极为谨慎，这也算是对国产航母的水线以下舱室的一次全密封性能的检查，有否漏水，有否安全隐患，将会把理论数据和实测数值进行逐项对比。因此，在这个过程中，注水速度不能太快，干船坞内也会现场派遣小艇实时观察船体外部在浸水时的细节变化，同时也会有技术人员在船体内部检查是否存在渗水等现象。等这些内外部检查工作都符合要求，国产航母正式以“漂浮式下水”的方式亮相，相信这一天会有一场必不可少的庆典。

由国人自行设计制造的航母下水可谓是举世瞩目，同时也是一场声势浩大的爱国主义教育和国防教育，让国人可以深刻感受到国家正在日益强大起来。如果要把新航母和“辽宁号”航母做个比较，可以总结为四句话：“外形设计更优化，结构布局更合理，电子设备更先进，战斗保障更强大。”这一系列的升级变化就是建立在对“辽宁号”航母的长期摸索和创新的基础之上，也让中国积累了设计建造特大型水面舰艇的丰富经验，为今后建造“平直甲板、弹射起飞、核动力驱动”的超级航母打下了坚实的技术基础。

（2017.4）

此日漫挥天下泪，有公足壮海军威

2017年4月26日是个大日子，等了很久，中国第一艘国产航母终于下水了。这艘航母下水让人焦急，更让人兴奋。焦急的是怎么还不下水，兴奋的是这么快就下水了。要知道美国“福特号”航母从下水到出船坞前后花了将近一个月时间，十分谨慎，而中国仅航母仅注水后第三天就从容下水并离开了船坞，这个速度是很快的，也说明我们的船体检测能力很强，并对航母建造质量绝对是信心满满，技术过硬才能如此迅速、果断。

中国等第一艘国产航母等了百年，这确实不容易。在建国前，曾服役于英国海军的陈绍宽早在民国时期就上书蒋介石要建造20艘航母，但唏嘘不已的是蒋介石哪里有钱、有精力造航母，打内战还来不及呢！就这样第一位“中国航母之父”与航母失之交臂了。第二位“中国航母之父”便是刘华清老海军司令员，虽然身居高位，但也无力建造航母，让这位老将军抱憾终生。虽然老将军远去了，但他还是给中国航母建造带来了契机，一是开办航母舰长班，二是引进废旧航母做科研，三是做航母的早期预研工作。如果没有这些基础工作，中国航母发展也不可能如此健步如飞！

感谢两位“中国航母之父”，你们终于可以瞑目了！

国防部网站今天发布消息说中国航母下水了，提到了第二艘航空母舰由我国自行研制，2013年11月开工，2015年3月开始坞内建造。目前，航空母舰主船体完成建造，动力、电力等主要系统设备安装到位。这几句话很有内涵。一是中国航母开工建造是在2013年年底，这个时候就开始立项并拨款进行部件建造工作，等到了2015年3月，实际上是各个组件模块

为中国航母的强大而自豪

都已经建造完毕而开始在干船坞里拼装的工作，但可以看出来，中国航母建造的速度还是比较快的，尤其是作为第一艘国产航母，具有探索性。当然，国防部首次披露出来了2013年11月这个时间点，还是希望平息“中国威胁论”，告诉那些对手，我们不是两年就造成了航母并下水，请对手们不要担心。

至于中国国产航母的下水方式还是比较正式的，也是“真的下水”，从干船坞被拖船拖拽到了大海里面（没有使用自身动力，尽管动力和电力系统已经安装了，但还未完全准备好），这才是真正意义上的下水，而不是美国的注水仪式那么简单，那么礼节性。

大家所关心的航母的命名、舷号究竟是什么，还不要着急吧，这些都需要等到航母入役的那一天。就如同新兵经过新兵训练后才能给予军籍是一个道理，现在咱们这个航母还是老百姓呢，还没有入伍，当然，航母要以直辖市和省份来命名，这是军队规矩，等正式命名的时候，相关直辖市和省份主要领导就会到场祝贺。

当然国产航母下水了，距离服役还有两年的时间，我们期待这一天早点到来吧！

（2017.4）

谈国产新航母下水

1. 新航母下水对我国意味着什么？

新航母下水有几个标志，一是中国真正有能力建造超大型水面舰艇，航母诞生100年来，中国首次有了国产航母，意义重大。二是中国综合科技能力有了重大提升，涉及造船工业、航空工业、电子工业、钢铁行业、新材料、动力系统等，都已经达到了很高的水平。三是航母建造周期之短也彰显了中国工业创新和产业配套能力之强，已经跻身世界先进行列。四是中国经济能力有了很大的提高，有财力造航母。五是军民融合在航母建造中体现得淋漓尽致，参研单位500多家，非军企业、地方国企和民营企业参与比例高达77.4%。

由于海军军事战略发生了转变，从之前的“近岸作战、近海作战”到如今的“近海作战、远海护卫”，这实际上就是迈向远洋海军、蓝水海军的标志。十八大后，中国政府提出来“一带一路”和“海洋强国”战略，作为“一带一路”战略的配套战略，“海洋强国”战略必须做好中国海外利益的保驾护航，而打造蓝水海军恰恰是海洋战略的核心。当然，航母不是摆设，在解决南海问题、台湾问题等周边问题以及远海护航工作中将发挥重要作用，无论在传统和非传统安全领域都能有很强的“用武之地”。

2. 与“辽宁号”相比，新航母有哪些改进？具体表现在哪些方面？

如果要把国产航母和“辽宁号”航母做个比较，那就可以总结为四句话：“外形设计更优化，结构布局更合理，电子设备更先进，战斗保障更强大。”其中可圈可点的就是航母实现了完全国产化，布局可以做到更合理，新航母在设计上腾出了更多的空间，仅甲板上就做出不少调整，包括舰岛缩小，几处由武器发射平台改回甲板，增加了几个停机位。而机库也加长了，可以多停放至少两架舰载机。因此，新航母可以搭载的飞机数量多于“辽宁号”航母。

新航母滑跃起飞甲板向上翘起的角度，从“辽宁号”的14度调整到了12度。角度越大对飞机的强度要求就越高，飞机的机身就越重。别小看这降低的2度，飞机的机身不需要那么重了，就可以装载更多的武器和燃油。这一系列的升级变化是建立在对“辽宁号”航母的长期摸索和创新的基础之上，也让中国积累了设计建造特大型水面舰艇的丰富经验，为今后建造“平直甲板、弹射起飞、核动力驱动”的超级航母打下了坚实的技术基础。

3. 新航母下水后，相应的航母编队如何构建，比如防空、反潜部分？

国产航母编队构成基本参考了美军“尼米兹”级航母战斗群，一般是配备2～3艘093G型攻击型核潜艇、2艘055型多用途驱逐舰、2艘052C/D型防空驱逐舰、2艘054A多用途导弹护卫舰、1艘903A型综合补给舰。

关键的防空任务主要交给055型、052C/D型携带的“海红旗9A”远程导弹以及054A携带的“海红旗16”中程导弹，包括航母在内的各水面舰艇都可携带自卫的防空武器，包括“红旗-10”近程导弹、730/1130近防炮、主被动干扰系统等。

反潜工作主要交给093G型攻击型核潜艇，“以潜制潜”。此外，055

型、052C/D型、054A型等战舰可分别携带各类声呐系统搜潜、反潜、攻潜，包括航母在内的水面舰艇大多可携带反潜直升机用于外围反潜。

4. 从新航母下水看我国海军未来发展规划。常规航母不是终点，是基础，我们还需要发展核动力航母。

中国发展核动力航母势在必行，只是时间早晚的问题。核动力航母的作战效力远高于常规动力航母，可维护性和可持续战斗力都更强，看似成本高，但综合使用成本并不算高，尤其是中国海军未来发展完全版本的蓝水海军就必须有核动力航母；加之中国不像美军在海外有众多海军基地，拥有不需要经常性补给的核动力航母对中国就显得至关重要。如今国产航母代号是001A，相信003型的航母就会实现核动力的“中国航母梦”。

5. 与美国相比，我们还存在哪些差距？

美国的优势有两点，一是建造航母的经验丰富，仅在二战期间就建造服役了136艘各型号航母；二战后，又拥有五个级别的大型航母，包括“福莱斯特”级常规动力航母、“小鹰”级常规动力航母、“企业”级核动力航母、“尼米兹”级核动力航母、“福特”级核动力航母。二是航母使用经验丰富，二战期间的美军航母为取得太平洋战争胜利发挥了重大作用，珊瑚海海战、中途岛海战、莱特湾海战等，都是美军航母用武之地。二战后，美军在包括朝鲜战争、越南战争、海湾战争等历次军事冲突中都使用航母，这两点经验都是中国航母要好好学习的。

换句话讲，航母战斗力包括三个层面，一是航母硬件，二是航母人才，三是航母使用经验，中国很容易在硬件上赶上美军，但人才培养和经验积累是比较漫长的，甚至需要有惨痛的代价才能最终掌握。这些都是中国海军成长壮大的必经之路，没有捷径可循。

（2017.4）

日本最想出售的一款航空武器装备

日本终于出手了，陆续将五架“TC-90”运输教练机租借给菲律宾使用，合计租金只有每年不到20万元人民币，基本上算是白送。

“TC-90”教练机进入菲律宾，媒体比较关注是这款飞机的大航程和具备侦察能力，可以对南海大面积海域实施监控。但日本有些生不逢时，菲律宾总统换了杜特尔特，没有阿基诺三世那么看好这些飞机。

其实日本为什么不把这些飞机直接送给菲律宾呢，关键就是“TC-90”说白了就是一个诱饵，老鼠拉木锨，大头在后头，“TC-90”不是日本的真正用意。

大家可以关注一点，那就是“TC-90”是教练机，教练什么？就是教练菲律宾使用大型运输机的能力，毕竟它就是一款运输机教练机，培训菲律宾飞行员熟练掌握大型运输机飞行技能才是最重要的考虑。为什么这样做呢？因为这款飞机在日本国内并不多，用途很单一，其原产地是美国一家飞机生产企业。既然如此，日本也没有必要转让这款飞机。但另一款飞机值得关注，那就是日本海上自卫队大批量服役的“P-3C”反潜巡逻机，多达100多架。但这款飞机要陆续退役，用更为先进的国产“P-1”来取代。为此需要解决这些飞机的退役问题。一方面可以把技术状态好的封存起来，另一个方面可以把年代久远的卖给第三方，如菲律宾、越南、马来西亚、新加坡、印尼等国家和地区，甚至包括中国台湾。因此，训练菲律宾军人使用中型运输机，尤其是大小与“P-3C”类似的运输机也就不言而喻了。

接下来我们将会看到，日本将把大量“P-3C”向这些国家廉价倾销，这些飞机虽然是美国技术，但是日本生产组装，并有日本技术在内，并可以向美国认可的国家出口，这比较符合美国和日本共同利益。一旦更多国家都在南海使用“P-3C”共同遏制中国潜艇，也算是美日之间再次实现了一石多鸟策略，最终牵制中国大陆的军事发展和在南海的军事存在。

（2017.4）

是美军干扰导致朝鲜导弹发射失败?

2017年4月16日一大早就看到了一则消息，说美军通过强电磁干扰导致朝鲜“北极星”导弹刚发射就爆炸失败。

昨天直播朝鲜阅兵时，到了最后看到朝鲜战略火箭军，让人是大吃一惊，朝鲜版的“巨浪-1”、朝鲜版的“东风-21”、朝鲜版的“东风-31”、朝鲜版的“白杨M”、朝鲜升级版的“舞水端”等等，让国际社会也吃惊不小。毕竟就在阅兵前，这些导弹的伪装网才被揭掉，就算是美军卫星也有看走眼的时刻。

昨天阅兵，今天就“试弹”，无非就是告诉国际社会，这个导弹不是模型，但出师不利。真的是美军所为吗？这其中可以有几点值得一说：

一是弹道导弹属于自主导航系统，也就是惯性制导系统，而且朝鲜目前并不具备复合制导能力，比如GPS、雷达、红外等组合制导，也就是说朝鲜的弹道导弹是纯惯性制导方式。自主导航系统，不接收外界信号，也不发射电磁信号，这就是抗干扰能力很强，其本身就是弹道导弹的最大优点。

那是不是美军就无法干扰了？当然不是，但难度很大。因为弹道导弹正常工作主要依赖惯性仪表（陀螺仪、加速度表、惯性组合、惯性平台等）测量惯性信号，并交给弹载计算机来解算控制信号，最终传给伺服机构、燃气舵等执行机构来操控发动机做各种姿态控制和导航控制，最终并以正确的角度进入且再入大气层实现对目标的攻击。如果要想干扰或破坏此类导航系统，需要对惯性仪表、弹载计算机等薄弱的神经环节实施强电磁攻击，导致这些集成电路和敏感元器件彻底失灵，导弹失效甚至自毁。但作为弹道导弹研制中的要求，就是这些敏感元器件必须具备很强的抗干扰屏蔽能力，加之导弹壳体也具备较强的电磁屏蔽等功能，通过此类重重电磁保护，最终实现对外界电磁干扰的有效屏蔽。要知道美苏在冷战期间做过大量试验，就是弹道导弹可以在对方核爆炸的环境下继续工作，这已经说明其抗电磁干扰，甚至是抗强电子脉冲的能力有多强。美军如果全力想这么做，需要发射的电磁脉冲源该有多强？不是说美军绝对做不到，而是美军目前没有必要这么做。

为什么？很简单。美军希望知道朝鲜各型号弹道导弹的可靠性、安全性、稳定性究竟如何，需要做数理统计，而不是简单地去做破坏。“知己知彼”比单纯的破坏更有价值，也让美军心中有数，美军在“兵棋推演”中急于知道的是这款导弹是否需要放在棋盘上，如果不得不放的话，它的“破坏力、生命力”究竟有多强。如果真要想试验强电磁脉冲武器对弹道导弹的破坏能力，完全可以拿自家导弹在自家靶场做试验，因为美军的弹道导弹抗干扰能力更强，早已经是久经考验。

再说第二点。为什么朝鲜的弹道导弹又失败了。既然不是美军破坏，那就是导弹自己出了问题。

这里还有两种情况，一是弹道导弹在试验“自毁系统”是否可靠，但自毁系统测试是有高度要求的，不能随便测试，太危险。第二种情况就是朝鲜导弹就是失败了。按照信息来源这次试验的可能是“北极星2型”导弹，也就是朝鲜版的“东风-21”导弹。但这种导弹研制本身难度就很高。一难是“冷发射”难。一旦弹射失败，导弹即发射失败，这个“冷发射”技术本身掌握的国家都不多，朝鲜目前仅仅通过为数不多的“北极星1型”和“北极星2型”导弹试验，完全不能说是成熟和可靠，失败很正常。二难是空中点火难。既然是“冷发射”，一旦弹到半空中，这就需要一级火箭发动机即刻瞬间点火，一旦点火机构反应不及时或点火失败，导弹就会出现坠地爆炸，这个“时间点”衔接还真不是那么容易做到的，需要做大量测试。尽管这个关键时刻的“点火”动作需要有几种控制方式来做备保，但也是最容易出现故障的时间点。三难是姿态控制难。导弹弹射出壳后，最容易犯的毛病就是姿态失稳，也就是不能以正确的姿态点火，不能正确程序转弯并飞向目标。姿态失稳后是必须通过火箭发动机工作后来实现纠偏，但一旦姿态不稳，或点火过晚，失稳的幅度超过了能纠偏的阈值，那也是"神仙都救不了"了。

其实还可以罗列出一大堆的理由，就是告诉大家，研制弹道导弹不是那么容易的事情，尤其是新型号导弹不打十几枚、几十枚，就想定型成为武器确实过于玩笑。就算是老导弹升级改进，也至少要打几枚导弹试验来定型，改进稍微大点就需要重新定型。

说到这里，或许大家会明白朝鲜的导弹究竟如何了，因此你们还会看到朝鲜接二连三的试验，因为朝鲜导弹的技术发展太需要试验了，这还真不是简单的政治需要来吓唬谁！

（2017.4）

美军“战斧”巡航导弹真如此不堪？

俄国防部称，美军向叙利亚发射的59枚“战斧”式巡航导弹，只有23枚飞抵叙利亚政府军位于霍姆斯省的空军基地，剩余的36枚落在何处尚不清楚。这句话一出让国际社会一片哗然，究竟是美军导弹太差，还是俄罗斯的“醋味”太大。

其实这句话一点也不奇怪，还有些熟悉，2015年俄罗斯利用“神剑”3M-14巡航导弹打击叙利亚境内ISIS目标时，美国也指出俄罗斯导弹失败了不少，没有达到预期目标。这回可算是让俄罗斯逮到机会损一下美军的“战斧”导弹了。

但话又说回来，在空袭之后不久，就在叙利亚被打击的空军基地上空出现了俄罗斯空天军的无人机，这架无人机是来做早期毁伤评估的，为了掌握第一手资料；同时俄罗斯也会尽快派员来现场勘查被打击情况。一方面了解实际损失有多大，另一方面就是要评估“战斧”导弹的打击精度和实际打击效果。因这次美军发射导弹打击的目标都不在俄罗斯军队的掌控范围内，加之今天的“战斧”导弹已经做了大量升级调整，究竟效果如何，俄罗斯非常关注。

从目前得到的消息看，美军承认的是发射了60枚导弹，失败1枚，也就是只有59枚成功发射。但这些导弹是否准确命中目标，美军只能通过卫星来做毁伤评估。从叙利亚公布的毁伤消息来看，与美军自己掌握的信息并不相符，当然叙利亚需要贬低此次攻击效果，政治考量是第一位的。而美军从宏观上考虑是否达到目标，是否达到警告目的，而叙利亚和俄罗斯会从微观考虑损失了多少架战机、多少个机库、多少个后勤库房等。一般而言，为了确保准确命中目标，美军多是采用2～3枚导弹打击一个目标，既是考虑到飞行的可靠性，也是为了达到命中精度的要求。

这次美军在打击叙利亚之前据说告知了俄罗斯，或许会让俄罗斯有所准备，俄罗斯如果准备充分，将会把各个空军基地做好电子伪装，确保对“战斧”导弹实现技术干扰。这一点俄罗斯在技术上做得到，而且做得很好，美军也多次尝到了苦头。

如果照俄罗斯所说的“剩余的36枚落在何处尚不清楚”的话，恰恰说明俄罗斯并没有采取主动电子战手段来应对“战斧”导弹，也没有做好早期预警工作，甚至连特朗普的动武警告都置若罔闻，认为美军不敢轻举妄动，否则俄罗斯会知道这些“失踪的导弹”在哪里！既然找不到在哪里，就说明这些导弹大多已经命中了霍姆斯空军基地，并不是俄罗斯所说的“不知所踪”。

还有一点就是，叙利亚军队拥有的空军基地多在地中海东岸，纵深很浅，从美军军舰上发射的“战斧”导弹不需要长途跋涉，因此可靠性也会有较大提升，被拦截的概率也会较大降低。

（2017.4）

朝鲜试验的“火星14”导弹很牛吗?

据朝鲜中央电视台报道，朝鲜宣称在2017年7月4日成功发射洲际弹道导弹“火星14号”，并声称导弹“飞行39分，（最大）高度达2800千米，飞行距离933千米，导弹准确命中朝鲜东海目标，没有对周边国家的安全带来负面影响”。

朝鲜最高领导人金正恩现场观看发射。朝鲜表示，“作为可以打击到世界任何地域的、拥有洲际弹道导弹的核强国，将从根源上终止美国的核战争威胁恐吓，守护朝鲜半岛及地区的和平安定”。

朝鲜“火星14号”弹道导弹高弹道试验成功也算是实践了金正恩在年初“发射洲际导弹”的承诺。但选择在7月4日这个特殊的日子“美国独立日”试验洲际导弹，确实有对美国总统特朗普警告的意味。难怪特朗普再次调侃说“金正恩除了发射导弹就没啥可玩的了”，但说实话，特朗普确实有些担心了，因为朝鲜的弹道导弹打得越来越远了，这是不争的事实。

一般而言，弹道导弹的飞行时间与打击射程还是有一定关系的，单单从39分钟的飞行时间来看，可以算是满足“老旧、传统”的洲际导弹的飞行时间。但导弹飞行时间与推进剂种类、制导方式、关机方式等有直接关系。先进的弹道导弹都会谋求速燃推进剂，减少主动助推段飞行时间，快速穿越大气层实现助推段的突防，也就是谋求不超过半个小时实现打遍全球。从之前韩美两国打捞的朝鲜导弹残骸分析来看，朝鲜液体导弹使用的推进剂多是肼类物质（如偏二甲肼）和红烟硝酸等，这类可储存液体的“自燃推进剂”燃烧效率相对有限，比较传统，但由于腐蚀能力超强，导弹的战备储存时间有限，如果按照此类估算，39分钟的飞行时间未必是真正意义上的洲际导弹，但足以成为射程超过5000公里的远程导弹。按照美国“有意”降低下来的洲际导弹的标准，大于5000公里就算是洲际导弹，但中国等其他国家则把洲际导弹定义为8000公里以上，“火星14号”导弹还算不上是洲际导弹。

再来看看射高的2800公里，典型的高弹道试验方式，可以对弹头再入阶段实现完整的测试工作。射高越高，对弹头的考验就越大，弹头再入后是否能正常工作并抗严重烧蚀，这是远程导弹必须要解决的大问题。当然载荷能力也很重要，究竟弹头重量是一吨还是几百公斤，这也是导弹是否能携带核武器的重要技术指标，毕竟早期的核弹头重量都小不了，这就需要导弹的载荷能力大，但过大的载荷能力也会降低射程，这些都是相对的。

通过公布的导弹图片分析，“火星14号”导弹采用“准车载”发射方式，有点类似于中国的“东风三号”和“东风四号”导弹，而非严格意义的TEL（运输—起竖—发射）一体化发射方式。一旦需要发射，拖车需要与分离式发射台分开，由发射台单独执行发射任务，发射完毕后必须重新连接并尽快实现战术转移，但这实际上就会降低导弹的快速反应能力。此外，8×8车辆也说明这个液体导弹重量很大，对运输公路等级有一定的要求，机动能力受到一定限制。

之所以朝鲜试验中程和远程导弹都离不开日本海作为试验末区主要是测控能力限制。一旦真的打了全程的武器弹道，朝鲜自己将无法测控并掌握导弹飞行状态，也就无助于试验工作。毕竟在导弹上有遥测系统可“准实时”下行传送飞行弹道数据给地面，地面还有光学和雷达外弹道测量系统，这些都有助于了解和掌握导弹飞行是否成功，自己基本上可控，这也是朝鲜试验导弹的无奈之举。

如果做一个客观分析判断，朝鲜“火星14号”导弹的技术能力优于中国的“东风四号”，无论是制导方案还是姿态控制能力都强于后者，这也是技术进步的必然结果。从机动能力和发射准备时间来看也都是强化了既定实战能力，这些都是强于“东风四号”导弹的优势。该型号导弹是否需要固定发射阵地还需要进一步观察，但由于朝鲜“观天测地”能力随着技术进步已经有了明显发展，因此也就无形中提升了朝鲜导弹快速标定、快速录入诸元的快速反应能力，使朝鲜的弹道导弹实战能力优于之前中国第一代弹道导弹。

朝鲜导弹存在的问题也很明显，“火星”是液体导弹，也就注定了这类导弹的天然缺陷，除非采用地下井发射方式，就连印度的“烈火”都选择了固体导弹推进剂，因此，朝鲜也是把“火星”导弹作为解决远程和洲际导弹的“有无问题”，另外就是解决“卫星发射”问题，其作为武器使用的核心将会重点发展“北极星”系列远程和洲际弹道导弹，而将“火星”转为真正意义上的“航天专用”。

朝鲜弹道导弹目前欠缺的有两点，一是每种型号导弹的试验次数太少，不足以定型，尽管朝鲜各个型号导弹具有技术继承性，以此弥补单一导弹型号试验次数的不足问题，但新型号导弹的磨合式发射试验也是不可或缺的。二是导弹的元器件可靠性不高，存在电磁干扰和电磁兼容问题，从而导致导弹的平时和战时的可靠性和抗干扰能力有限。但不可否认的是，再给朝鲜3～5年时间，朝鲜将会具备基础洲际导弹部署的能力，虽不能说具备实战能力，但也足以真正打到世界任何一个角落，那时的朝鲜无论世界如何说、如何反对，都会自认为是世界上的核大国，谁让朝鲜“弃核、弃导”都是天方夜谭了。

（2017. 7）

发射失利告诉我们还得继续往上爬呀

就在上个月的早一点时间，是长征三号运载火箭发射“中星9A”出现了故障，然后就是2017年7月2日的长征五号遥二运载火箭发射失利了。但隔了段时间，“中星9A”“自救”成功了，独自爬了2万公里，跑到了定点的同步轨道，精神可嘉，但体力消耗太大，寿命大为降低。当然，之所以“中星9A”还能复活，关键是长征三号运载火箭是“三级火箭发动机”出了技术故障，只是没有把卫星送入转移轨道，但卫星本质上已经“入轨”至错误的轨道罢了，此后的卫星只能靠自己来到转移轨道并向同步轨道爬行，但不管如何，“中星9A”存活下来了。

或许也有人觉得长征五号携带的“东方红五号”卫星也能爬到预定轨道实现另一个奇迹。但遗憾的是至今没有什么好消息。“东方红五号”卫星或许已经坠落在太平洋了。

根据直播现场和已知的长征五号火箭现场发射的信息，火箭在飞行320秒左右，火箭的实际速度突然大幅偏离预定速度，大约20秒后，实际高度开始缓慢降低，这已经说明火箭的推力严重不足，不足以支撑卫星继续加速入轨。

长征五号的一级是2台YF-77氢氧发动机，单台推力50吨。320秒时的推力骤降，很可能是其中一台发动机出现故障停止工作，而仅仅剩下的单台发动机根本无法提供足够的推力。因此，坚持了20秒的惯性飞行，火箭飞行高度就开始下降。也就是再把卫星再推入预定轨道已经完全不可能了。

“高分”对地观察卫星模型

多星发射上面级模型

按照设计要求，一级火箭的两台芯级发动机YF-77必须工作到446秒，然后实现一二级分离。但在仅剩一台发动机工作的情况下，燃料耗尽时间被延长，一二级分离时间延长到了576秒。此时，即使实现了一二级分离，二级的2台YF-75D发动机提供18吨推力也无法继续推动载荷入轨了。结果很明显，卫星连一条错误的轨道都没有进入，只能坠落到太平洋。至于“东方红五号”卫星上所携载的自身动力系统也就根本没有机会“发挥”再爬到预定轨道的能力。

长征五号火箭失利给中国后续的航天计划带来了很大的影响，尤其是嫦娥工程和空间站计划都将会被推迟至少一年左右的时间，因为原本计划的两枚长征五号试验箭不得不增加更多试验次数，否则不敢贸然进行实际应用发射工作。通过连续两次发射的失利，不难看出，中国航天的氢氧发动机技术还存在一些问题。因此中国航天确实需要在动力系统研究上加大投资，花大力气，下大功夫，才能扭转被动局面，迎头赶上。所以，发射失利告诉我们，航天事业是一个高难度、高曲折、高风险的事业，别无捷径可走，我们必须在这条路上爬呀，往上爬呀……

（2017. 7）

后 记

应出版社之邀把自己之前的文章汇集成为这本书，思来想去还是命名为《随机应变》好，这也符合国际形势多变的政治现实，我们需要做好随机应变的准备；另外就是“兵者，诡道也”，军事斗争充满了计谋、伎俩、尔虞我诈，同样我们这支军队也需要做好随机应变的准备。只有随“机”，才能应“机”而改变斗争的策略，这个“机”就是“机遇和挑战”，改变策略的目标就是化挑战为机遇。

随机应变的思维或许与我的职业生涯有莫大关系。这些年来，我十分关注时政和军事，毕竟在第二炮兵部队也就是军改后的火箭军部队服役了十多年。由于这个特殊身份和背景，自己在各大电视媒体上说了不少话，在各大报刊平面媒体上也码了不少字，在微博等自媒体上也感了不少言。这次为了成书，特地重新翻阅了数百篇文章，其中节选了那些有代表性的约稿、评论，让朋友们系统地了解我如今“随机应变”含义的来龙去脉。

有人认为电视评论很简单，说说而已，卖卖嘴皮子罢了，其实身处其中才知道“随机应变”的硬道理。我最早上的电视节目就是凤凰卫视《一虎一席谈》，随后是广东卫视《全球零距离》，之后就开始在很多电视台评论。无论是东方卫视的金牌节目《环球交叉点》《防务新时空》，还是中央电视台的老牌节目《海峡两岸》《中国新闻》以及新锐节目《中国舆论场》等等，每一档节目都是一次考验、一次磨砺、一次随机应变，所以，平时把录节目都当现场直播，那样才会有直播的随机应变之状态，真正到了直播才会从容自若、随机应变。但说起来容易，过程并不简单，要经历方方面面的学习、积累，才能厚积薄发，总之，一切的一切都需要不懈的努力。

其实十几年前我与“凤凰”就有过一次擦肩而过的缘分，在我离开部队之时曾经向凤凰卫视投过简历，希望有机会成为军事节目编导或编辑，但终究“石沉大海”，错过良机，后来自己明白了，没有坚硬的翅膀，怎么可与“凤凰”为伍？于是，我不断地打造自己的羽翼，终于在五年后又一次上凤凰的节目，并于2016年11月受邀加盟凤凰卫视，正式与凤凰“喜结良缘”。

初到“凤凰”就有一种特殊的感觉——“凤凰一家亲”（见照片），这张热情洋溢的照片，里面有领导、同事，有帅哥、美女，还有不少同道中人。随着时间的推移，这里越发洋溢着友谊和情意，遇到什么国际大事、军情要闻了，评论员、主持人们三三两两地扎堆聊聊，亮观点，谈看法，这里没有“一言堂”，只有学术讨论和不断迸发的思想火花，彼此充满了尊重。特别是一到小节长假，大家都会把好酒、好菜统统拿出来一起享用，无不体现出这里的温馨和友爱。

凤凰一家亲

言归正传再来谈谈随机应变吧。

随机应变是一种能力，但随机应变必须有原则，不是见风使舵。很多朋友都认为我的评论特别的“鹰”，并把我划到了“鹰派”。我也解释过很多次，我是国家利益派，国家利益至上。撼山易，撼国家利益难！国家利益派就是底线和红线意识，一个国家、一个民族需要有底线，不能没有红线，这就是国家利益。维护国家利益不得不强硬起来，因为没有退路，“自古华山一条路”。就在一些网上的朋友热衷把某些专家“划派”之际，其实更要明白一点，无论是外交官还是军人，只要不是别有用心，在国家利益面前都不会绥靖和退让，他们也都是国家利益的代言人。

在钓鱼岛问题上我们的随机应变做得很棒。日本你不是敢所谓的“钓鱼岛国有化”吗？那就随机应变实现“钓鱼岛常态化巡航”，让某些人的肠子都悔青了。

在南海问题上我们的随机应变做得更棒。当遭遇到南海域内国家的主权挑衅、域外国家的“自由横行”挑战，我们就把南沙的“七礁八点”变成了南海的“定盘星”，尽管某些国家抗议、叫嚣，但在中国主权范围内，我们义高云天，绝不退让。

在面对菲律宾“南海非法仲裁案”挑衅时，中国依旧随机应变，在历史、国际法、执法、军事领域四管齐下，让菲律宾叫苦不迭，大呼上当，让美日两国“赔了夫人又折兵”。

在亚丁湾护航军事实践中同样也在随机应变、与时俱进。在执行联合国交给的亚丁湾护航任务中，这种常态化迫切需要建立一个稳定的后勤补给的保障基地，吉布提主动发出邀请，中国海军很快完成了建造补给项目并投入使用。当然，吉布提基地只是一个开始，中国在海外建保障基地完全是出于和平目的，这也是为了维护世界安全的需要。

在台湾问题上一样做到了随机应变。既然蔡英文顽固坚持不承认“九二共识”，那就需要针对“台独”发出严正警示，虽然这不意味着战争即将到来，但触犯红线就是“台独”势力头顶的“达摩利剑”。

习近平主席在解放军建军90周年阅兵讲话中指出“天下并不太平”。

诚然，世界依旧动荡多变，甚至危机程度超过了冷战对峙。朝鲜半岛核危机、伊朗核危机、中东多国乱局、美俄角力亚欧和博弈乌东等等，加之最近印度在洞朗挑衅中国核心利益的种种表现，这些都是“天下并不太平”的真实写照，也都有可能把中国从和平建设时期带入战争阶段，为此中国不得不强化应对多重、复杂、深刻的军事斗争能力准备，这一切都需要“变”——随机应变，让我们从“变”中寻找机遇，在“变”中发现和走上“中国崛起”的复兴之路！

宋忠平

2017年8月8日CA111航班草书

注：感谢方梁和肖飞两位朋友为本书提供部分插图。